项目管理/工程管理"十三五"系列规划教材

项目成本管理

第 3 版

主　编　天津大学　　　　孙　慧
副主编　天津大学　　　　肖　艳
参　编　河北工业大学　　陈敬武
　　　　天津城建大学　　方晶晶

机械工业出版社

本书以项目成本管理过程为主线,全面系统地阐述了这几个方面的内容:项目成本的概念、项目成本的构成、项目成本管理的理论框架;项目资源需求的特点、项目资源计划的编制、资源单价;项目成本估算类型、成本估算技术路线和方法;项目成本预算的特性、项目成本预算的编制;项目成本会计核算的对象、原则和方法;项目成本分析方法;项目成本控制的依据、步骤、方法和结果;项目成本决算的内容、编制及管理;项目审计的概念、阶段;项目成本管理信息系统及项目成本管理新发展。

本书注重理论与实践相结合,具有较强的系统性,内容丰富,可作为工程管理本科专业教材,也可作为相关专业本科、硕士研究生的教学参考用书,同时可供从事项目管理工作的人员阅读。

图书在版编目(CIP)数据

项目成本管理/孙慧主编. —3 版. —北京:机械工业出版社,2018.8(2025.7重印)
项目管理/工程管理"十三五"系列规划教材
ISBN 978-7-111-60692-5

Ⅰ. ①项… Ⅱ. ①孙… Ⅲ. ①项目管理 – 成本管理 – 高等学校 – 教材 Ⅳ. ①F224.5

中国版本图书馆 CIP 数据核字(2018)第 180306 号

机械工业出版社(北京市百万庄大街22号 邮政编码100037)
策划编辑:曹雅君 责任编辑:曹雅君 舒 宜 孟晓琳
责任校对:李云霞 责任印制:任维东
封面设计:可圈可点
河北宝昌佳彩印刷有限公司印刷
2025 年 7 月第 3 版第 7 次印刷
169mm×239mm · 15.5 印张 · 362 千字
标准书号:ISBN 978-7-111-60692-5
定价:49.00 元

凡购本书,如有缺页、倒页、脱页,由本社发行部调换
电话服务 网络服务
服务咨询热线:010 – 88379833 机 工 官 网:www.cmpbook.com
读者购书热线:010 – 88379649 机 工 官 博:weibo.com/cmp1952
  教育服务网:www.cmpedu.com
封面无防伪标均为盗版 金 书 网:www.golden – book.com

项目管理/工程管理"十三五"系列规划教材
编委会

名誉主任：钱福培（西北工业大学教授，PMRC 创立者、名誉主任）

主　　任：白思俊（西北工业大学教授，PMRC 副主任委员）

委　　员：（按姓氏笔画排序）

丁荣贵（山东大学教授，PMRC 副主任委员）

王祖和（山东科技大学教授，PMRC 常委、副秘书长）

卢向南（浙江大学教授，PMRC 副主任委员）

孙　慧（天津大学教授）

吴守荣（山东科技大学教授，PMRC 委员）

沈建明（国防项目管理培训认证中心主任，PMRC 副秘书长）

骆　珣（北京理工大学教授）

薛四新（清华大学档案馆研究馆员）

戚安邦（南开大学教授，PMRC 副主任委员）

谭术魁（华中科技大学教授）

戴大双（大连理工大学教授，PMRC 副主任委员）

丛书序一

这是一套作为项目管理教材使用的系列丛书，是一套历经15年，经过三版修订的丛书。第一版是2003年出版的，时隔5年于2008年出版第二版修订本，现在时隔10年又出版第三版修订本。

一套教材出现被出版、使用、修订再版的情况至少说明两点，一是市场的需求，二是作者和出版者的执着。市场需求是一定条件下时代发展情况的反映；作者和出版者的执着是行业内专业人员和出版机构成熟度的反映。

我国项目管理的发展是有目共睹的，特别是自20世纪70年代的改革开放以及20世纪90年代引进国际现代项目管理理论和工具方法以来，在实践和理论层面上都有了极大的提高。在项目管理领域国内外信息日益频繁交流的同时，也向教育、培训、出版业提出了需求。2003年14本"21世纪项目管理系列规划教材"的出版正是我国项目管理发展状态的反映，系列教材的及时出版很好地满足了市场的需求。

2003年第一版系列丛书的出版虽然很好地满足了市场的需求，但由于国际现代项目管理的迅速发展，以及在第一版丛书中发现的问题，在征得作者同意后，出版社于2008年对原版丛书进行了修订。2003年和2008年出版的丛书获得了市场的认可，有三本书列选为国家"十一五""十二五"规划教材，在使用期间，诸多书籍还一再重印，有几本更是重印达10余次之多。根据国内外项目管理的最新发展情况，机械工业出版社再次决定于2018年修订出版第三版，这一决定得到了作者们的一致赞同，我想这是英明的决定。只有跟随时代的发展和学科专业的发展，在实践中不断努力，及时修订的教材，才能反映我们的水平，使之成为高质量的精品之作，也才能赢得业界的认同。据了解，我国引进并翻译出版的英国项目管理专家丹尼斯·洛克出版的《项目管理》，已经出版了第10版，被各国项目管理领域广泛选用就是一个很好的例子。

第三版的修订，除了在丛书的书目上有所变化外，鉴于项目管理和工程管理的专业设置现状，我们将丛书名修改为"项目管理/工程管理'十三五'系列规划教材"，以便使本套教材更适合学科的发展。在章节内容上也做了一些横向的延伸，拓展到工程管理专业。在内容方面，增强了框架性知识结构的展示，强调并突出概念性的知识体系，具体知识点详略得当，适量减少了理论性知识的阐述，增加了案例的比重，以提高学生理论联系实际的能力。此外，为充分利用现代电子化条件，本套教材的配套课件比较完整、全面并且多样化，增加了教材使用的便利性。

为适应市场多元化的需求，继机械工业出版社出版的这套项目管理系列教材之后，适用于项目管理工程硕士的系列教材和适用于项目管理自考的系列教材也相继出版。这不仅是我国项目管理蓬勃发展的表现，也是我国出版界蓬勃发展的表现。这应该感谢中国项目管理专家们的努力，感谢出版界同仁们的努力！

随着VUCA时代的发展，丛书在实践应用中还会有新的变化，希望作者、读者、出版界同仁以及广大项目管理专业研究人员及专家们继续关注本套系列教材的使用，关注国内外项目学科的新发展、新变化。丛书集15年的使用经验以及后续的使用情况，在实践中将不断改进，不断完善。

祝愿这套丛书成为我国项目管理领域的一套精品教材！

钱福培

西北工业大学　教授

PMRC　名誉主任

中国优选法统筹法与经济数学研究会　终身会员

IPMA Honorary Fellow

IPMA　首席评估师

2017年12月15日

丛书序二

"项目管理/工程管理'十三五'系列规划教材"是2003年陆续出版的"21世纪项目管理系列规划教材"整体上的第三次再版,这套系列丛书也是我国最早出版的一套项目管理系列规划教材。机械工业出版社作为开拓者,让这套教材得到了众多高等院校师生的认可,并有两本教材被列入"普通高等教育'十一五'国家级规划教材"、一本教材被列入"'十二五'普通高等教育本科国家级规划教材"。

作为一种教给人们系统做事的方法,项目管理使人们做事的目标更加明确、工作更有条理性、过程管理更为科学。项目管理在越来越多的行业、企业及各种组织中得到了极为广泛的认可和应用,"项目化管理"和"按项目进行管理"逐渐成为组织管理的一种变革模式,"工作项目化,执行团队化"已经成为人们工作的基本范式。"当今社会,一切都是项目,一切也都将成为项目",这种泛项目化的发展趋势正逐渐改变着组织的管理方式,使项目管理成为各行各业的热门话题,受到前所未有的关注。项目管理学科的发展,无论是在国内还是国外,都达到了一个超乎寻常的发展速度。

特别值得一提的是我国项目管理/工程管理学位教育的发展。目前,我国已经有200余所院校设立了工程管理本科专业,160多所高校具有项目管理领域工程硕士培养权,100多所高校具有工程管理专业硕士学位授予权。项目管理/工程管理教育的发展成了最为热门的人才培养专业之一,项目管理/工程管理的专业硕士招生成了招生与报名人数最多的领域。这一方面表明了社会和市场对项目管理人才的需求旺盛,另一方面也说明了项目管理学科的价值,同时也给相关培养单位和教育工作者提出了更高的要求,即如何在社会需求旺盛的情况下提高教学质量,以保持项目管理/工程管理学位教育的稳定和可持续发展。

提高教学质量,教材要先行。一套优秀的教材需要经历许多年的积累,国内项目管理领域的出版物增长极快,但真正适用于项目管理/工程管理学位教育的教材还不丰富。机械工业出版社策划和组织的本系列教材能够不断更新,目的就是打造一套项目管理/工程管理学位教育的精品教材。第三版系列教材在组织编写之前还广泛征求了各方面的意见,并得到了积极的响应。参加本系列教材编写的专家来自不同的院校和不同的学科领域,提高了教材在不同院校、不同领域和不同培养方向上的广泛适用性。在系列教材课程体系的设计上既有反映项目管理共性知识的专业主干课程,也有面向不同培养方向的专业应用课程。

本系列教材最突出的特点是与国际项目管理知识体系的融合性,体现了国际上两大项目管理组织——国际项目管理协会和美国项目管理协会的项目管理最新知识内容的发展。本系列教材的内容能体现IPMP/PMP培训与认证的思想和知识体系,也能够在与国际接轨的同时呈现有我国项目管理特色的内容。

编写一套优秀的项目管理学位教育系列教材是一项艰巨的任务,虽然编委会和机械工业出版社做出了很大的努力,但项目管理是一门快速发展的学科,其理论、方法、体系和实践应用还在不断发展和完善之中,加之专业局限性和受写作时间的限制,本系列教材肯定会有不尽如人意之处,衷心希望全国高等院校项目管理/工程管理专业师生在教学实践中积极提出意见和建议,以便对已经出版的教材不断修订、完善,让我们共同提高教材质量,完善教材体系,为社会奉献更好、更新、更切合我国项目管理/工程管理教育的高品质教材。

白思俊

西北工业大学管理学院教授、博导
中国(双法)项目管理研究委员会副主任委员
陕西省项目管理协会会长
中国优选法统筹法与经济数学研究会理事
中国建筑业协会理事兼工程项目管理委员会理事、专家
中国宇航学会理事兼系统工程与项目管理专业委员会副主任委员

前　言

本书第 1 版于 2005 年 2 月出版，斗转星移，虽然只有几年时间，但是项目成本管理的理论、方法以及实践都在不断更新。本书在第 1 版中澄清了项目"成本"与项目"造价""投资"和"费用"这几个概念的区别与联系，辨析了对项目成本管理的理解，国外有关文献大多认为成本管理是由项目经理部进行的，国内则更多地将成本管理理解为是围绕项目进行的，此时，不仅是项目经理部，还包括项目所在组织，如企业、团体的其他职能部门也会参与到项目的成本管理中，如企业的财务部门对项目成本进行会计核算等。最终提出由资源计划编制、成本估算、成本预算、成本核算与分析、成本控制、成本决算与审计构成的项目成本管理体系，该体系基本建立了与项目管理过程的完全对应关系。

2009 年本书第 2 版发行，此次书稿的修订基于两点：一是根据读者的反馈，对书中的不足做出修正；二是根据那几年项目管理的发展变化，对书的内容做了一些调整，比如为突出一般项目的成本管理方法及原理，将原来的成本核算这章部分内做了删改并加入成本控制部分；为了反映成本管理的最新发展，增加了成本管理新发展这一章节。在体例上，《项目成本管理》第 2 版在每章正文的后面增加了相关阅读内容，这些内容都是从新近公开发表的学术出版物及文章中精心选取和加工的，希望能借此扩展读者的视野，同时感谢所有参考资料的作者和我们分享了很好的学术心得。

转眼又近 10 年过去了，本书得到了越来越多读者的肯定，感谢所有读者的厚爱，尤其是很多高校老师选择本书作为教科书，使得本书在使用过程中得到检验，诚挚感谢大家。此次修订由天津大学的孙慧教授、肖艳副教授和河北工业大学的陈敬武教授共同完成。

本书修订过程中参阅了很多专家、学者的论著和有关资料，在此谨向他们表示衷心的感谢！如有疏漏，敬请谅解。

项目成本管理的理论和方法仍然在不断发展和完善，由于作者水平有限，书中难免有不足之处，恳请同行和读者批评指正，以便今后改正。

孙　慧

目 录

丛书序一
丛书序二
前言
第1章 项目成本管理导论 1
  1.1 项目成本的概念及项目成本构成 1
    1.1.1 项目成本的概念 1
    1.1.2 项目成本的构成 2
    1.1.3 项目成本的影响因素 9
  1.2 项目成本管理的概念 9
    1.2.1 项目成本管理的含义 9
    1.2.2 项目成本管理的任务 10
    1.2.3 项目成本管理的原则 10
    1.2.4 项目成本管理的组织 11
  1.3 项目成本管理的理论框架 11
    1.3.1 项目成本管理的一般过程 11
    1.3.2 我国的项目成本管理过程 12
    1.3.3 本书的体系 12
  相关阅读 13
  复习思考题 17
第2章 资源计划与资源单价 18
  2.1 资源类型及项目资源需求的特点 18
    2.1.1 资源的分类 18
    2.1.2 项目资源需求的特点 19
  2.2 项目资源计划编制的依据 20
    2.2.1 工作分解结构 20
    2.2.2 历史信息 22
    2.2.3 范围说明书 22
    2.2.4 资源库描述 22
    2.2.5 组织方针 22
    2.2.6 定额 22
  2.3 资源计划的编制步骤与方法 24
    2.3.1 资源需求分析 24
    2.3.2 资源供给分析 25
    2.3.3 资源成本比较与资源组合模式 26
    2.3.4 资源分配与计划编制 26

2.4 资源单价 ………………………………………………………………………… 27
　　2.4.1 资源单价的构成 ………………………………………………………… 27
　　2.4.2 资源询价 ………………………………………………………………… 28
　　2.4.3 资源单价预测 …………………………………………………………… 28
相关阅读 ……………………………………………………………………………… 29
复习思考题 …………………………………………………………………………… 31

第3章 项目成本估算 …………………………………………………………… 32

3.1 项目成本估算概述 ……………………………………………………………… 32
　　3.1.1 项目成本估算的定义 …………………………………………………… 32
　　3.1.2 项目成本估算的意义 …………………………………………………… 32
　　3.1.3 项目成本估算的内容 …………………………………………………… 32
　　3.1.4 项目成本估算的类型 …………………………………………………… 33
3.2 项目成本估算的依据 …………………………………………………………… 38
　　3.2.1 项目范围说明书 ………………………………………………………… 38
　　3.2.2 工作分解结构 …………………………………………………………… 39
　　3.2.3 项目活动时间估算 ……………………………………………………… 39
　　3.2.4 项目资源计划 …………………………………………………………… 39
　　3.2.5 资源单价 ………………………………………………………………… 39
　　3.2.6 成本估算参考数据 ……………………………………………………… 39
3.3 项目成本估算的技术路线 ……………………………………………………… 41
　　3.3.1 自上而下的成本估算 …………………………………………………… 41
　　3.3.2 自下而上的成本估算 …………………………………………………… 42
　　3.3.3 自上而下与自下而上相结合的成本估算 ……………………………… 42
3.4 项目成本估算的方法 …………………………………………………………… 43
　　3.4.1 专家估计法 ……………………………………………………………… 43
　　3.4.2 类比法 …………………………………………………………………… 44
　　3.4.3 参数模型法 ……………………………………………………………… 46
　　3.4.4 基于WBS的全面详细估算 ……………………………………………… 52
　　3.4.5 成本估算方法的比较 …………………………………………………… 56
3.5 学习曲线法 ……………………………………………………………………… 56
　　3.5.1 学习曲线的概念 ………………………………………………………… 56
　　3.5.2 学习曲线的计算 ………………………………………………………… 58
　　3.5.3 学习曲线的局限性 ……………………………………………………… 59
相关阅读 ……………………………………………………………………………… 60
复习思考题 …………………………………………………………………………… 66

第4章 项目成本预算 …………………………………………………………… 68

4.1 项目成本预算概述 ……………………………………………………………… 68
　　4.1.1 项目成本预算的特性 …………………………………………………… 68
　　4.1.2 项目成本预算编制的原则 ……………………………………………… 69
　　4.1.3 成本预算与成本估算的区别 …………………………………………… 69

4.2 项目成本预算的依据和方法 …… 70
4.2.1 项目成本预算的依据 …… 70
4.2.2 项目成本预算的方法 …… 70
4.3 项目成本预算的编制 …… 71
4.3.1 项目成本预算总额的确定 …… 71
4.3.2 项目成本的分解 …… 74
4.3.3 项目成本预算的调整 …… 76
4.3.4 项目成本预算结果 …… 77
4.3.5 项目成本预算案例 …… 79
4.4 工程项目成本计划编制中的问题 …… 81
4.4.1 影响项目成本计划的因素 …… 81
4.4.2 项目成本计划的编制程序 …… 81
4.4.3 常用的项目工程成本计划表 …… 83
4.5 软件开发项目预算编制中的问题 …… 86
4.5.1 预算基础 …… 86
4.5.2 确定项目花费 …… 86
4.5.3 风险费用 …… 86
相关阅读 …… 87
复习思考题 …… 95

第5章 项目成本控制 …… 96
5.1 项目成本控制概述 …… 96
5.1.1 控制的程序和基本工作环节 …… 96
5.1.2 主动控制与被动控制 …… 99
5.1.3 控制系统的构成 …… 101
5.1.4 项目成本控制的内容和步骤 …… 102
5.2 项目成本控制的依据 …… 104
5.2.1 费用预算计划 …… 104
5.2.2 执行情况报告 …… 104
5.2.3 变更申请 …… 104
5.2.4 费用管理计划 …… 105
5.2.5 项目计划、标准和规范 …… 105
5.3 项目成本控制的方法 …… 105
5.3.1 项目成本分析表法 …… 105
5.3.2 项目成本分析方法 …… 107
5.3.3 成本累计曲线法 …… 119
5.3.4 挣得值法 …… 119
5.4 价值工程及其在施工项目成本控制中的应用 …… 127
5.4.1 价值工程的基本概念 …… 127
5.4.2 价值工程的定义和基本原理 …… 127
5.4.3 价值工程的工作程序 …… 128

- 5.4.4 价值工程在施工项目成本控制中的应用 ……………………………… 129
- 5.5 项目成本控制的输出结果 …………………………………………………… 130
  - 5.5.1 修正后的成本估算 ……………………………………………………… 130
  - 5.5.2 预算更新 ………………………………………………………………… 131
  - 5.5.3 纠正措施 ………………………………………………………………… 131
  - 5.5.4 完成估算 ………………………………………………………………… 131
  - 5.5.5 项目计划的变更 ………………………………………………………… 131
  - 5.5.6 经验与教训 ……………………………………………………………… 131
- 5.6 项目成本控制应注意的几个问题 …………………………………………… 132
  - 5.6.1 实施中的计划变更问题 ………………………………………………… 132
  - 5.6.2 实际成本核算 …………………………………………………………… 133
  - 5.6.3 有关项目成本控制的其他工作 ………………………………………… 134
  - 5.6.4 项目成本控制案例分析 ………………………………………………… 135
- 相关阅读 ……………………………………………………………………………… 137
- 复习思考题 …………………………………………………………………………… 145

第6章 项目成本决算与项目审计 ……………………………………………… 150
- 6.1 项目成本决算概述 …………………………………………………………… 150
  - 6.1.1 项目成本决算的概念 …………………………………………………… 150
  - 6.1.2 项目成本决算的内容及结果 …………………………………………… 150
  - 6.1.3 项目成本决算的意义和作用 …………………………………………… 151
- 6.2 项目成本决算的编制 ………………………………………………………… 152
  - 6.2.1 工程项目竣工决算的依据 ……………………………………………… 152
  - 6.2.2 竣工决算的编制步骤 …………………………………………………… 152
  - 6.2.3 项目成本决算编制实例 ………………………………………………… 152
- 6.3 项目成本决算的管理 ………………………………………………………… 154
  - 6.3.1 项目财务经理的职责 …………………………………………………… 154
  - 6.3.2 项目成本分析 …………………………………………………………… 154
- 6.4 项目审计 ……………………………………………………………………… 155
  - 6.4.1 项目审计的概念 ………………………………………………………… 155
  - 6.4.2 项目审计的阶段 ………………………………………………………… 155
  - 6.4.3 项目审计的内容 ………………………………………………………… 157
  - 6.4.4 项目审计的注意事项 …………………………………………………… 158
- 相关阅读 ……………………………………………………………………………… 159
- 复习思考题 …………………………………………………………………………… 167

第7章 项目成本管理信息系统 ………………………………………………… 168
- 7.1 项目成本管理系统 …………………………………………………………… 168
  - 7.1.1 系统纲要 ………………………………………………………………… 168
  - 7.1.2 系统功能 ………………………………………………………………… 172
  - 7.1.3 项目成本管理系统在企业中的应用 …………………………………… 175
- 7.2 项目成本管理软件 …………………………………………………………… 177

7.2.1　项目管理软件 …………………………………………………… 177
　　　7.2.2　成本管理软件 …………………………………………………… 185
　7.3　项目成本管理网上资源 …………………………………………………… 188
　　　7.3.1　互联网上的项目成本管理信息 …………………………………… 189
　　　7.3.2　常用的项目管理网址 ……………………………………………… 189
　相关阅读 ………………………………………………………………………… 196
　复习思考题 ……………………………………………………………………… 200

第8章　项目成本管理新发展 …………………………………………………… 201
　8.1　项目全生命周期成本管理 ………………………………………………… 202
　　　8.1.1　项目全生命周期成本管理的概念 ………………………………… 202
　　　8.1.2　项目全生命周期成本管理的基本方法 …………………………… 205
　8.2　项目全过程成本管理 ……………………………………………………… 208
　　　8.2.1　项目全过程成本管理的概念 ……………………………………… 208
　　　8.2.2　项目全过程成本管理的基本方法 ………………………………… 209
　8.3　项目全面成本管理 ………………………………………………………… 213
　　　8.3.1　项目全面成本管理的概念及其构成 ……………………………… 213
　　　8.3.2　项目全要素成本管理方法 ………………………………………… 214
　　　8.3.3　项目全风险成本管理方法 ………………………………………… 216
　　　8.3.4　项目全团队成本管理方法 ………………………………………… 218
　8.4　现代项目成本管理方法评价 ……………………………………………… 219
　　　8.4.1　项目全生命周期成本管理方法评价 ……………………………… 219
　　　8.4.2　项目全过程成本管理方法评价 …………………………………… 220
　　　8.4.3　项目全面成本管理方法评价 ……………………………………… 221
　相关阅读 ………………………………………………………………………… 223
　复习思考题 ……………………………………………………………………… 225

附录　工程项目竣工财务决算报表 ……………………………………………… 226
参考文献 …………………………………………………………………………… 233

主要内容
➢ 项目成本的概念及项目成本构成
➢ 项目成本管理的概念
➢ 项目成本管理的理论框架

第1章

项目成本管理导论

1.1 项目成本的概念及项目成本构成

1.1.1 项目成本的概念

研究项目成本管理,首先应对成本进行定义。

关于成本的概念,存在不同的看法。管理会计学认为,成本是为达到一个特定的目标而牺牲或放弃的资源。而财务会计学则认为,成本是取得资产的代价。根据马克思主义政治经济学原理,成本是商品价值的重要组成部分,是为了获得某种产品,在生产经济活动中发生的人力、物力和财力的耗费,其实质就是以货币表现的、为生产产品所耗费的物化劳动的转移价值和活劳动的转移价值之和。上述定义尽管有所不同,但都提到了成本是资源耗费,这种资源耗费可以用货币来表现。综合来说,我们可以这样定义项目成本:项目成本就是为达到一定目标(完成项目任务)所耗费资源的货币体现。

任何项目的建设实施都要耗费资源。项目成本则是围绕项目发生的资源耗费的货币体现,包括项目生命周期各阶段的资源耗费。项目成本通常可以用元、美元、欧元或英镑等货币单位来衡量。

为了更好地理解项目成本的概念,此处对几个相关的概念与项目成本之间的联系和区别加以论述。

1. 项目成本与项目造价

"造价"一般用在工程项目上。尽管从英文翻译来看,成本和造价都可以用 Cost 表示,但在国内的工程实践中,成本和造价还是有区别的。

项目成本与项目造价的区别主要体现在概念性质和概念定义的角度两个方面。项目造价的直意就是工程的建造价格,含有"价格"之意,是价值的货币表现。"价格"是采购人(如业主)为完成某一项目或生产一种产品(如完整的建筑物)所要支付的货币数量。成本则是项目过程中耗费资源的货币形式。"成本"是按照组织会计制度核算的,是某一具体活动所需要支出的劳动力、材料、设备和管理等花费的总和。根据马克思政治经济学原理,成本是 $C+V$(C 表示物化劳动的价值,V 表示活劳动的价值),而

造价则可以用 $C+V+M$ 表示（M 表示劳动者创造的价值）。造价除了包括成本外，还包括创造出来的利润和税金，即造价是成本、税金及利润之和。成本概念是从项目组织或项目所属组织的角度定义的，主要受项目执行组织的关心，在市场决定价格的前提下，项目组织更关心如何降低成本，以便留出尽可能大的利润空间。造价则具有双重含义。造价是项目投资者为获得项目产品所需付出的代价，从这个层面上说，市场的交换价格（造价）当然越低越好，所以投资者关心的是造价。

项目成本与项目造价的共同点主要体现在两者的构成上，即两者均影响项目利润。成本和造价均包括 $C+V$。造价与成本的差额决定了项目的利润空间。对于项目组织来说，在降低成本的同时，要尽量提高承包合同价。只有同时搞好造价管理和成本管理工作，才可能盈利。片面地强调其中之一而忽视另一项，项目都不可能实现预期利润。

2. 项目成本与项目投资

项目成本与项目投资所要表达的侧重点是不同的。通常投资是指通过投入一定的资金、土地、设备、技术等要素，以便在未来获得一定的收益。投资强调资金付出的目标：在未来获得收益。项目投资所需的资金数额一般较大，而且这种资本性支出一旦发生，就将在较长时期内产生资金沉淀。因此，在投资项目实施之前，必须谨慎地从多方面进行技术经济评价，以期提高投资效益。成本通常强调付出本身，可以是资源，但最后用货币衡量。成本的补偿速度相对于投资来说更快，一般不会在较长时间内沉淀。

但投资与成本均是为达到一定目标而发生的支出，二者之间的界限在某些情况下是较模糊的，甚至在一定情况下可以相互转化。比如，对房地产开发商而言，如果开发商在项目开发完成后就进行销售，则房地产项目发生的支出可以说是投资（期望得到回报，获得可观收益），也可以称之为成本（资金回收速度较快，便于开发商进行下一轮开发）。如果开发商在项目完成后并不进行销售，而是主要进行出租经营，则房地产项目发生的支出便是投资，开发商持有资产并通过对资产的长期运营来获利，在运营期内，投资以折旧和摊销的形式逐步分摊进入运营期的总成本中。

3. 项目成本与项目费用

为了避免提到立场，只是纯粹探讨管理本身的方法，有的人提出"费用"一词，认为费用是一个较中性的词，脱离立场，不过分强调业主或承包商，只是强调完成项目所必需的付出。比如，"九五"优秀教材《国际工程项目管理》一书中，将 PMBOK 知识体系的"Cost Management"翻译成"费用管理"。

但是，在会计学中，成本与费用是有区别的。成本是针对一定的成本核算对象（如某工程、某软件）而言的，费用则是针对一定期间而言的。也可以说，成本的发生能直接与支出对象建立联系，而费用则是指在一定会计期间发生的支出，支出额与支出对象之间难以建立直接的对应关系，如管理费用、销售费用和财务费用等，在进行成本核算时，这些费用作为待摊费用的支出，需要按照一定的方法将其分摊到具体的产品或项目中。

1.1.2　项目成本的构成

项目成本是围绕项目发生的资源耗费的货币体现，包括项目生命周期各阶段的资源耗费。对于不同的项目干系人（即项目利益关系者）来说，参与项目的工作阶段或时机不同，其所经历的项目生命周期的长度也不同；不同的干系人会在不同的时间以不同的方式测算成本。因此不存在统一的项目成本构成。但任何项目成本构成都应该包括项目干系人眼中的项目生命周期各项工作的资源耗费。因此，要进行项目成本管理，首先应该识别项目干系人的项目生命周期，进而确定各阶段的资源耗费和项目成本构成。

项目生命周期定义了一个项目的开始与结束。虽然许多项目生命周期有相似的阶段名称和相似的可交付成果，但实际上它们很少是一样的。图1-1是典型的建设项目的生命周期简图及主要参与方。完整而详细的项目周期可以分为机会研究、初步可行性研究、可行性研究、评估报告、项目发起、谈判签约、工程设计、建筑施工、试生产、移交等阶段。此处将建设项目周期简单分为决策、设计和施工阶段。从图1-1可以看出，业主、咨询单位（负责决策分析工作）、设计单位和施工单位在不同的时机参与项目，各方有不同的生命周期。业主作为建设项目的组织者，其面对的项目生命周期包括决策、设计和施工阶段。咨询单位主要在决策阶段参与项目，咨询单位的项目生命周期仅是其中一段，但从咨询方的角度可分为接受委托、编制工作大纲、市场调研、初步研究、编写报告、印刷、交付咨询成果等阶段。因此，应该区分不同的情况来确定项目成本构成。此处主要对一般的项目成本构成进行讨论。

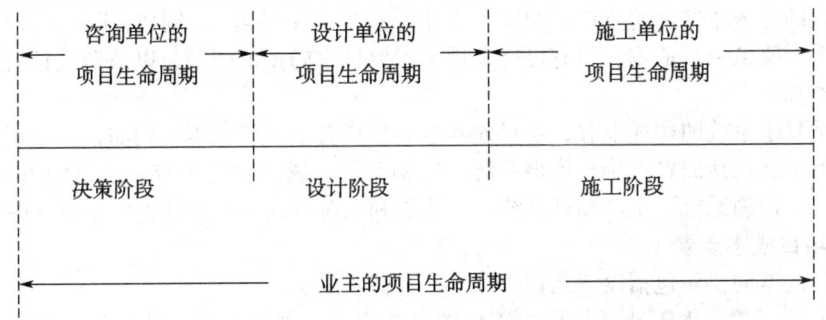

图1-1 建设项目的生命周期简图

1. 项目成本范围

项目成本范围是由项目范围决定的。从根本上讲，任何一个项目都取决于项目范围。项目范围是为了达到项目目标所要完成的全部工作，而且仅是要求完成的工作。确定了项目范围，就定义了项目的工作边界，明确了哪些方面是项目应该做的，哪些不应该包括在项目之内，明确了项目的目标和主要可交付成果。例如，项目范围可能涉及建造房屋、开发软件、美化环境等所有工作。正确地确定项目范围是项目成本估算的基础。

从项目的生命周期看，项目成本应包括项目全过程所发生的成本，主要有：

（1）项目启动成本 项目启动是每个项目都必须经历的，也是项目形成的第一个阶段。项目启动成本包括市场调查费、可行性研究费等。项目决策的好坏，对项目建设和建成后的经济效益与社会效益会产生重要影响。为了对项目进行科学的决策，在这一阶段要进行翔实的调查研究，收集并掌握第一手信息资料，进行项目的可行性研究，最终做出决策。完成这些工作需要耗用人力、物力资源，需要花费资金，这些费用构成了项目成本中的项目启动成本。

（2）项目规划成本 在进行可行性研究之后，通过分析、研究和试验等环节，项目就可以进入规划阶段了。任何一个项目都要开展项目规划设计工作。这些工作同样要发生费用，这项费用是项目成本的一个重要组成部分。

（3）项目实施成本　项目实施成本是指在项目实施过程中，为完成"项目产出物"所耗用的各项资源。它既包括在项目实施过程中耗费的物质资源成本（这些成本实际上是以转移价值的形式转移到了项目产出物之中），也包括项目实施过程中所消耗的活劳动成本（这些多数以工资、奖金和津贴的形式分配给项目团队成员）。项目实施成本包括采购费、研制费、开发费、建设费及分包费等。

（4）项目终结成本　项目结束阶段会发生竣工验收费、调试测试费及试生产费等，这些费用构成了项目终结成本。

项目实施成本是项目总成本的主要组成部分。在正确的项目决策和项目设计情况下，在项目总成本中，项目实施成本一般占总成本的90%左右。因此，项目成本控制在很大程度上是对项目实施成本的管理与控制。

在进行项目成本估算时，项目领导班子除了要关心完成项目所需的各阶段工作成本，有时还要考虑项目使用阶段的成本。全面考虑项目所有阶段，包括项目完成后投入使用阶段的总成本的估价方法，叫作"全生命周期成本估算"。例如，限制设计审查的次数可能会降低项目成本，但有可能发现不了设计中隐藏的问题，以致造成日后顾客运营费用增加。

从项目子系统的构成上看，项目成本应包括所有子系统成本。例如，一个钢铁厂项目的成本可能包括原料系统、炼钢系统、轧钢系统、燃料动力系统、发电和供电系统、供水系统、运输系统、生产辅助系统、生活福利系统和通信系统等各个子系统的成本。

2. 项目成本要素

项目成本的要素包括以下几种：

（1）人工费　人工费是为项目工作的各类人员，如设计师、计算机程序员、研究员、油漆工及其他项目工作人员提供的报酬，包括工资、津贴和奖金等全部发生在构成人员劳动上的成本。人是项目管理中的首要因素，这比项目中不可或缺的设备和工具更为重要。

（2）材料费　这部分是项目组织或项目团队为实施项目所购买的各种原料、材料的成本，比如，油漆、木料、墙纸、灌木、毛毯、纸、艺术品、食品、计算机等。又如，新药开发项目中使用的各种原料、试剂等的成本。

（3）设备费　设备费包括设备或仪器、工具的折旧费、修理费、运行费等，在某些情况下，还包括设备的租赁费用。有时项目组织为实施项目会使用到某种专用仪器、工具或设备，就需要购买或者租用，这些都是项目成本的组成部分。

（4）分包费（顾问费用）　分包费是部分项目工作内容分包出去时发生的成本。当承包商或项目团队缺少某项专门技术或完成项目任务所需资源时，可以委托分包商完成这些任务。例如，项目经理把项目的对外宣传委托给某家广告公司，或者请管理和法律顾问协助项目管理所支付的成本。再如，药品开发中进行药理、毒理实验时聘请专家所支付的成本，防水工程、打桩基、编制软件等专业工程进行分包时支付的成本。

（5）其他费用　其他费用包括多项内容，如在项目期间需要有关项目人员出差，就会发生差旅费（如机票费、住宿费、必要的伙食费和出差补贴）。其他费用还包括项目实施所需要的各种临时设施费等。

以上各项费用在不同项目中所占的比例不同。例如，开发一套信息管理系统时，开发人员的成本是所耗原材料的几十倍甚至几百倍；而工程建设项目中设备及材料费可能占各项费用总和的70%。

3. 项目成本的性质构成

从财务角度看，按性质划分，项目成本包括两种：

（1）直接成本　直接成本是可直接归因于项目组织或项目实施的有关成本，包括直接人工费、直接材料费、直接设备费及其他直接费。例如，如果购进的一批材料全部用于某项目，则该材料成本可归属到直接成本。

（2）间接成本　间接成本不直接归属于任何组织内的特定领域，往往是在组织执行项目时发生的，包括管理成本、保险费、融资成本（手续费、承诺费、利息）等。

企业在经营过程中，像生产工厂或者办公室的相关设施，以及在其中所发生的服务、管理、人事、培训、成本和管理会计、综合管理、取暖、照明和相关设施维护等方面的工作都能够发生成本，这些成本在企业的经营过程中会一直存在。间接成本中可以包括员工薪金、原材料成本及其他费用，但这些支出是不能直接和项目或项目工作联系在一起的（除了单独为某项目而成立的组织外），所以这些费用被划归到间接成本。

不同的企业对直接成本和间接成本的理解是千差万别的。有的企业会将项目设计图纸的印制费用计入项目直接成本，例如，可以直接向项目客户或发起人索要此项费用。而有的企业则可能将这项费用看作间接成本，直接列于公司的日常管理费用项下。有时，企业甚至在不同的项目中对于直接成本和间接成本的划分也是不同的，这主要取决于项目客户方与承包方在项目合同中所达成的就项目直接成本方面的共识。

项目成本预测人员和项目经理必须清楚地了解所属企业中直接成本和间接成本的构成要素，因此必须对项目计划和项目合同中的特别条款予以特别关注。

尽管间接成本主要是由固定成本构成的，但是有时也会包含一些可变成本。维持一个企业总部正常运营的成本是一种固定性的间接成本，因为这种成本不会随企业业务额的大小而发生变动。但企业管理部门所雇用的临时性文职人员的薪金成本则是一种可变化的支出，这是因为这部分费用的等级（临时员工的数量和类型）会随着诸如工作量、正式职员的工作效率等因素发生变化，而企业管理层可以自由决定这些临时文职人员的数量（相应地也决定了这部分成本的大小）。将企业日常管理费用划分为固定费用和可变费用，对于加强制造行业及加工行业中的产品定价、盈利能力和产品产量之间的联系是十分有利的。

4. 建设项目投资（成本）估算内容

建设项目是常见的项目类型，大量存在于各行各业。项目投资（成本）是工程项目从筹建到项目全部建成并投产所发生的全部支出。项目投资的构成如图1-2~图1-7所示。

以上各项费用中，建筑安装工程费也称建筑安装工程造价，是指用于建筑工程和安装工程的费用。设备工器具费是指为项目购置或自制达到固定资产标准的设备和新、扩建项目配套的首套工器具及生产家具所需的费用。建设项目其他费用是指由项目投资支付的未纳入建筑安装工程费及设备工器具购置费、预备费的各项费用总和。预备费也称不可预见费，是投资估算中设置的用于应付某些临时发生难以预料的开支的专项资金。建设期利息是指投资项目在建设期间固定资产投资借款的应计利息。流动资金是指用于购买企业生产所需的原材料、燃料、动力等劳动对象和支付职工劳动报酬的周转资金。

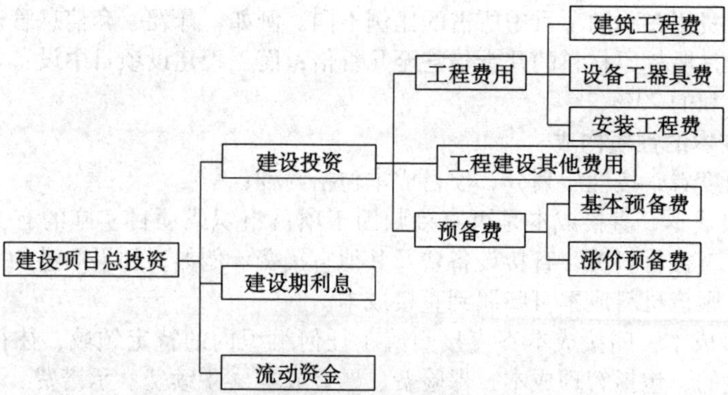

图 1-2　建设项目总投资构成

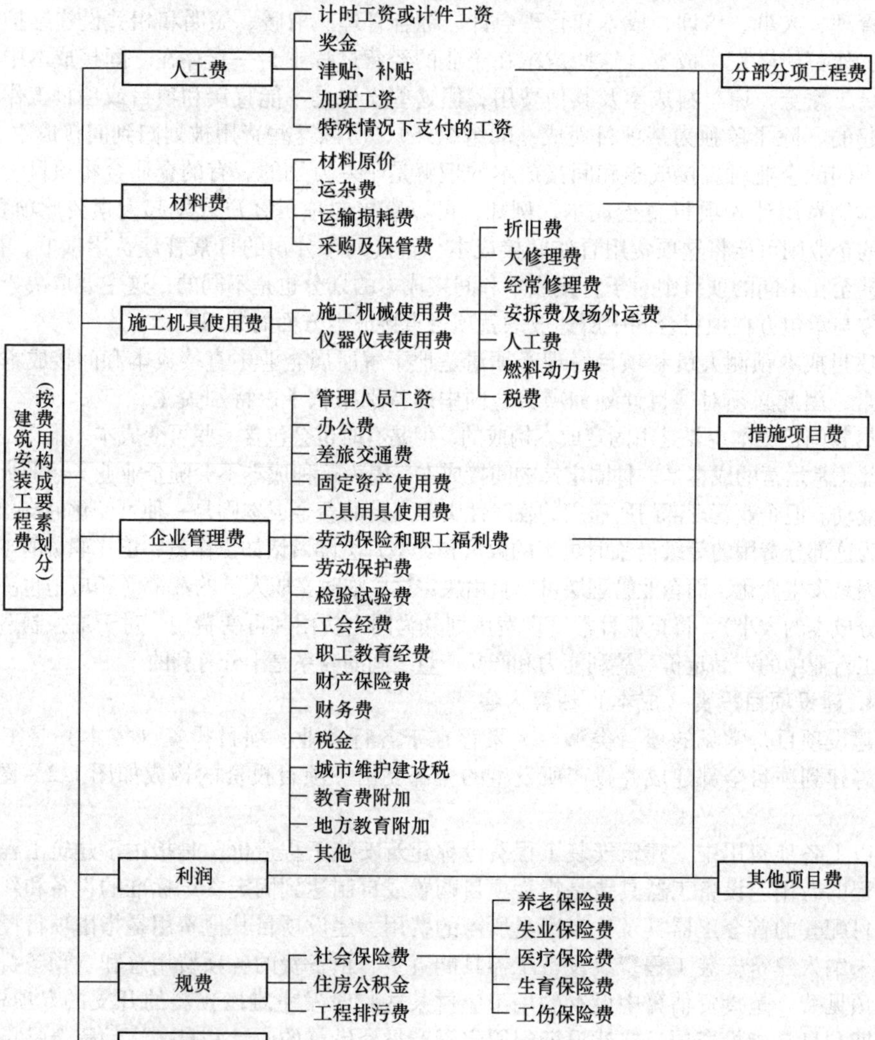

图 1-3　建筑安装工程费用构成

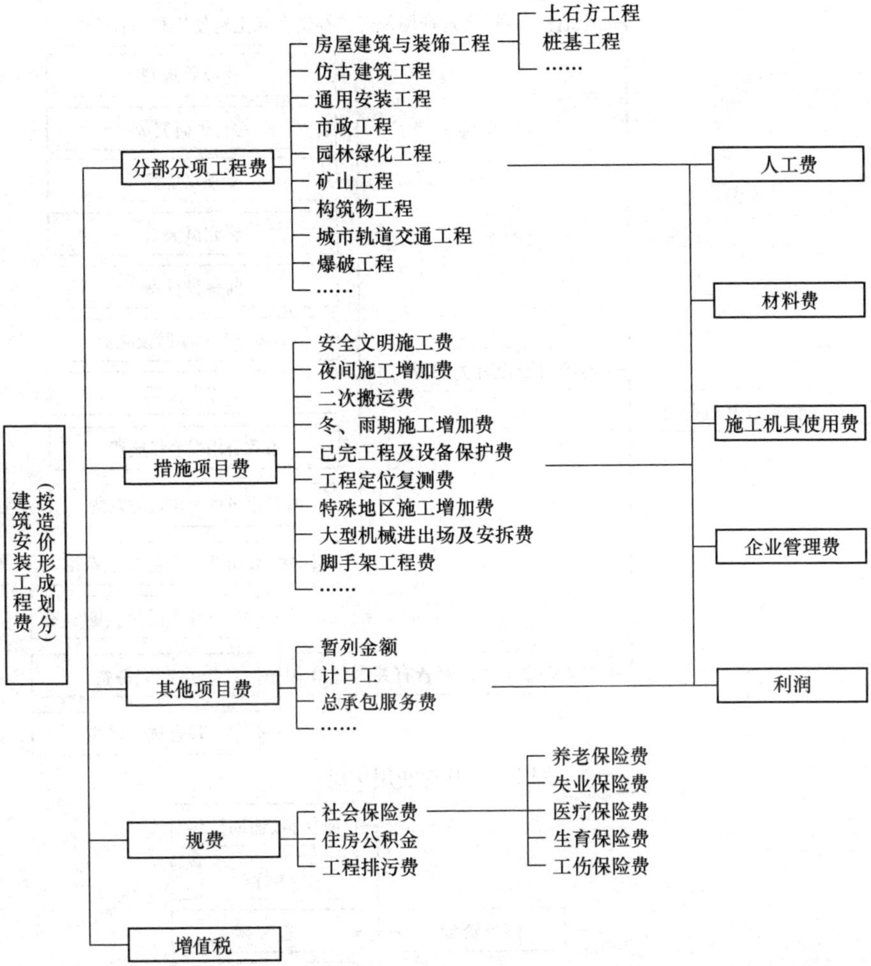

图1-4 建筑安装工程费用构成

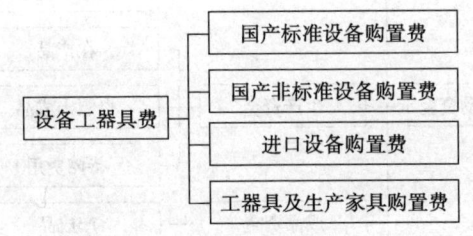

图1-5 设备工器具费构成

5. 软件开发项目的成本构成

软件开发项目的成本构成主要有以下几方面：

（1）人员费用 一般人员费用占软件开发成本的比例最大。项目组的人员包括编程人员/测试人员、分析人员/设计人员、项目领导和项目经理。每类人员的工资标准不同。

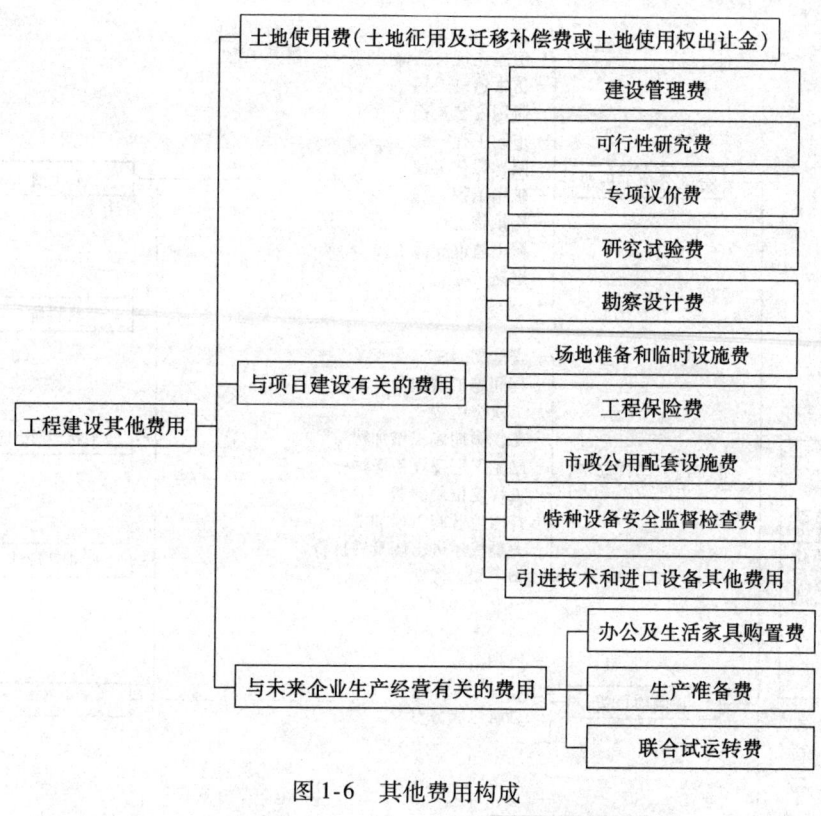

图 1-6 其他费用构成

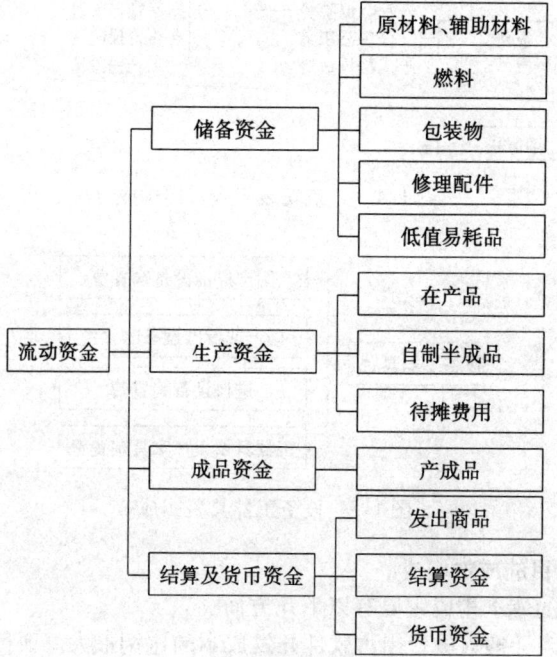

图 1-7 流动资金的构成

（2）硬件和软件费用　开发人员需要用个人计算机、网络环境、系统软件等创建和测试系统，这部分费用虽然可以作为开发商的固定资产，但因技术折旧太快，需要在项目开发中分摊一大部分费用。

（3）通信费和差旅费　开发组需要和用户保持联系，这将引发通信费用。如果用户和开发者在同一个城市，成本可能较少，但如果开发人员、用户和其他项目相关人员在地理位置上距离较远，他们之间的往来、住宿和通信费用就较大。

（4）咨询、外包、可复用组件购置费　当借用其他开发商的力量时，会发生这些费用。

（5）培训及资料费　面对飞速发展的软硬件技术，开发商需要不断购买学习资料，安排项目组专门进行培训。这可能需要外请专家、租用或设立培训场所，以及购买培训基本设施。

（6）管理及服务费　管理及服务费是指项目应分摊的公司管理层、财务及办公等服务人员的费用。

（7）办公场所及耗材　即需要在项目上分摊的租用或购置办公场所的费用及耗材费。

（8）其他费用　即其他费用包括项目分摊的贷款利息等各项费用。

1.1.3　项目成本的影响因素

影响项目成本的因素很多，主要有：

（1）项目范围　项目范围界定了完成项目所需包括的工作内容，这些工作需要消耗一定的资源，因此项目范围界定了成本发生的范围和数额。

（2）质量　质量与成本之间存在辩证统一的关系。通常，质量水平越低，项目成本就越低。如果质量要求定位高，则在完成项目时需要采用更好的资源、耗费更长的时间，成本也随之越高。如果质量水平低到无法使项目投入正常使用，或经常发生故障，则总成本反而上升。

（3）工期　工期越长，不可预见的因素就越多，风险就越大，成本就越高。

（4）价格　在项目范围确定的情况下，资源价格越高，成本就越高。因此，项目如果在通货膨胀时期实施，成本往往较高。

（5）管理水平　在项目进行期间，较高的管理水平可以减少失误，降低成本。

1.2　项目成本管理的概念

1.2.1　项目成本管理的含义

项目成本管理是在整个项目的实施过程中，为确保项目在批准的成本预算内尽可能好地完成而对所需的各个过程进行管理。

对项目成本管理的理解存在两种情况：一是由项目经理部（项目组织）进行的成本管理；二是围绕项目进行的成本管理。国外有关文献大多采纳第一种理解并对其进行阐述，考虑的项目成本管理的内容和方法限于项目经理部。本书基于第二种理解展开成本管理理论和方法的阐述，此时，不仅项目经理部，而且项目所在组织，如企业、团体的其他职能部门也会参与到项目的成本管理中，如企业的财务部门对项目成本的会计核算。

1.2.2 项目成本管理的任务

1. 确保项目在批准的成本预算内尽可能好地完成

项目成本管理是在整个项目的实施过程中，为确保项目在批准的成本预算内尽可能好地完成而对所需的各个过程进行管理。项目成本管理不同于项目投资管理和项目造价管理。

项目投资管理必然要以投资收益的最大化或合理化为目标，即在投资额一定的情况下，收益最大化；或在收益一定的情况下，投资额最小。在项目决策阶段，需要对项目运营期间的财务状况进行预测与分析，只有财务收益指标达到目标时，项目才可能启动。项目投资管理不仅关注项目的投资过程，而且关注项目投资的回报过程和结果。项目投资管理不仅贯穿于项目生命周期，而且延伸到项目的运行使用期。

项目造价管理与项目生命周期的投资管理接近，但是造价管理止于项目的交付建成。造价管理涉及市场交换，以项目的交换价格为关注重点，主要考虑的是价格，如投标报价、工程价款结算和最终决算。而价格的确定和控制需要在考虑成本的基础上，考虑组织的发展战略或经营策略。

成本管理侧重项目生命周期自身的支出管理。在项目产品交付使用后，项目产品（软件、工厂、建筑物、道路）的支出管理，即项目运行期间的成本管理不属于项目管理范畴，而属于工业企业或其他常规组织的成本管理范畴。

因此，项目成本管理始于项目启动，止于项目结束，是在整个项目生命周期中以项目执行组织为主体的成本管理，其目标就是确保项目在批准的成本预算内尽可能好地完成项目的各个过程。在许多应用领域，对项目产品的未来财务执行的预测和分析是在项目之外进行的。但在诸如资金筹措项目等领域，项目成本管理也包括对未来财务的预测和分析，此时成本管理包括一些附加的过程和许多一般管理技术，例如，投资回报和回收期分析。实际上，这时项目成本管理应该更确切地称为项目投资管理。

项目成本管理首先关心的是完成项目活动所需资源的成本，但也会考虑对项目交付使用后成本的影响。例如，通过限制设计审查次数可以降低项目成本，但可能增加顾客的运营成本。再如，项目建设期间不能一味地降低成本而采用质低价廉的材料，为项目产品的运行和使用留下隐患。项目成本管理的这种广义观点常被称为"全生命周期成本计算"。

2. 提供衡量项目管理绩效的客观标尺

项目成本管理的好坏反映了项目管理的水平。对项目管理绩效的评价，首先是对成本管理绩效的评价。通过对成本管理水平和成果的评价，可以使企业掌握项目管理状况和实际达到的水平，为项目绩效评价提供直观、量化的佐证。

项目成本管理还为企业考核和奖惩提供依据。为企业内部人事制度、工资分配制度、员工培训制度等一系列制度的建立和健全创造必要的环境条件。

1.2.3 项目成本管理的原则

1. 全生命周期成本最低原则

项目成本管理的效果直接影响项目的绩效。因此，应尽可能降低项目成本。但是，在进行成本管理时不能片面要求项目形成阶段成本之和最低，而是要使项目全生命周期成本最低，即考虑项目从启动到结束，再到项目产品的寿命期结束整个周期的成本最低，这是项目经济性评价的合理期限。

2. 全面成本管理原则

全面成本管理是针对成本管理的内容和方法而言的。从全面性出发，需要对项目形成的全过程开展成本管理，对影响成本的全部要素开展成本管理，由项目全体团队成员参加成本管理。因此，全面成本管理就是全员、全过程和全要素的成本管理。

3. 成本责任制原则

为了实行全面成本管理，必须对项目成本进行层层分解，使成本目标落实到项目的各项活动、各个人员。项目的各个参与人员都承担着不同的成本责任，按照成本责任对项目人员的业绩进行评价。

4. 成本管理有效化原则

成本管理的有效化包括两层含义：一是使项目经理部以较少的投入获得较大的产出；二是以最少的人力和财力，完成较多的管理工作，提高工作效率。

5. 成本管理科学化原则

成本管理科学化原则，即把有关自然科学和社会科学中的理论、技术和方法运用于成本管理，包括预测与决策方法、不确定性分析方法和价值工程等。

1.2.4 项目成本管理的组织

项目成本管理与项目所属机构的成本管理是不同的。项目成本管理的实施主体是项目部，由项目经理负责，项目部的其他成员参与。项目成本管理会与项目所属的企业或机构的其他职能部门，如会计、财务部门发生关系，而项目部与职能部门间关系的紧密程度或形成何种关系，还取决于项目组织类型。

如果项目由企业运作实施，此时，项目成本是企业成本中不可或缺的一部分。项目成本管理与企业成本管理的区别主要是管理对象不同、管理任务不同和管理责任不同。

项目成本管理的对象是某一个具体的项目，主要对项目的成本进行预测、控制、核算等。企业成本管理的对象是整个企业，不仅包括各个项目部，还包括企业的其他职能部门。项目成本管理的任务是在健全的成本管理责任制下，以合理的进度、合理的质量、低耗的成本完成项目。企业成本管理的任务则是根据整个企业的现状和水平，通过合理调配资源、合理完成项目，将企业的成本控制在预定计划内。项目成本管理由项目经理全面负责，项目的盈亏与项目经理部全体成员的经济责任挂钩，责任明确，管理到位。企业成本管理强调部门成本责任，成本管理涉及各个职能部门和各个项目部，管理松懈。

1.3 项目成本管理的理论框架

1.3.1 项目成本管理的一般过程

在《项目管理知识体系指南》(*Project Management Body Of Knowledge*)中，将项目管理的基本过程划分为启动、计划、执行、控制、收尾五个阶段。项目成本管理包括确保在批准的预算内完成项目所需的诸过程。这些过程包括：

(1) 资源计划编制。

(2) 成本估算。

(3) 成本预算。

(4) 成本控制。

上述的成本管理过程与项目管理的对应关系，如表1-1所示。

表1-1 《项目管理知识体系指南》（PMBOK®）中成本管理过程

知识领域	（1）启动	（2）计划	（3）执行	（4）控制	（5）收尾
成本管理	—	资源计划编制、成本估算、成本预算	—	成本控制	—

可见，在《项目管理知识体系指南》中，成本管理过程并未与项目管理的基本过程完全对应，其中执行和收尾阶段的成本管理工作需要明确细化。

1.3.2 我国的项目成本管理过程

我国的项目成本管理通常包括的过程如下：

（1）成本预测 对项目未来的成本水平及其发展趋势所做的描述与判断。

（2）成本计划 对项目计划期内的成本水平所做的筹划，是对项目制定的成本管理目标。

（3）成本控制 在项目实施过程中，对影响项目成本的各项因素进行规划、调节，并采取各种有效措施，将实施中发生的各项支出控制在成本计划范围以内，计算实际成本和计划成本之间的差异并进行分析，通过成本控制，最终实现成本目标。

（4）成本核算 利用核算体系，对项目实施过程中所发生的各种消耗进行记录、分类，并采用适当的成本计算方法，计算出各个成本核算对象的总成本和单位成本。成本核算是对项目实施过程中所发生的耗费进行如实反映的过程，也是对各种耗费的发生进行监督的过程。

（5）成本分析 揭示项目成本变化情况及其变化原因。在成本形成过程中，利用成本核算的资料（成本信息），将项目实际成本与计划成本进行比较，了解成本的变动情况，系统分析影响成本变动的因素，寻找降低成本的途径。

（6）成本考核 在项目完成后，对项目成本形成过程中的成本管理的成绩或失误进行总结与评价。

上述的成本预测对应资源计划编制和成本估算，成本计划对应成本预算。我国的成本管理对六个环节实行了全过程管理，与项目管理过程完全对应，其中，成本核算是执行阶段的管理，成本决算是项目收尾阶段的管理。

1.3.3 本书的体系

本书将上述两种体系进行综合，全书的主要框架是：

（1）资源计划编制 确定完成项目活动需要物质资源的种类，以及每种资源的需要量。

（2）成本估算 做出为完成项目各活动所需资源成本的估算。

（3）成本预算 将总成本估算分配到各单项工作上。

（4）成本核算 在项目执行过程中，对成本进行记录、统计和分析，为成本控制提供依据。

（5）成本控制 控制项目预算的变更，以保证预算目标的实现。

（6）成本决算 确定项目从开始筹划到项目结束交付使用为止产生的全部实际费用。

我们认为，该体系基本建立了与项目管理过程的对应关系，如表1-2所示。

表1-2　本书采用的成本管理过程

知识领域	(1) 启动	(2) 计划	(3) 执行	(4) 控制	(5) 收尾
成本管理	—	资源计划编制、成本估算、成本预算	成本核算	成本控制	成本决算

相关阅读

建设项目成本管理理论研究综述

建设项目成本管理是指为保障建设项目实际发生的成本不超过项目成本预算而开展的项目成本估算、项目成本预算编制和项目成本预算控制等方面的管理活动。项目成本管理也是为确保项目在批准的预算内按时、按质、经济高效地完成项目的既定目标而开展的一种项目管理过程。成本管理是项目管理的重要组成部分，项目成本的盈亏直接关系到企业的效益、命运和前途。

1. 项目成本管理理论的发展历程

(1) 传统项目成本管理　传统项目成本管理可以追溯到20世纪60年代，在此期间诞生了围绕项目成本管理最具代表性的管理方法——美国航天局和美国空军为开展项目成本管理和控制而创建的工作分解结构（Work Breakdown Structure，WBS）技术和挣值管理方法（Earned Value Management，EVM）技术。

(2) 现代项目成本管理　尽管很早以前就有人提到过项目成本管理，然而项目成本管理引起人们的重视还是近几十年的事。随着全球性竞争的日益加剧，项目活动的扩大和复杂，项目数量的急剧增加，项目团队规模的不断扩大，项目相关利益者的冲突不断增加，降低项目成本的压力不断上升等一系列情况的出现，促使项目成本管理在理论与方法等方面不断发展，现代项目成本管理理论和实践在这一时期均获得了长足的进步和快速的发展，这主要表现在三个方面。

1) 形成了三种最具代表性的现代项目成本管理的理论思想和方法。其一，从整个项目活动分析、确定和管理项目全过程成本管理的理论与方法。项目全过程成本管理于20世纪80年代中期开始，是由我国项目成本管理领域的工作者提出的。该管理思想认为，项目成本管理应该是贯穿项目生命周期各阶段的全过程、全方位的工作；该管理思想认为，成本管理的关键在于采取经济技术手段，以设计阶段为重点，对项目建设全过程进行全方位管理。进入20世纪90年代，这种项目成本管理的理论和方法逐步成为中国和世界许多国家项目成本管理的主要方法。其二，英美学者和实际工作者提出的全生命周期项目成本管理理论。20世纪60年代，美国国防部首先提出了项目全生命周期成本管理的思想，随后英国和美国的学者都相继在这方面做了许多研究。国外的有关资料表明，在项目的全生命周期内，研究和研制费用约占总成本的10%，生产费用约占30%，使用保障费用约占60%。鉴于使用保障费用、生产费用远大于研制费用，美国国防部首先提出了全生命周期费用的概念，力求通过在研制阶段多花一点钱来节省后来的使用保障费。这一方法的主要内容包括：项目全生命周期费用设计和项目全生命周期费用的管理和控制。目前，它已经成为项目投资决策和项目成本控制的一种思想和技术方法。其三，国际全面成本管理促进会（AACE-I，原美国造价工程师协会）前主席 R. E. Westney 先生借用"全面质量管理"的思想提出的一套"全面成本管理"的理论和方法，根据的是 AACE-I 给的定义"全面成本管理就是通过有效使用专业知识和专门技术去计划和控制项目的资源、成本、赢利与风险"。项目全面成本管理理论包括项目全过程成本管理、项目产品全生命周期成本管理、项目全方位成本管理。现在人们普遍认为项目全面成本管理将成为世界项目成本管理中最有效的技术和方法。

2）现代项目管理理论和方法的精髓在建设项目成本管理中的具体应用。例如，项目集成管理理论在项目成本管理中的应用，其中最具代表性的是质量成本管理和进度成本管理的应用。再如，项目风险管理在项目成本管理中的应用，具有代表性的是美国项目管理协会（PMI）和美国成本工程师协会（AACE）提出的项目风险造价管理。另外还有美国的垂直切割法（样本法）（Verticals Slice）和偏差分析法（Trend Analysis）在项目成本控制中的应用，以及英国的成本编码系统（Cost Code System，CCS）在成本估算中的应用和香港的项目成本动态管理的应用等。

项目成本管理在我国的发展比较缓慢，从 20 世纪 80 年代后期开始，我国在建筑业及工程建设项目的管理体制和管理方法上进行了许多重大的改革，并借鉴和吸收了一些国际上先进的现代项目成本管理的理论和方法。1984 年，我国在鲁布革水电站项目中，首次采用国际招标和项目工期、质量、造价管理的办法开展现代项目管理实践的尝试，取得了明显的经济效益。此后，我国的建设部、电力部、化工部、煤炭部等政府部门在许多非营利性公共建设项目中先后采用了目标成本责任制等项目成本管理的应用方法。

（3）三大项目成本管理体系发展现状　项目成本管理在国内起步虽然早，但是后期发展缓慢。全过程项目成本管理虽然在国内最先得到研究，但是在实际应用中还存在困难，需要更加深入地研究，尤其在项目成本管理技术方面的研究要加强。

项目全生命周期成本管理理论已经基本成熟，目前该理论在实际中的应用还存在一定的困难。项目全生命周期成本管理理论在建设项目中应用的最大障碍就是缺乏有用的、可靠的、一致的全生命周期成本数据，即使数据存在，这些数据在形式上也是不统一的，无法在项目全生命周期成本分析中得到应用。为了解决这一难题，国外许多学者做了许多研究［Mohamed A. El-Haram，Sasa Marenjak（2002）］，探讨了建设项目全生命周期成本数据信息搜集的发展框架，给出了全生命周期成本分解结构的分类。全生命周期成本分解结构的方法在建设项目全生命周期成本信息采集中的应用大大降低了由项目方案选择、技术经济项目运营等带来的风险。1999 年，英国的但丁大学发起了一个全生命周期成本论坛，创办了一个全生命周期成本信息网站（www.wlcf.org.uk），其创办目的是提供一个网上工具以减少全生命周期成本信息的错误及对传统成本信息传播途径的依赖，与该网站同时建成的系统拥有一个搜集了许多建设项目成本信息的数据库，能够通过比较类似项目的成本来选择最优的建设方案。

项目全面成本管理的思想在国内已经开始推广，中国铁道建筑总公司在《中国铁道建筑总公司全面推行工程项目责任成本管理的决定》中，要求在全系统全面推行工程项目责任成本管理工作，已经开始将工程项目全面成本管理理论应用到实际的项目成本管理中去。

2. 项目成本管理的概念、内容及研究方法

（1）项目成本管理的概念　美国项目管理协会编写的《项目管理知识体系指南》中给出了广义的项目费用管理。通常项目费用管理被定义为项目全生命周期费用估算。《项目管理知识体系指南》中将"Cost Management"中的"Cost"翻译成了"费用"，即项目费用管理；将项目费用管理分为项目费用估算、项目费用预算、项目费用控制三部分。关于"Cost"一词的翻译，国内也存在许多争议，为了论述统一，在本综述中将其翻译为"成本"。

彼得斯·霍布斯在《项目管理》中指出：项目成本管理就是在规定的时间内，为保证实现项目的既定目标，对项目实际发生的费用提供所采取的各种措施。通过对项目的成本管理可以实现对整个项目实施管理和监督，及时发现和解决项目实施过程中出现的各种问题。具体来说，项目成本管理包括在批准的预算内完成项目所需的每一个过程，即资源计划编制、成本估算、费用预算和成本控制。

（2）项目成本管理的内容与研究方法　项目成本管理主要包括三部分内容：成本估算、成本控制和成本预算。项目成本估算存在许多风险和不确定性，Hemp Hill (1968) 认为，用概率估算的方法进行项目成本估算，95% 的置信度是概率估算的极限水平。Spooner (1974) 将成本项目分为两个分项目：人工成本和材料成本。Spooner 认为成本项目归结于人工资源，成本项目由许多项目成本因子构成，项目成本因子相互间是有联系的，它们的每个因子都是线性相关的。Spooner 假设成本项目的分布已知，从而得到成本的标准差。由此通过应用中心极限定理得出降低给定的项目成本额的概率。Diekmann (1983) 讨论了各种项目成本的估算方法及其应用。Diekmann 强调在应用各种项目成本估算方法时，必须考虑项目成本构成因子间的关联。Touran 和 Wiser (1992) 分析了项目成本因子间的关系及项目成本因子对项目成本估算偏差的影响。

项目成本控制是项目成本管理的一项重要内容。国内各高校的学者及具有社会实际工作经验的工作人员都提供了具有代表性意义的研究成果。李延罡（2007）通过分析国内工程项目成本控制的实际情况，总结出国内工程项目成本管理存在的问题：

1）工程施工项目战略层成本管控方面存在的问题表现在：①工程施工项目质量成本高；②工程施工项目时间成本高。

2）工程施工项目策略层成本管控方面存在的问题表现在：①工程施工项目物料成本高；②工程施工项目设备成本高；③工程施工项目管理成本高。

王恩茂、刘晓君（2005）从项目分析施工项目成本管理困难的实际原因出发，研究出一套施工项目成本管理的基本模式，这种模式对于提高施工项目管理的绩效具有重要的意义。葛文雷、郭燕妮（2003）结合作业成本法（ABC）的特点，研究出一种新的项目成本管理系统，该系统基于价值创造的 ABC 成本核算系统，不仅能把一切与项目有关的合理间接费用列入成本核算范围，而且着重考虑了项目的资本成本，能更有效地进行项目成本控制，并且将 EVA 财务度量指标与 ABC 法结合，对 ABC-EVA 结合情况下的项目成本控制方法进行了证实。近年来，工业工程方向的研究者提出了并行工程的思想，并将这种思想应用于工业产品的设计中，取得了很好的效果。国外一些研究者对并行工程在工程项目的设计阶段的应用做了初步研究（PED Love etc., 1998），研究结果表明，在工程项目设计阶段实施并行工程，能够有效地节约成本和缩短工期。Wei-Chih Wang 则研究出一种方便项目成本初始决策的数学工具模型，大大节约了项目成本估算的时间和费用。

Parviz A. Koushki 和 Nabil Kartam（2004）分析出建筑材料的选择会影响项目成本和进度，通过分析450个项目数据发现项目成本超额的重大原因是项目材料选择不当，因而必须加强对项目材料的选择，进而减少成本。Rick McCarthy（2004）提出，要想将一个具体的建设成本转换为可以在通用项目中使用的项目成本，就必须区别项目成本（Project Cost）和建设成本（Building Cost）的概念，才能在实际中将具体的成本信息转换为能为项目设计者服务的项目成本信息。EunHong Kima，William G. Wells Jr.，Michael R. Duffey（2003）认为挣值管理是一种能够帮助项目管理者更精确地分析项目成本偏差的好方法，为了使该方法在各种不同的项目和组织管理中得到应用，他们研究出一种挣值管理模型。该模型集中考虑了挣值管理的使用者（EVM Users）、挣值管理方法（EVM Methodology）、挣值管理实施过程（Impletion Process）和项目环境（Project Environment）。它是一种容易被广大使用者接受和使用的通用模型。

（3）项目成本和质量、进度的关系　Elmaghraby（1977）认为项目成本和项目时间是相互关联的一个整体。Elmaghraby发现，在项目时间-成本曲线中，曲线上每一点的变化都包括了以下两部分的变化：①时间的偏差变化；②成本的偏差变化。另外，Jaafari（1996）用采样的方法针对一个特殊的施工项目及其施工方法得出一条项目时间和成本的关联曲线，证明项目时间和项目成本是相互关联的。项目时间（进度）的变化会影响项目成本的变化，反之亦然。

Bromilow（1974）在澳大利亚的研究发现，项目时间（T）和项目成本之间的关系可以用一个数学模型来表示：$T = KCB$，其中，T是项目时间（进度），C是项目成本，K是常变量，B是项目时间对项目成本的敏感指数。

Babu 和 Suresh（1996）在基于关键路径法（CPM）的基础上，提出一种用来权衡项目时间（进度）、成本、质量的新方法。该方法分析了项目时间、成本、质量三者之间的线性关系，并依据三者之间的关系建立了内部关联线性模型。

Atkinson（1999）分析了项目质量、成本和工期的关系，认为一个成功的项目的衡量标准是在符合特殊要求的前提下，以合理的成本和工期达到所要求的质量。

3. 项目成本管理的工具

随着新的项目管理方法和技术的引进，项目成本管理变得越来越复杂。Woodward（1997）在一篇报告中说："在项目管理中有许多信息需要处理，更重要的是，这中间还有许多复杂的、特殊的相互关系需要考虑。"因此，Forese（1999），Staub 和 Fischer（1999）等人强调要用集成的方法对项目成本进行管理。要实现项目成本的集成管理，计算机软件无疑是提高管理效率的好工具。一些项目机构已经拥有一些集成管理软件，比如，数据库管理程序和时间规划软件，在这种前提条件下，一些研究人员相继投入于对高级项目管理软件的研究中，比如 Sucharieh（1984）——估算表和数据库管理程序在项目成本管理中的应用；Hegazh，Er sahin（2001）——估算表在分包商项目成本估算系统度量中的应用；Elzarka（2001）——用 Visual Basic 开发工具综合 AutoCAD TM，MS Project TM，MS Access TM 和 MS Excel TM 诸软件功能实现项目设计阶段集成管理的可行性分析。

Jim Zhan（1998）给出了项目成本控制的十条原则，在这十条原则的基础上，从项目全面成本管理的角度建立了一个封闭循环的项目成本控制系统模型。该系统能够及时处理项目成本管理中反馈的负面因素。该系统对项目成本的控制不是抛弃了传统的只注重施工阶段的成本控制，而是全面考虑了项目的招标、材料采购、建设和维护阶段的成本控制，有效地从全面平衡和资源合理分配的角度进行项目成本的控制。

Peter E. D. Love，Zahir Irani（2002）开发出一套项目管理质量成本信息系统（Project Management Quality Cost System，PROMQACS），该系统能够帮助项目管理人员识别项目管理中的缺陷，进而在未来的项目管理中采取适当的措施规避错误和弥补缺陷。

资料来源：任国强，黄建瓯。西安建筑科技大学学报（社会科学版），第27卷第3期，2008年9月，第64~69页。

复习思考题

1. 简述项目成本的含义，比较成本与投资、造价、费用之间的区别与联系。
2. 简述项目成本的构成内容。
3. 影响项目成本的因素有哪些？
4. 项目成本管理的过程包括哪些？

主要内容
- 资源类型及项目资源需求的特点
- 项目资源计划编制的依据
- 资源计划的编制步骤与方法
- 资源单价

第 2 章

资源计划与资源单价

2.1 资源类型及项目资源需求的特点

2.1.1 资源的分类

我们可以将资源理解为一切具有现实价值和潜在价值的东西。在项目管理中,对所使用的资源进行分类的方法很多,常见的有:

1. 根据会计学原理分类

根据会计学原理对资源分类,可将项目实施所需要的资源分为劳动力（人力资源）、材料、设备、资金等。这是划分项目资源最常见的方法。其优点是通用性强,操作简便,易于被人们接受。本章就按此分类讨论项目资源计划编制及资源价格。

2. 根据资源的可得性分类

根据资源的可得性分类,资源可分为:

（1）可持续使用的资源　可持续使用的资源能够用于相同范围的项目各个时间阶段,例如,固定的劳动力。

（2）消耗性资源　这类资源在项目开始阶段往往以总数形式出现。随着时间的推移,资源逐渐被消耗掉,例如,各种材料或计算机的机时。

（3）双重限制资源　双重限制资源是指这类资源在项目的各个阶段的使用数量是有限制的,并且在整个项目的进行过程中,此类资源总体的使用量也是有限制的。在项目的实施过程中,资金的使用就是一种典型的双重限制资源。

3. 根据资源的自然属性分类

根据资源的自然属性分类,资源可分为:

（1）可耗尽资源　可耗尽资源一旦被使用,就不能再用于其他项目工作中,因为这种资源无法进行再补充。化石类燃料（如煤、石油和天然气等）和矿藏（如从矿场开采出来的矿石）是可耗尽的资源。某地区的某种上述资源一旦被开采完毕,以开采矿藏为内容的项目生命周期就将结束。时间是最重要的可耗尽资源。因为时间一经消耗就一去不复返。因此对这种特殊的资源,需要特殊的方法进行计划与安排。例如,项目管理中用甘特图法或关键路径法等对时间资源进行安排。

(2) 可补充资源　能够从市场购买的原材料和零部件等属于可补充资源。尽管这类资源被应用到项目中后可能会被耗尽，但人们可通过购买新的该类资源对项目进行补充。农作物及农产品可看作一种可补充资源，但是这些资源在短时期内也不全是可补充的（如木材资源）。

(3) 可重复使用资源　可重复使用资源是指那些应用于项目工作中，但在项目任务完成后仍可继续使用的资源。这种资源就像化学反应中的催化剂，它们对推进反应进行是必需的，但在反应完成后，形态却不发生任何变化。从长期来看，这种资源一般可以维持在一个比较稳定的数量水平上，但由于它们可能是稀缺性的，所以也应该对其进行细致的计划和安排。

拥有特定技能的员工、工业用机器和设备、其他生产装置和测试仪器等均是可重复使用的资源。工厂和办公室等也属于可重复使用资源。

4. 根据项目使用资源的特点分类

根据项目使用资源的特点分类，资源可分为：

(1) 没有限制的资源　这类资源在项目的实施过程中没有供应数量的限制。例如，没有经过培训的劳动力或通用设备。

(2) 价格非常昂贵或项目期内不可能完全得到的资源　例如，在项目实施过程中使用的特殊试验设备，每天只能工作 4 小时；或同时负责多个项目技术工作的技术专家。

一般情况下，在制订计划的过程中，对于那些消耗性的资源和有限制的、需要定期使用的资源，应予以单独考虑。

此外，资源还可以分为自然资源和人造资源、内部资源和外部资源、有形资源和无形资源。

2.1.2　项目资源需求的特点

项目的生命周期影响着项目对资源的需求。例如，某软件开发项目，在早期阶段只有一小部分设计人员和高级人员。当项目进行到大约 50% 时，项目组规模达到顶峰，主体开发和测试正全力进行，此时人员构成以中间人员和低层次人员为主。而当项目接近终点时，小组规模缩小为仅剩几个人，着眼于将来的维护。

大多数项目全生命周期有相同的人力和成本投入模式，即开始时慢，后来快，而当项目快结束时又迅速减缓。在项目的初始阶段，主要的资源需求是受过高等培训的专业人员，要求市场调研人员进行深入细致的市场调查，技术经济人员编制可行性研究报告，专业设计人员提供图样或方案。在项目实施阶段，则对各种设备和材料的需求不断增加。在项目结束阶段，对各种资源的需求逐渐减少。资源需求与项目生命周期各个阶段的关系可以用图形清楚地表示出来。图 2-1 表示某项目生命周期的各个阶段对劳动力和材料两种资源的需求状况。

图 2-1 中，曲线（a）表示随着时间的变化，该项目对工程师的需求变化情况。从该曲线的变化趋势可看出，项目对工程师的需求在项目的高级开发阶段达到最高点。曲线（b）表示随着项目进展的变化，该项目对非专业人员需求的变化情况。在项目的详细设计和生产两个阶段，项目对非专业人员的需求达到最高点。曲线（c）表示项目各

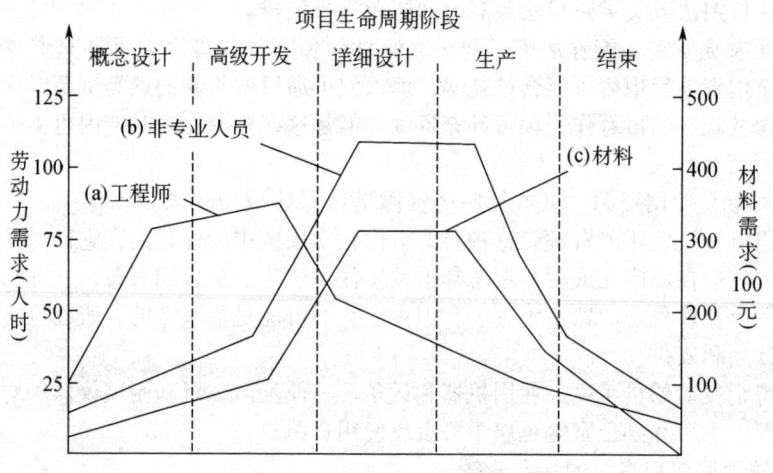

图 2-1　典型资源需求概况

阶段对材料的需求变化情况。同样是在详细设计和生产两个阶段，项目对材料的需求达到最高点。

由于项目具有一次性特征，项目资源不同于常规组织机构的资源，它多是临时拥有和使用的。资金需要筹集，服务和咨询力量可以采购（招标或招聘），有些资源还可以租赁。资源的高效、合理使用对项目管理至关重要。任何资源的短缺、积压和滞留都会给项目造成损失。

2.2　项目资源计划编制的依据

2.2.1　工作分解结构

工作分解结构（Work Breakdown Structure，WBS）是以产品为中心的"家谱"，该谱组织并定义了项目的整个范围。沿此谱由上向下，每降一层，对于项目各组成部分说明的详细程度就提高一层。以项目范围说明书为依据，对项目进行分解，将项目划分为较小的、更易管理的工作单元。这些工作单元的内容更容易确定，能识别出项目中需要的资源、技术、时间，提高资源、成本及时间估算的准确性。工作分解结构是进行项目成本估算、预算和控制的基础。

由于项目既可按内在结构，又可按实施顺序分解，加上项目本身复杂程度、规模大小各不相同，可能形成不同的工作分解结构图。有时项目分解的层次会较少，有时会较多。图 2-2 为工作分解结构图的基本层次。

在一些项目的工作分解结构中，可能仅需要三级，另外一些项目的工作分解结构可能需要十级或更多的层次，通常根据分解对象确定工作分解的详细程度。如果分解的是大而复杂的项目，最高层次的分解

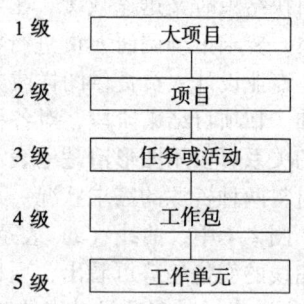

图 2-2　工作分解结构层次示意图

可粗略，逐级往下时则是层次越低分解越详细；若分解的是相对较小而简单的项目，则可分解得更细一些。

虽然每个项目都是独一无二的，但许多项目彼此之间存在着某种程度的相似之处。在对一个项目进行分解时，可以参考过去类似项目的工作分解结构。

图2-3是某软件开发项目的工作分解结构。该WBS结合产品和活动编制，以便得到有利于开展估算的层次。

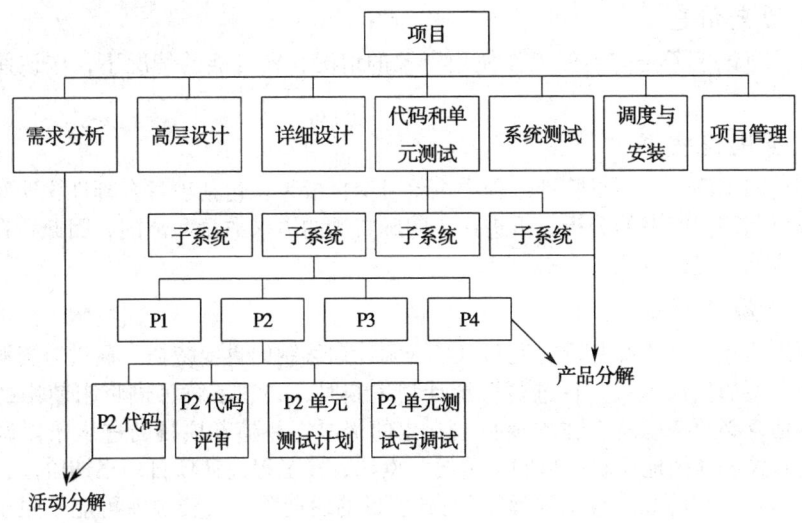

图2-3 某软件开发项目的工作分解结构

为了简化WBS的信息交流过程，通常利用编码技术对WBS进行信息转换。图2-4是某地区安装和试运行新设备项目的WBS图。

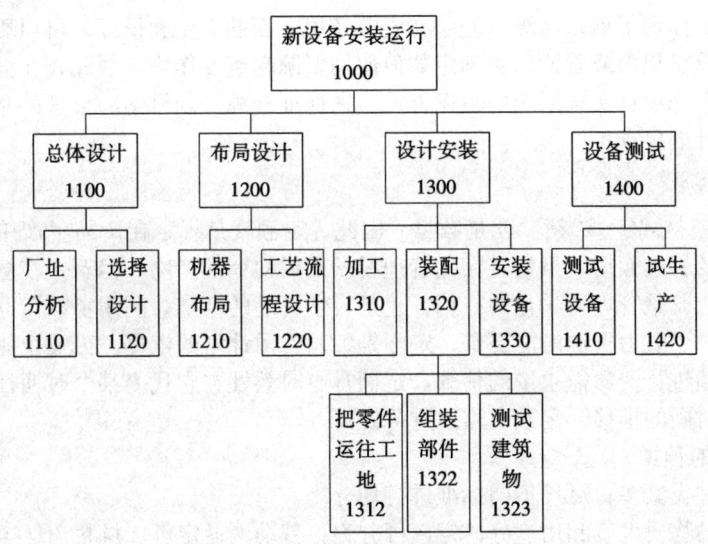

图2-4 新设备安装和试运行的WBS图

图 2-4 中的工作单元编码由四位数组成。第 1 位数表示处于 0 级的整个项目；第 2 位数表示处于第 1 级的子项目的编码；第 3 位数表示处于第 2 级的任务或活动的编码；第 4 位数表示处于第 3 级的工作包的编码。编码的每一位数字由左至右表示不同的级别。

工作分解结构确定了需要资源的项目组成，因此它是资源计划编制的基本依据。通过汇总工作分解结构各层次的资源需求，可得到项目总体资源需求情况。

2.2.2 历史信息

历史信息记录了先前类似工作使用资源的情况，在可能的情况下，应该使用这些资料。

2.2.3 范围说明书

范围说明书确定了项目管理过程中主要可交付成果，包括项目合理性说明和项目目标。根据对范围说明书的分析，可进一步明确资源的需求数量和范围，因此，在编制资源计划时应认真考虑范围说明书。

2.2.4 资源库描述

资源库描述是对资源存量的说明，是资源计划编制的重要依据。通过对资源库的分析可确定资源的供给方式。在进行资源计划编制时，必须了解可供将来使用的资源种类。成本估算必须考虑所有在本项目上支出的资源，并随着项目的进展予以调整和修正，以便具体、详细地反映项目的新情况。例如，在工程设计项目的早期阶段，资源中拥有大量的"工程师和高级工程师"，而到项目的后期阶段，资源库可能仅限于那些参加了早期阶段工作且对项目熟悉的个人。资源库描述中后备资源说明的详细程度和明确程度越高，则资源计划的编制就越灵活和有效，且有更多可供选择的替代方案，可避免因临时出现问题而措手不及。

2.2.5 组织方针

组织方针体现了项目高级管理层在资源使用方面的态度和偏好，可以影响到人员招聘、物资和设备租用或采购，对确定如何使用资源起重要作用。因此，在编制资源计划期间，必须考虑项目实施组织的组织方针，在保证资源计划科学、合理的基础上，尽量满足组织方针的要求。

2.2.6 定额

"定"就是规定，"额"就是数量，因此，定额就是规定在产品生产中人力、物力或资金消耗的标准额度。虽然定额是管理科学发展初期的产物，但至今在管理中仍然发挥其作用。它既是管理科学化的产物，也是科学管理的基础。利用定额可以计算人力资源、物质资源、财力资源的需要量，定额是编制资源计划的依据。工业企业和建筑企业均可使用定额进行资源需求量的估算。定额具有时效性，它代表某个时期社会平均劳动水平。随着时间的推移，定额也需要进行修订。

1. 定额的种类

定额的种类繁多，可按不同标准进行划分。

按定额的物质内容和用途分，定额可分为：劳动消耗定额、材料消耗定额和机械台班定额。

按定额的编制单位和执行范围分，定额可分为：全国统一定额、主管部门定额、地方定额和企业定额。在市场经济条件下，以使用企业定额为主，全国统一定额、主管部门定额及地方定额逐步取消。企业定额水平的高低体现了一个企业的素质和管理水平。企业要想获得较好的经济效益，就要确定适合本企业的定额，充分提高资源利用率，使企业利润相对最大化。

定额还可按所涉及的专业划分。工程建设行业中的各专业定额有建筑安装工程定额、设备安装工程定额、给排水工程定额、公路工程定额和铁路工程定额等。

建筑行业中使用的定额还可按不同的使用阶段划分，可分为：施工定额、预算定额、综合预算定额和概算定额。

为了估算资源需求，下面按定额的物质内容和用途对定额进行分类，介绍劳动消耗定额、材料消耗定额和机械台班定额。

（1）劳动消耗定额　劳动消耗定额也称人工定额，按其表现形式划分，可分为时间定额和产量定额。

1）时间定额就是某专业、某技术等级工人班组或个人，在合理的劳动组织及合理使用材料的条件下，完成单位合格产品所必需的时间，包括准备与结束时间、基本生产时间、辅助生产时间、不可避免的中断时间和工人必需的休息时间。时间定额以工日为单位，在8小时工作制下，每工日按8小时计算。计算方法如下：

$$单位产品时间定额（工日）= 1/每工日产量$$

或

$$单位产品时间定额（工日）= 小组成员工日产量/台班产量$$

2）产量定额就是在合理的劳动组织与合理使用材料的条件下，某专业、某技术等级的工人班组或个人在单位工日中所完成的合格产品的数量。

产量定额根据时间定额计算，两者互为倒数。

$$每工日产量 = 1/单位产品时间定额（工日）$$

或

$$台班产量 = 小组成员工日产量/单位产品时间定额（工日）$$

（2）材料消耗定额　材料消耗定额是指在合理使用材料的条件下，生产单位合格产品所必须消耗的一定品种规格的材料、燃料、半成品、配件、水、电等动力资源的数量标准。材料消耗定额由材料消耗净用量和材料损耗量两部分组成。

（3）机械台班定额　机械台班定额也称机械使用定额，按其表现形式，可分为机械时间定额和机械产量定额。

1）机械时间定额就是在技术条件正常和人机组合合理的条件下，使用某机械完成单位合格产品所必须消耗的人机工作时间，包括准备与结束时间、基本生产时间、辅助生产时间、不可避免的中断时间和工人必需的休息时间。时间定额以工日为单位，在8小时工作制下，每工日按8小时计算。计算方法如下：

$$单位产品机械时间定额（工日）= 1/每工日产量$$

或

$$单位产品机械时间定额（工日）= 小组成员工日产量/台班产量$$

2）产量定额就是在技术条件正常和人机组合合理的条件下，使用某机械在单位时间（台班或台时）内所应完成的合格产品的数量。

产量定额根据时间定额计算，两者互为倒数。

$$每工日产量 = 1/单位产品机械时间定额（工日）$$

或

$$台班产量 = 小组成员工日产量/单位产品机械时间定额（工日）$$

2. 定额制定方法

（1）技术测定法　技术测定法是以现场观察为特征，以各种不同的技术方法为手段，通过对工作过程中具体活动的实地观察，详细记录人工、机械等各种工时消耗、完成产品的数量和各种影响因素，对记录结果进行整理分析，取得技术数据来制定定额的一种方法。

技术测定法的具体观察方法分为两大类：一类为计时观察方法，包括测试法、写实记录法、工作日写实法、简易计时观察法；另一类为材料消耗观察试验的方法，包括实测法和试验法。技术测定法不仅可以用来测编定额，还可以用于发现和总结推广先进的工作方法，找出工作过程中存在的问题，提出改进措施，从而提高功效，降低设备损耗和材料消耗。用这种方法制定定额的说服力较强，但方法比较复杂，适用于工作条件正常、工作量大、经济价值较大的定额项目。

（2）统计分析法　统计分析法是在取得同类工序的实耗工时及材料统计资料的基础上，结合新技术、新设备、新材料、新工艺的应用，以及管理水平、地域、时间等影响定额的相关因素的变化，采用统计学的方法进行整理和分析，用以确定定额水平的一种方法。

统计分析法对统计资料要求较高，必须完整可靠，但方法简单、工作量小，适用于工作量大、出现较频繁的定额项目，如钻孔灌浆材料的损耗、机械易损配件使用定额等。

（3）经验估计法　经验估计法是在总结实践经验的基础上，参考设备、材料、工艺方法及其他技术资料，直接估计定额的一种方法。这种方法的优点在于方法简便，工作量小，及时易行，缺点在于缺乏技术依据，偶然性较大，定额水平不易平衡。一般适用于品种多、工作量小、时间短以及不常出现的项目的一次性定额的确定。

（4）类推比较法　类推比较法是以某种同类型的产品或工序的典型定额资料为依据，经过分析比较，类推出同类型的其他项目或相似项目的定额水平的方法。这种方法的优点是有一定的技术依据，具有较好的及时性、准确性和平衡性。但是，使用该法时项目之间必须有明显的可比性。

2.3　资源计划的编制步骤与方法

资源计划编制就是确定完成项目活动所需要的物质资源（人、设备、材料）的种类，以及每种资源的需要量。在项目资源计划制订过程中，项目经理须确定项目需要哪些资源，从哪里得到资源，什么时候需要资源以及如何使用资源等方面的问题。资源计划编制过程的结果是一份资源需求说明书，列出本项目需要使用的资源类型、数量及工作分解结构中各部分需求资源的种类和所需数量。资源计划的编制步骤包括资源需求分析、资源供给分析、资源成本比较与资源组合、资源分配与计划编制。

2.3.1　资源需求分析

1. 资源需求的种类

通过分析完成工作分解结构中每一项任务所需的资源，确定项目的资源种类。例如，在项目策划阶段，需要市场研究人员进行市场调查；在工程项目设计阶段，需要建筑、结构、水、电等专业工程师的参与，同时需要电子计算机、绘图仪等设备。

如对于某新药开发项目，可列出资源需求种类清单，如表2-1所示。

表2-1 某新药开发项目资源需求种类

资源编号	资源名称	资源编号	资源名称
1-1	原材料/药材	2-1	药材净选、炮制设备
1-2	辅料	2-2	粉碎设备
1-3	实验试剂	2-3	提取设备
1-4	包装设计材料	2-4	毒理、药理研究设备
1-5	毒理、药理研究材料	2-5	临床研究设备
1-6	临床研究材料	3-1	研究人员/专家
1-7	申报材料	4-1	其他

2. 资源需求数量及使用时间

确定资源需求种类后，根据有关项目领域中的消耗定额或经验数据，计算资源需求量。在工程项目领域内，一般可按照以下步骤确定资源数量。

（1）工作量计算 工作量的多少是选择实施方案、安排资源的依据。

（2）确定实施方案 同一工作可以采用不同的实施方案，不同的实施方案需要不同种类和数量的资源，相应的成本有时也会相差较大。要根据工作量、技术规范及实施条件选择实施方案。

（3）估计人员需求量 在计算出工作量和确定实施方案后，结合人工消耗的指标或定额可以估计直接劳务的需要量。其计算公式为

$$劳动力投入总工时 = 工作量/产量定额$$

或

$$劳动力投入总工时 = 工作量 \times 时间定额$$

以项目所需的直接劳务数量为基础，参考一定的比例或经验，可以估算出项目所需的间接劳务和管理人员的数量。

（4）估计材料需求量 根据工作量和材料消耗定额，可估计主要材料的需要量。其计算公式为：

$$某材料的投入量 = 工作量 \times 单位工作材料消耗定额$$

（5）估计设备需求量 根据工作量和机械设备效率，可估计机械设备台班的需要量。其计算公式为：

$$机械设备台班的需要量 = 工作量/产量定额$$

或

$$机械设备台班的需要量 = 工作量 \times 时间定额$$

（6）确定资源使用时间 结合项目进度计划，就可对项目所需的各种资源的需要时间做出安排。

2.3.2 资源供给分析

资源供给可以从组织内部或外部解决，而且解决的方式多种多样。这时要分析资源的可获得性和获得的难易程度。

（1）对内部资源进行分析 比如，设计部门分析内部拥有的设计人员和各种设备及其可用性。在某些时候，如果内部设计人员正在从事其他项目，则需详细研究资源的可得性。

(2) 对外部资源进行分析　　当组织内部无法提供项目所需的资源时,需要对外部资源进行分析。比如,在决策阶段,可请专业的咨询公司完成可行性研究工作;在设计阶段,部分专业设计可请外部专业工程师完成;在施工阶段,将需要专门打桩设备的基础工程分包给专门的桩基施工公司。

2.3.3　资源成本比较与资源组合模式

确定需要哪些资源和如何得到这些资源后,就要比较这些资源的使用成本,从而确定资源的组合模式(即各种资源所占比例与组合方式)。完成同样的工作,不同的资源组合模式,其成本有时会有较大的差异。例如,大型土石方工程采用机械挖掘和采用人工挖掘的成本、时间的差异较大。要根据实际情况,考虑成本、进度等目标要求,具体确定合适的资源组合方式。

2.3.4　资源分配与计划编制

资源分配是一个系统工程,既要保证各个任务得到合适的资源,又要努力实现资源总量最少、使用平衡。简言之,务必保证所有任务都分配到了所需的资源,而所有资源也得到了充分的利用。通过编制资源计划可以清楚地知道,需要使用何种类型的资源及工作分解结构中每一项工作需要的资源数量,而将各种资源的数量、取得方式、使用时间等汇总起来,就得到了资源计划。

资源计划结果的表现形式有多种,可用资源计划矩阵(见表2-2)、资源需求量表(见表2-3)、资源负荷图或资源需求曲线(见图2-5)、资源累计需求曲线(见图2-6)等表示。

表2-2　某项目资源计划矩阵

工作	资源需求						
	资源1	资源2	资源3	……	资源$m-2$	资源$m-1$	资源m
工作1							
工作2							
……							
工作n							

表2-3　某项目资源需求量表

资源需求种类	资源需求总量	时间					
		1	2	3	……	$t-1$	t
资源1							
资源2							
……							
资源m							

在早期阶段,多数项目的资源需求以人力资源为主,需求的资源量较少,计划编制较单一。在实施阶段,某些项目的资源投入量很大,资源需求种类多,编制资源计划的难度较大。

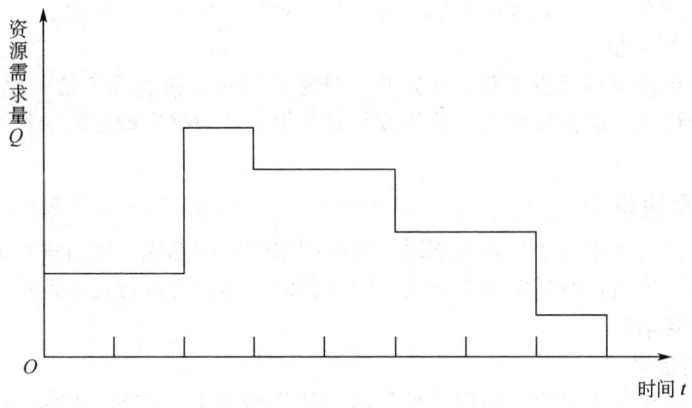

图 2-5　某项目资源负荷图或资源需求曲线

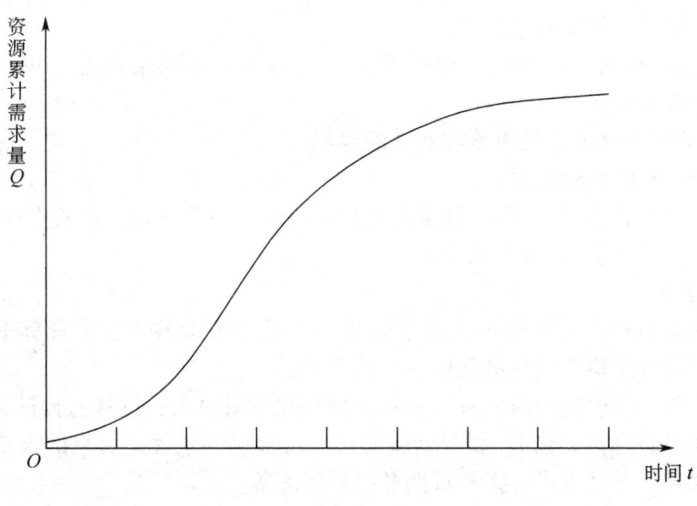

图 2-6　某项目资源累计需求曲线

2.4　资源单价

估算项目的各项成本时，必须知道每种资源的单价，如每小时人工费、每立方米大宗材料的成本。如果资源单价未知，则首先需估算资源单价。在市场竞争激烈、价格变化频繁的情况下，估算人员主要通过询价和分析预测，合理确定资源的单价。

2.4.1　资源单价的构成

1. 人工单价

人工单价是指一个劳动力在一个工作日的全部人工费用，应基本反映劳动力的工资水平和一个劳动力在一个工作日中可以得到的报酬，其组成应包括工资及福利费。

2. 材料单价

材料单价应由材料原价、供销部门手续费、包装费、运杂费、采购保管费组成。随着建材市场的完全放开，企业多按照行业的平均现行价格水平来定价。

3. 机械台班单价

机械台班单价应包括折旧费、大修费、日常修理费、机上人工费、燃料动力费等。机械台班单价可以考虑机械的成本价格或租赁价格，并根据专业定额的特点进行组合并确定。

2.4.2 资源询价

当项目所需资源来源于组织内部时，可根据组织的内部成本资料进行分析预测后再确定资源单价。当项目所需资源来源于组织外部时，则需要进行资源询价，获取资源单价的信息，以备估价。

1. 询价的含义

询价是指通过各种渠道，采用各种手段对所需劳动力、材料、设备等资源的价格、质量、供应时间、供应数量等方面进行系统调查。询价是成本估算的基础。

2. 询价的渠道

一般可以通过多种渠道进行询价。

1）制造商。材料和设备的价格可通过与制造商直接联系获得，并且因流通环节少，价格会比市场价低。

2）制造商的代理人或从事该项业务的经纪人。

3）经营材料或设备的部门。

4）向咨询公司询价。所得的询价资料比较可靠，但要支付一定的咨询费。

5）自行进行市场调查或信函询价。

3. 询价方法

（1）发出询价单　劳务询价主要了解各种人员的劳动效率、工资标准、加班工资的计算方法、各种保险费的计取及解雇费的支付。

材料询价单一般包括的内容有：材料的规格和质量要求；材料的数量；材料的供应计划（供货期及每期需要量）；材料运输方式与可提供的条件；材料的报价形式及计价货币、贸易方式、支付方式；报价日期及有效时间等。

设备询价单与材料询价单的内容相似。对于租赁设备，可向专门从事租赁业务的机构询价，并详细了解其计价方法，如每台时的租赁费，有关运行费是否计入租赁费之内等。

分包询价单一般包括的内容有：分包工作内容及要达到的要求；需要分包商提供的服务及服务时间；为分包商提供的条件；分包工作在项目总进度中的安排；报价的日期与报价的货币等。

（2）询价分析　收到询价单后，询价人员应将从各种渠道获得的资料汇总、整理并进行比较分析，因为同类项目、同类材料的供应商、分包商的数量可能很多，报出的价格有时相差很大，故需选择合适、可靠的报价，供成本估算用。

通常，询价工作结束的标志是出一份详细的价格表。

2.4.3 资源单价预测

从询价到实际购买材料，或分包项目实施可能有一段较长的时间，其间资源单价可能会发生变化，因此，有时需要在询价的基础上，运用一定的方法预测项目实施时的资源单价，以确保成本估算的准确性。

相关阅读

航空武器装备项目的资源计划

1. 基本概念

国防项目资源计划是通过识别项目的资源需求，确定需要投入的项目资源种类（人力、设备、材料、能源及各种设施等）、项目资源投入的数量和项目资源投入的时间，从而制订出项目资源供应计划的管理活动。这项计划工作必须同项目费用的评估等管理活动紧密结合进行，从而制订出合理、科学且可行的项目资源计划。

制订资源计划的过程实际上就是回答项目包含的各项活动的时间、需要投入何种资源及所需资源的数量、质量等一系列问题的过程。

在项目实施过程中，为了支持项目的完成，需要各种各样资源。国防项目在其生命周期内，需经历设计、研制、生产、使用保障、退役等环节，而承担完成每个环节任务的主体各不相同，根据国防项目研制的特点，国防项目所需的资源主要有以下几类。

（1）人力资源　人力资源主要是指国防项目在生命周期内所需的劳动力总量。人力资源包括各种级别的劳动力、不同专业的各种人才及不同层次的管理人员。同时，它还包括国防项目投入使用后为保障国防项目的良好备战状态而配置的维修人员。由于国防项目研制和生产的特殊性，参与国防项目研制、生产、试验、使用、维修等工作的各类人员必须掌握与其工作性质相适应的可靠性与维修性知识和技能。各单位都应当建立可靠性与维修性考核上岗制度，建立有效的人才库。

（2）原材料设备资源　原材料设备资源主要包括国防项目所需的一般材料和工艺要求的特殊材料、各种不同用途的通用生产设备和专用生产设备。这类资源是完成国防项目的主要手段。

（3）项目生产能力和生产水平　国防项目设计定型、试验和生产的一些环节是由承担单位完成的，因此，承担单位的项目生产能力和生产工艺水平要与国防项目技术发展水平相适应。

（4）国防项目研制的特殊工艺方法　由于国防项目技术要求高，需要多种资源，特别是有些特殊的工艺技术和方法必须在项目或产品生产过程中满足，因此，国防项目资源计划编制工作是一项烦琐的工作，在编制计划时，不仅要考虑每种资源与项目的工期进度安排相匹配，还要考虑资源与资源之间的匹配。

资源计划是项目费用估算的基础和前提，资源计划的详细度和准确度必然会影响项目费用估算的详细度和准确度。

2. 资源计划的建立过程

项目资源计划建立的过程及企业计划对项目资源计划的影响如图 2-7 所示。

3. 需求预测技术

（1）经验预测法　经验预测法是利用现有的信息和资料，根据有关人员的经验，结合项目的特点，对项目资源需求加以预测。

经验预测法可以采用"自下而上"和"自上而下"两种方式。"自下而上"预测法就是由直接负责人向自己的上级主管提出资源要求和建议，征询上级主管的意见；

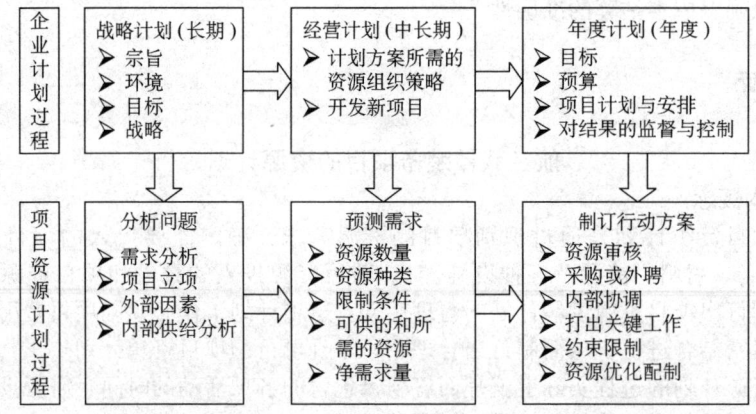

图 2-7 项目资源计划的建立过程及企业计划对项目资源计划的影响

"自上而下"预测法就是由项目经理先拟订出项目的资源目标和建议，然后由各级负责人自行确定计划。最好是将"自下而上"与"自上而下"两方式结合起来运用，即先由项目经理提出资源需求的指导性建议，再由各级负责人按指导性建议的要求，确定具体的资源需求；然后汇总确定整个项目的资源需求。

（2）德尔菲法（Delphi Method） 德尔菲法最早出现于 20 世纪 50 年代末，是美国当时为了预测在其"遭受原子弹轰炸后，可能出现的结果"而发明的一种方法。1964年，美国兰德（RAND）公司的赫尔默（Helmer）和戈登（Gordon）发表了《长远预测研究报告》，首次将德尔菲法用于技术预测中，以后便迅速地应用于美国和其他国家。

德尔菲法本质上是一种反馈匿名函询法，其做法是在对所要预测的问题征得专家的意见之后，进行整理、归纳、统计，再匿名反馈给各位专家，再次征求意见，再集中，再反馈，直至得到稳定的意见。其过程可简单归纳为：匿名征求专家意见，归纳、统计，匿名反馈，归纳、统计，若干轮后，停止。总之，它是一种利用函询形式进行集体匿名思想交流的方法。它区别于其他专家预测方法的三个明显特点是：匿名性、多次反馈、小组统计回答。

（3）回归分析法 回归分析法是在掌握大量观察数据的基础上，利用数理统计方法建立因变量与自变量之间的回归关系函数表达式（回归方程式）。回归分析中，当研究的因果关系只涉及因变量和一个自变量时，叫作一元回归分析；当研究的因果关系涉及因变量和两个或两个以上自变量时，叫作多元回归分析。此外，回归分析中，又依据描述自变量与因变量之间因果关系的函数表达式是线性的还是非线性的，分为线性回归分析和非线性回归分析。通常线性回归分析法是最基本的分析方法，遇到非线性回归问题时可以借助数学手段转化为线性回归问题予以处理。

（4）计算机模拟法 这是进行资源需求预测诸方法中最为复杂的一种方法。这种方法就是在计算机中运用各种复杂的数学模型对在各种情况下资源的数量和配置运转情况进行模拟测试，从中预测出对各种人力资源需求的各种方案，以供组织选择。

（5）趋势分析法（Trend Analysis） 这种方法通过研究历史统计资料中的各种趋势及比例关系，考虑未来情况的变动，估计预测期内的比例关系，从而预测未来各类职工的需要量。这种方法简单易行,关键在于历史资料的准确性和对未来情况变动的估计准确性。

(6) 管理人员判断法　管理人员判断法即项目管理人员依据自身的经验对项目各种资源需求做出一个大致判断,这就要看参与项目人员的能力、经历及水平。

4. 资源计划的结果

通过对各种资源的调配和优化,当企业实现了信息共享和业务整合后,企业的各部门高效、通畅运转,并使这些资源能够突破各种壁垒和障碍,在企业统一管理和协调下,为实现共同的目标而服务。

企业运作的基本元素——人、财、物和信息,在协同应用下被统一管理,并在突破各种屏障和边界的工作环境下进行调配和紧密整合,从而为达到企业的目标进行一致性的协作和服务。协同应用提供了一种"整体应用"的方案,它关注的是全面的调控,更有利于对企业的各种资源进行充分整合,让这些被分隔开的资源重新处于统一管理和调配下,使企业从获得"局部优化"到获得"整体优化",实现了软件资源与硬件资源的共享,解决了"资源孤岛"和资源协同的矛盾。

依据工作分解结构、历史资料、项目范围说明书和组织方针,通过专家的判断、资料统计和数学模型进行选择确认,资源计划的结果是制订出资源需求计划,编制出资源计划说明书。其中,资源计划说明书是对项目所需各种资源的需求情况和使用计划进行详细描述的文件。

资源的需求安排一般应分解到具体的工作上。资源计划结果可以用项目资源计划矩阵、资源数据表、资源负荷图表示。

资料来源:张美璐,航空武器装备项目资源计划管理研究,西北工业大学硕士学位论文,2007年3月。

复习思考题

1. 考虑一个熟悉的项目并简要进行描述,运用分类法对该项目的资源进行分类。
2. 资源计划编制的依据是什么?
3. 如何使用定额确定资源需求量?
4. 如何确定资源单价?
5. 简述资源计划编制的步骤。

主要内容
➢ 项目成本估算概述
➢ 项目成本估算的依据
➢ 项目成本估算的技术路线
➢ 项目成本估算的方法
➢ 学习曲线法

第 3 章

项目成本估算

3.1 项目成本估算概述

3.1.1 项目成本估算的定义

项目成本估算是对完成项目各项活动所需资源成本的估算。根据合同进行项目成本估算时，应当区别成本估算与定价。

定价是一种经营决策，即对提供的产品或服务，项目实施组织应当收取多少费用。从某种意义上来说，报价是一门艺术。对每一种情况都要有具体的定价策略。想要赢得一个新项目，可能会出现两种情况：第一种情况是，想获得的新项目可能没有或很少有潜在的后续业务；第二种情况是，新项目可能是较大后续业务的切入点，或可能代表有计划地突破新市场。显然，在以上两种情况下，都有明确的不同的业务目标，其定价的主要依据也不同。第一种情况下，目标是赢得新项目，根据协议执行并获利，定价是由市场力量决定的。第二种情况下，目标是赢得项目并且很好地执行协议，以期在新的细分市场站住脚或建立新的客户群，而不是为了获利，其定价的依据是实际成本。故成本估算仅是做出定价决策时需要考虑的因素之一。

3.1.2 项目成本估算的意义

项目成本估算有以下几个重要意义：
1）成本估算是项目决策、资金筹集、评标定标的依据。
2）成本估算是承包商报价的基础。
3）成本估算是项目进度计划编制的依据。
4）成本估算是项目资源安排的依据。
5）成本估算是成本控制，即项目绩效考评的依据。
总之，项目成本估算是项目成本管理的起点。

3.1.3 项目成本估算的内容

项目成本估算的内容除了第 1 章中提到的成本构成内容外，还应当包括应急费（不可预见费）。

应急费（不可预见费）是考虑项目可能遇到的风险因素，在进行成本估算时要列入的成本内容，用于补偿差错、疏漏及其他不确定性对估算精度的影响。应急费一般分为实施应急费和经济应急费两类。实施应急费用于补偿估价和实施过程中的不确定性，包括估价质量应急费和调整应急费。经济应急费用于应对通货膨胀和价格波动，包括价格保护应急费和涨价应急费。

应急费用的数额是根据风险分析、同类项目的经验及项目组的评估来确定的。在所有的成本估算和预测中，都应将意外费用单独列出。应急费用在项目成本中所占的比例一般为10%。但是，使用多少意外费用，完全取决于实际情况，不能一概而论。

3.1.4 项目成本估算的类型

项目在其形成过程中要经历决策阶段、规划设计阶段、采购、招投标、实施阶段及结束阶段。各阶段都以一个或多个可交付成果作为结束标志。针对各阶段特定的成本管理任务，需要分阶段编制成本估算，因此，成本估算是贯穿项目整个生命周期的一种活动。同时，由于项目各阶段所具备的条件和掌握的资料不同，估算的精度也不同。随着阶段的不断推移，经过调查研究后所掌握的资料越来越丰富，确定性条件越来越多，成本估算的精度随之提高。

1. 国外对项目成本估算的划分

不同的应用领域或不同的公司，对项目成本估算的分类不同。在某些应用领域有专门的指南，规定了何时进行各级成本估算及期望达到的精度水平。以下对具有一定代表性的几种成本估算类型划分作简单介绍。

（1）三阶段划分　项目成本估算的三阶段划分是将成本估算分为量级估算、预算估算和最终估算。各阶段的特征如表3-1所示。

表3-1　项目成本估算的三阶段划分

估算类型	何时做	为什么做	精度如何
量级估算	在项目生命周期中前期，通常在项目完成之前的3~5年	为项目决策提供成本估算	-25%~+75%
预算估算	在项目完成前1~2年	将资金拨入预算计划	-10%~+25%
最终估算	项目的后期，项目完成前不足1年	为采购提供决策依据，估算实际成本	-5%~+10%

注：本表取自参考文献[21]。

（2）四等级划分　美国建筑业学会（CII）将成本估算划分为四等级，各等级及特征如表3-2所示。

表3-2　美国建筑业学会成本估算定义（CII SD—6）

估算等级	精度范围	说明/方法
数量级估算	±30%~±50%	可行性研究—成本/产量曲线
系数估算	±25%~±30%	主要设备—用于成本的系数
控制估算	±10%~±15%	根据机械/电气/土建图样计算的数量
详细或最终的估算	<±10%	根据详图

注：本表取自参考文献[27]。

(3) 五等级划分　美国成本工程师协会定义了设计中工程造价估算的五种级别，顺序分别为量级估算、概念估算、初步估算、最终估算和控制估算。美国成本工程师协会则直接将项目成本估算划分为五等级，具体划分结果，如表3-3所示。

表 3-3　美国成本工程师协会成本估算分类（18R—97）

估算等级	项目定义程度	最终用途 （估算特有的目的）	期望精度范围
5 级	0～2%	概念筛选	−50%～＋100%
4 级	1%～5%	研究或可行性	−30%～＋50%
3 级	10%～40%	预算、批准或控制	−20%～＋30%
2 级	30%～70%	控制或招投标	−15%～＋20%
1 级	50%～100%	检查估算或招投标	−10%～＋15%

注：本表取自参考文献 [27]。

(4) 六阶段划分　项目管理领域的权威之一哈罗德·科兹纳（Harold Kerzner）在其所著的《项目管理——计划、进度和控制的系统方法》（第7版）中提到，许多公司试图通过建立"估算手册"来达到估算过程标准化。大多数估算手册中定义成本估算为六种类型。各类估算的精度及所需的工作清单和资料总结如表3-4～表3-6所示。

表 3-4　估算类型及其精度

类　型	种　类	精　度
I	确切估算	±5%
II	资本估算	±10%～±15%
III	拨款估算（有一些资本成本）	±15%～±20%
IV	拨款估算	±20%～±25%
V	可行性估算	±25%～±30%
VI	量级估算	>±35%

注：本表引自参考文献 [20]。

表 3-5　不同类型项目估算所需的一般性工作清单

项　目	I	II	III	IV	V	VI
1. 询问	√	√	√	√	√	√
2. 易读性	√	√	√			
3. 复本						
4. 进度		√	√			
5. 供应商询价	√	√				
6. 分包商	√					
7. 列举	√	√	√	√		
8. 参观场地	√	√	√	√		
9. 估算大小	√	√	√	√		
10. 劳动比率	√	√	√	√		
11. 设备和子合同选择	√	√	√	√		

(续)

项目	I	II	III	IV	V	VI
12. 税、保险和专利权税	√	√	√	√	√	
13. 家庭办公成本	√	√	√	√	√	
14. 建设方向	√	√	√	√	√	
15. 基本估算	√	√	√	√	√	√
16. 设备列表	√					
17. 总结单	√	√	√	√		
18. 管理者评审	√	√	√	√		√
19. 最终成本	√	√	√	√		
20. 管理者通过	√	√	√			
21. 计算机估算	√	√	√	√		

注：本表引自参考文献［22］。

表3-6 不同类型项目估算所需的资料

项目	估算种类					
	I	II	III	IV	V	VI
总的						
产品	√	√	√	√	√	
过程描述	√	√	√	√	√	
规模	√	√	√	√	√	
位置——总的				√	√	
位置——具体的	√	√	√	√		
基本设计准则	√	√	√			
总的设计准则	√	√	√			
过程						
过程块流程图						√
过程块流程图（有设备大小和材料）				√	√	
机械P&I	√	√	√			
设备列表	√	√	√			
催化剂/化工原料规格	√	√	√	√		
场地						
土壤条件	√	√	√			
场地清洁度	√	√	√			
地理和计量数据	√	√	√			
公路、人行道和风景	√	√	√			
财产保护	√	√	√			

(续)

项 目	估算种类					
	I	II	III	IV	V	VI
去场地的方便程度	√	√	√			
运输条件	√	√	√			
所涉及的主要成本					√	√
主要设备						
基本尺寸和材料				√	√	√
最终尺寸、材料和附件	√	√				
批材料的数量						
设计的最终启用量		√				
设计的基本启用量	√	√	√	√		
工程						
制订计划和画正面图	√	√	√	√		
路线图	√	√	√			
管道线路排列	√					
电力单线	√	√	√	√		
防火设施	√	√	√			
排水系统	√	√				
预服务系统——详细估算	√	√				
预服务系统——费用估算			√	√	√	
催化剂/化工原料的数量	√	√	√	√	√	
建设						
劳动力工资、F/B、差旅费用	√	√	√	√		
劳动生产率和地区实践	√	√				
详细的建设执行计划	√					
间接领域——详细估算	√					
间接领域——费用估算			√	√	√	
进度						
总的执行时间				√	√	
详细执行进度	√	√	√			
编制进度的估算	√	√	√			

注：本表引自参考文献 [22]。

如果没有公认的标准来衡量估算的准确程度，则估算本身应当指明项目成本可能的变化范围，例如，10 000元±1 000元或超过10 000元的概率为15%等。

2. 国内建设项目成本估算的类型

习惯上，我国建设项目成本估算分为投资估算、设计概算和施工图预算。

(1) 投资估算 投资估算是指在投资决策阶段,对项目从前期准备工作到项目全部建成投产为止所发生费用的估算。

(2) 设计概算 设计概算是指在初步设计阶段,由设计单位根据初步设计图样预先计算和确定项目从筹建到竣工验收、交付使用的全部建设费用。当设计阶段包括技术设计时,还需编制修正概算。

(3) 施工图预算 施工图预算也称设计预算,是指在施工图设计阶段依据施工图设计确定的建筑安装工程费用。

3. 成本估算精度的影响因素

(1) 项目工作进展和资料 从表3-4～表3-6可知,成本估算的精度与项目工作进展和资料有关,工作进展越深入,资料越丰富,估算精度越高。在项目的前期阶段,影响估计的因素较多,因而误差较大,随着可计算因素的增加,成本估算的精度得以提高。

(2) 物价水平 如果在项目执行期间,物价水平波动频繁,就会使项目成本估算的难度加大。

(3) 估算人员的知识水平和经验 当进行项目估算的过程中存在各种不确定因素时,需要依靠估算人员的知识水平和经验,经过分析判断、主观估计求得估算值。因此,项目成本估算受估算人员个人估算特征的影响。尤其是涉及人工费估算时,估算人员要判断劳动时间。故项目成本估算不是一门精确性的学问。事实上,可以把成本估算人员分成四种类型:乐观型成本估算人员、悲观型成本估算人员、善变型成本估算人员和准确型成本估算人员。

1) 乐观型成本估算人员。乐观型成本估算人员对工作低估的情况要多于高估的情况。比如,在被问及完成某特定工作任务需要多少成本时,他们往往会表现得非常乐观。可事实上,成本常常超出原来的估算。乐观型成本估算人员的一个有趣的特点是,他们坚持认为自己的想法会成为现实,即使发现实际情况与预测相去甚远也是如此。下一次再进行类似估算时,还是会乐观地做出估算。一些目光敏锐的项目经理凭借自己的经验能够判断出这种估算人员的估算准确度,他们会在估算数据的基础上乘以一个修正系数使其更准确。通常使用的典型修正系数为1.5,即在最初估算数值的基础上再加上50%的值,就能够使估算值变得较为准确了。

2) 悲观型成本估算人员。有一些人喜欢做较保守的估算。他们总是对几乎所有的工作任务都会过高估计。原因之一可能是缺乏工作经验,而且估算能力也不强。对保守估算也可以用修正系数进行修正。通常用小于1的系数乘以最初的估算值得到修正后的估算值。

3) 善变型成本估算人员。善变型成本估算人员的估算结果可能是极度悲观的,也可能是相当乐观的。导致这种情况的最可能原因是这些员工缺乏估算能力和工作经验。

4) 准确型成本估算人员。某些估算人员提供的成本估算值被实践证明很准确。虽然这种情况非常少,几乎可以不用考虑。但如果真有这样一些估算人员,反而会令项目经理不适应。因为他们已经习惯对所有的估算数据进行修正,而不去使用表面的数据来进行成本估算。

以上是影响项目估算精度的主要因素。在实际估算中,表现出来的是一些更直接的原因,如工作分解结构不正确、对任务提出了不适当的技术水平要求等。总之,成本估算的精度是可以控制的,只要掌握的资料可靠、准确,拥有丰富的经验,能够全面分析各种因素,就可以大大提高成本估算的精度,把误差控制在合理的范围内。

在估算过程中,要明确记住:估算就是估算。无论估算使用的方法看上去多么复杂,也无论数学模型多么复杂,所有的估算结果不过是实际情况的近似值,估算并不是可以给出确切预计的精确计算。

3.2 项目成本估算的依据

3.2.1 项目范围说明书

项目范围确定的结果是正式的范围说明书。范围说明书是项目管理过程中确定项目主要可交付成果的一份重要书面文件,列入范围说明书清单中的事项圆满完成,意味着项目阶段或项目的完成。如果项目的范围确定得不好,就可能导致意外的变更,有可能造成最终项目成本的提高。

范围说明书一般包括下列内容:

1. 项目合理性说明

解释为什么要进行这一项目。启动一个项目的原因可能是市场需要、经营需要、顾客需求、技术进步或法律要求。

2. 项目目标

项目目标是确定项目成功所必须满足的某些数量标准。项目目标至少包括成本、进度和质量目标。项目目标应当有属性(如成本)、衡量单位(如货币单位)和数量(如200万元)。在制定项目目标时,应尽可能将目标数量化,以便于测量承包商的工作是否达到预期的目标。不能数量化的项目目标隐含着很高的风险,如"达到使业主满意的程度"就很笼统。

3. 项目可交付成果

项目可交付成果是为完成项目必须做出的可测量、有形,并可验证的事项,可以是一份主要的、具有归纳性层次的产品清单。清单产品的交付标志着项目的完成。例如,一个软件开发项目的主要可交付成果可能包括可运行的计算机程序、用户手册;一个工程建设项目的主要可交付成果可能是一条公路、工程验收资料。

4. 技术规范

技术规范可单独作为一部分,也可列入项目范围说明书内。它主要描述了项目的各个部分在实现过程中采用的通用技术标准和特殊标准,包括设计标准、操作规范、竣工验收方法、调试方法等内容。为了达到上述要求,需要开展质量管理方面的工作:一是质量的检验和保障工作;二是质量失控的补救工作。这两项工作都要消耗资源,由此产生质量成本。

要准确估算成本,必须正确理解项目范围说明书。例如,某国际工程项目的范围说明书中提到:要求进行至少15次试验以决定新物质的材料特性。在估算成本时,为安全起见,考虑了16次试验成本,但在15次试验结束后,客户认为对新物质的材料特性没有得出结论,要求再做15次试验。由此造成成本超支30 000美元。

随着项目的进展,项目范围说明书可能需要修改或细化,以反映项目在不同情况下的变化。

3.2.2 工作分解结构

详见第2章。

3.2.3 项目活动时间估算

在项目的实现过程中，各项活动所消耗或占用的资源都是在一定地点或一定时期内发生的。所以项目的成本与项目的持续时间直接相关，而且是随着时间的变化而变化的。这种相关与变化的根本原因是项目所消耗的资金、设备、人力等各种资源都具有自己的时间价值。此处的时间价值是指消耗或占用资源本身价值中所包含的时间价值，即等额价值的资源在不同时间消耗或占用的价值之间的差别。这种资源消耗或占用的时间价值，是由于时间作为一种特殊的资源所具有的价值造成的。

项目消耗或占有的各种资源都可以看成是对货币资金的占用。其中人力资源和材料消耗所花费的资金（人工费和材料费），从表面上看是一种花费，实际上也是一种资金的占用，因为这些花费最终都将通过项目的运营而获得补偿。因此，项目的全部成本实际上都可以看成是在项目实现过程中所占用的货币资金。这些项目所占用的货币资金，无论是自有资金还是银行贷款，都有其时间价值。这种资金的时间价值的根本表现形式就是资金占用应付的利息。这种资金的时间价值既是构成项目成本的主要科目之一，又是造成项目成本变动的原因之一，因为资金的时间价值是随着项目工期（时间）的变化而变化的。

由于资金具有时间价值，所以项目本身及各项活动所需时间会对项目成本估算产生影响。项目成本估算之前，应编制粗略而简单的进度计划，估算为完成每一项活动可能需要的时间。编制时应充分考虑各种可用资源的数量及限制，包括总量限制、单位时间用量限制、供应条件和过程的限制。例如，资金供应量的限制将影响到项目的实施进度，进度计划的制订应保证项目执行中有足够的资金；同时，项目的进度安排对资金的筹措提出要求，为估算利息费用提供依据。

3.2.4 项目资源计划

详见第2章。

3.2.5 资源单价

详见第2章。

3.2.6 成本估算参考数据

1. 定额与指标

项目成本估算过程中经常需要套用一些指标或定额。在国外，成本指标及资源消耗定额通常由估算者根据经验或公司内部资料确定，无国家统一指标与消耗定额。我国则不同，有关部门制定了符合国家技术规范、质量标准且与一定时期工艺水平相适应的各工作单元的人工、材料、机械台班消耗量，并编制有成本指标。

我国工程建设项目成本估算采用的定额与指标主要有概算定额、预算定额、概算指标、单位估价表及取费标准。概算定额、预算定额、概算指标可用来确定一定计量单位所需消耗的人工、材料和施工机械台班的数量标准及费用。单位估价表是预算定额中分项工程或结构构件的单位预算价格表。取费标准规定了有关费用如间接费、计划利润等的取费标准和有关价格调整办法、参数。

2. 项目数据库

由于国际上并没有国家、地区或部门统一制定的定额与指标用于成本估算，而项目成本又往往可根据已完成的类似项目的成本数据来推算，因此较为普遍的做法是建立项目数据库，从中获取有关的成本资料来估算成本。各公司将自己开发或承担过的项目的主要数据进行系统分类、存储，建立项目数据库。建立项目数据库应注意对已经完成的具体项目情况有足够的说明，并按统一的要求和标准定义存储数据，使各个项目可以通过统一编码与项目数据库保持良好接口。

当利用历史数据进行成本估算时，应注意对项目的特征进行分析，尽可能选择相似的项目作为成本估算的参考对象。

3. 商业化成本估算数据

有一些公开发行的成本估算数据书，如各类估算工作手册等，可用于估算。估算工作手册中载有各项活动或工作的资源耗用量，并有常用计算公式、数据、计算规则、材料性能及规格换算等资料。它是辅助计算工作量和完成资源量计算工作的工具性书籍。

4. 项目执行部门的知识

项目成本估算值应该来自那些最适于进行此项工作的企业部门。这与常规性生产制造工作中的成本预测工作的侧重点是不同的。在常规性成本预测工作中，成本预测可以放心地交给专门从事该项工作的成本预测人员或者制造工程设计人员来进行；而项目成本估算必须从实施某项具体任务的企业职能部门的高层负责人那里得到。例如，由企业的总工程师提供某项目所有预计的设计成本，这是很自然的事情。所以，像生产制造经理、安装或售后服务经理及其他经理或负责人都应当参与到项目的成本估算工作中。

项目成本估算工作中的这种将成本估算职能分散化的做法，显示了成本估算工作在项目管理中和在一般生产作业活动中的不同之处。尽管项目成本估算工作的首要目标依然是保证估算数据的准确性，但这种分散成本估算职能做法的目的已不仅局限于此。对于大型项目而言，由于往往持续数年之久，所以在项目规划阶段对项目人工劳动时间的估算将会对相关职能部门人工成本的预算产生很大影响。无论是从事何种项目工作的企业职能部门，只有其部门经理在该部门财务预算目标的制定上发挥了重要作用的时候，该部门的预算报表才会真正有效，这是因为这些预算目标正是部门经理在未来实际工作中必须达到的。

如果采用上述职能分散型的成本估算方法进行项目成本估算，那么必须有一套成本估算表格在所有参与项目的企业部门之间传递，这种传递可以通过几种不同的方式来实现，当然其各自的有效性也是不同的。

第一种方案是用某种附有参与项目企业部门列表的估算表格，该表格将会依照部门列表上的顺序依次被传递，每经过一个部门，该部门的有关负责人就会在表格中填上本部门的成本估算数据，这一过程会一直持续到将该套表格返回项目经理手中为止，此时，所有的成本估算工作也就相应完成了。但是我们可以想象一下，图书馆中某本杂志的复印件需要多长时间才能在所有需要传阅的人手中传递完呢？而该复印件在传递过程中又会有多大风险被遗失呢？基于同样的考虑，上述这种收集成本估算数据的方案实际上是不可行的。

第二种方案就是为每一个参加项目的企业部门印制估算表格，将这些表格同时发放给这些部门，发放方式可以是书面文件，也可以通过企业的内部计算机网络。这种做法能够降低第一种方案中由于递送而延迟的时间或增加的风险,但该方案的成功与否在很大程度上还是取决于各部门主管人员的合作态度。在回收这些估算表格的时候,时间延迟时常发生,在某些真实案例中也不难发现,那些书面预测表格有时也会被遗失。

由于缺乏合法的强制措施,又不能采取暴力手段进行要挟,所以对于项目成本数据的收集而言,最快捷、最可靠的获得方式就是进行私人游说。该方法的第一步骤同样也是准备一套完整的项目成本估算表格,其中要列明每一个可知的工作任务并对其进行编码。这些表格要依照项目工作分解结构进行逻辑排序,这样项目经理(或其代表)就可以按一定顺序去拜访每个参与项目的部门的经理。应用企业内部计算机网络同样可以达到这种目的。该种做法的目的在于迫使各部门为成本估算表格或相应的计算机系统提供令人满意的成本估算数据。在这一过程中,执行此项任务的人员可能并不会受到各部门的欢迎,但是博得别人的好感并不是项目经理工作的主要内容。

这种面对面的交谈可以为项目经理或项目计划经理提供评判有关当事人成本估算能力的机会,他们可以对任何不切实际或荒谬的数据当场提出质疑,对于一些细节性问题也会努力使异议和疑问降到最低的限度。他们提出的问题一般是这样的,"这项工作你们认为需要4个人工劳动周,那么4个工人能够在1周之内完成吗?这项工作一定要1个工人用4周时间去完成吗?"此类问题的答案对于安排项目的时间进度和所用资源是十分重要的。

企业生产制造岗位上的员工在进行成本估算时往往需要帮助,如果派一名工程设计人员负责收集生产一线的成本估算数据,他会通过使用一线员工们能听得懂的术语为其提供帮助,并向其解释有关项目设计规格说明书的内容。除此之外,与新项目类似的以往实施的项目、任何形式的项目草图都将有助于该工程设计人员完成数据收集工作,显然,根据项目草图配以适当的口头描述会增强这种效果。

3.3 项目成本估算的技术路线

在项目进展的不同阶段,项目的分解结构层次可以不同。简单项目或方案阶段的项目,分解层次少,可能只有三层,即项目、子项目和活动。复杂项目或设计阶段项目则可以划分得很详细。根据估算单元在WBS中的层次关系,成本估算可分为自上而下的估算、自下而上的估算、自上而下与自下而上相结合的估算。

3.3.1 自上而下的成本估算

自上而下的估算也叫类比估算。其基础是收集上层和中层管理人员的经验判断,以及可以获得的关于以往类似项目的历史数据。这种技术路线适合项目信息详细程度有限时(项目的早期阶段,如规划阶段、项目建议书阶段、可行性研究阶段)采用。此时,仅确定初步的工作分解结构图,分解层次少,很难将项目的基本单元详细列出来。因此,成本估算的基本对象可能就是整个项目或其中的子项目,估算精度较差。

值得一提的是,自上而下的估算与自下而上的估算是有区别的。自上而下的估算是将成本从工作分解结构的上部向下部依次分配、传递,直至WBS的最底层。自上而下的估算实际上是以项目成本整体为估算对象,因WBS的上部成本已包括下部组成部分的成本,故成本估算停留在WBS的上部层次,不再具体详细估算底层部分的成本。

对建设项目采用扩大指标估算法,包括采用单位生产能力估算法和生产能力指数估算法(后面介绍)进行估算时,就是按照自上而下的路线进行估算的。

3.3.2 自下而上的成本估算

自下而上的成本估算是先估算各个工作单元的费用,然后自下而上将各个估算结果汇总,算出项目费用总和。采用这种技术路线的前提是确定了详细的 WBS,项目内容明确到能识别出为实现项目目标必须做的每一项具体工作任务,对这些较小的工作单元能做出较准确的估算。当然,这种估算本身要花费较多的费用,项目管理人员必须决定是否值得为提高准确性而增加费用。这种技术路线适合在项目详细设计完成后采用。

建设项目的设计概算编制是按照自下而上的成本估算过程进行的。建设项目的设计概算内容随工程的大小而定,一般由单位工程概算、单项工程综合概算和建设项目总概算组成。通常在估算设计概算时,首先编制单位工程概算,将各单位工程概算汇总,得到单项工程综合概算,之后将各单项工程综合概算汇总,得到项目设计总概算。

3.3.3 自上而下与自下而上相结合的成本估算

采用自上而下的估算路线虽然简便,但估算精度较差;采用自下而上的估算路线,所得结果更为精确,并且项目所涉及活动资源的数量更清楚,但估算工作量大。为此,可将两者结合起来,取长补短,即采用自上而下与自下而上相结合的路线进行成本估算。

自上而下与自下而上相结合的成本估算,就是针对项目的某一子项目进行详细、具体的分解,从该子项目的最低分解层次开始估算费用,并自下而上汇总,直至得到该子项目的成本估算值;之后,以该子项目的估算值为依据,估算与其同层次的其他子项目的费用;最后,汇总各子项目的费用,得到项目总的成本估算。这种估算路线将重点放在项目的主要组成部分,投入相当的人力进行详细估算;而其他次要部分则根据经验估算。

自上而下与自下而上相结合的成本估算路线示意如图 3-1 所示。项目分解为 A、B、C、D、E……子项目。因 C 子项目在整个项目中较重要,所需费用比例也较大,同时对它的分解较容易,所以继续分解 C 子项目。直到得到图 3-1 所示的结构后,从 C 子项目的最底层估算,依次汇总得到 C 子项目的费用。根据 A、B、D、E……子项目费用与 C 子项目费用间的关系,估算 A、B、D、E……子项目费用,最后汇总得到项目费用。

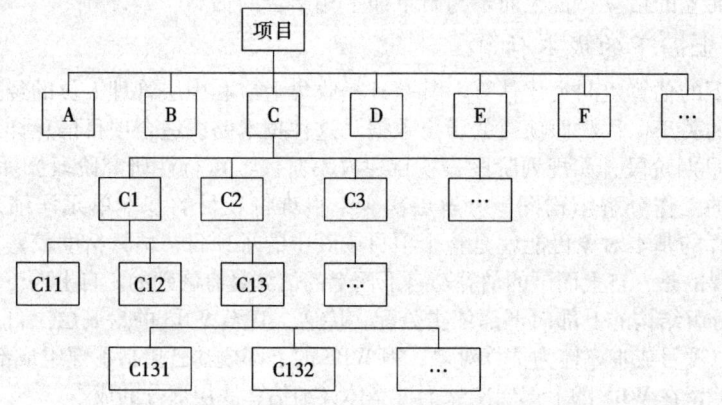

图 3-1 自上而下与自下而上相结合的成本估算路线示意

这种技术路线适合在完成了项目初步设计并确定了项目目标的情况下采用。

自上而下与自下而上相结合的成本估算方法在工程造价中具体体现为比例投资估算法。

3.4 项目成本估算的方法

成本估算实际上是一种预测工作，从理论上讲，所有的预测原理与预测理论均适用于成本估算。但由于项目具有一次性和独特性特征，项目成本估算与一般产品的成本估算又有不同之处。在不同的领域存在一些特殊的成本估算方法。一般的估算方法主要有：专家估计法、类比法、参数模型法和基于 WBS 的全面详细估算法等。上述方法按照是否采用数学模型又可归纳为：定性方法、定量方法及定性定量相结合的方法。

3.4.1 专家估计法

1. 专家的来源

专家估计法是以专家为索取信息的对象，组织专家运用专业方面的经验和理论，对项目的成本进行估计。此处专家是指具有专门知识或经过专业培训的团体或个人，专家的可能来源包括以下几个方面：

1) 执行组织中的其他单位。
2) 咨询人员。
3) 专业和技术协会。

比如对某个新产品开发项目的成本进行估计时，可请企业中相关的技术人员、材料采购人员、管理人员等。

2. 专家估计法的种类

专家估计法包括多种方法，主要有专家个人判断法 专家会议法和德尔菲法等。

（1）专家个人判断法 专家个人判断法是指专家依靠个人的知识和经验对成本预测值进行判断。这种方法的主要优点是不受外界影响，没有心理压力，可以最大限度地发挥个人的创造力，但也容易受到自身知识面、知识深度和占有的资料，以及对预测问题是否有热情的影响。

（2）专家会议法 专家会议法是将有关专家集中起来召开会议，开展关于项目成本预测问题的讨论。专家会议有助于交换意见，相互启发，弥补个人的不足之处。但是，专家会议也有其缺点，表现为参加人员易受心理因素的影响，如屈服于权威和大多数人的意见，受劝说性意见的影响，可能不愿公开修正已发表的意见等。

（3）德尔菲法 德尔菲法是专家会议法的一种发展，它以匿名的方式通过几轮函询征求专家们的意见。专家们互不见面。采用这种方法需要成立一个预测领导小组，负责草拟预测主题、选择专家以及对预测结果进行分析、整理、归纳和处理。

德尔菲法的程序是：

第一次，提出要求，明确预测目标，书面通知被选定的专家和专门人员，要求专家说明有哪些特别资料可用来分析这些问题以及这些资料的使用方法，同时请专家提供有关资料，并请专家提出进一步需要哪些资料。

第二次，专家接到通知后，根据自己的知识和经验，对所预测事件的未来发展趋势提出自己的观点，并说明其依据和理由，书面答复主持预测的领导小组。

第三次，预测领导小组根据专家预测的意见，加以归纳整理，对不同的预测值要分别说明其依据和理由（根据专家意见但不注明具体哪个专家），然后再寄给各位专家，要求专家修改自己原来的预测，以及提出的要求。

第四次，专家接到第二次信后，就各种预测的意见及其依据和理由进行分析，再次进行预测，提出自己修改的意见及其依据和理由。如此反复征询、归纳、修改，直至意见基本一致为止。修改的次数根据需要而定。

德尔菲法的结果要比专家个人判断法、专家会议法的预测结果更准确一些。

3.4.2 类比法

1. 类比法的一般原理

类比法是将新项目与以往一个或多个项目比较来进行估算，运用类似项目的成本资料进行新项目的成本估算，然后根据新项目与类似历史项目之间的差异对估算进行调整，以获得对新项目的成本估算值。

例如，在进行某软件开发成本估算时，项目内的某个人可能做过相似的项目，或者浏览文献时查看到别人在相似项目上的经验，那么可以将这些经验类推到当前的新项目上。同时，考虑到新项目和以往项目有两个不同点。第一个不同点是查询程序中用户好友界面的需求有所增加。估算人员这样估算：增加的需求造成查询程序的工作量增加30%。如果查询程序的工作量占总工作量的20%，则总工作量增加6%。第二个不同点是开发的新项目和其他大型项目共享资源（以前的项目没有资源限制）。估算人员可以这样估算：将总工作量增加15%。由此，新项目的总工作量比以前增加了21.9%[（1+15%）×（1+6%）]。

类比法依靠相似项目的实际经验来估算，需要对以往项目的特性了解得足够清楚，以便确定它们和新项目之间的匹配程度。因为以往项目和新项目在需求、生命周期阶段、项目限制条件、实现需求等方面都有可能不同，因此确定项目间的匹配程度至关重要。

采用类似项目资料进行估算时，估算的对象既可以是总体项目，也可以是子项目或子系统。这取决于用来识别和尝试估算新项目的以往类似项目细节的可利用程度。

在新项目与以往项目只有局部相似时，可行的方法是"分而治之"，即对新项目适当地进行分解，以得到更小的任务、工作包或单元作为类比估算的对象。通过这些项目单元与已有项目单元对比后进行类比估算，最后将各单元的估算结果汇总，得出总的估算值。

值得注意的是，使用类比法首先必须了解新项目与历史项目之间的异同之处。类比法本质上是一种直觉方法，很容易理解，便于向项目管理者或用户解释，因此可以结合专家判断予以使用。

2. 常用的建设项目成本估算类比法

（1）扩大指标估算法　这种方法适用于对估算准确程度要求不太高的阶段。扩大指标估算法采用的指标是对大量积累的投资数据经科学系统分析后取得的。

1）单位生产能力估算法。根据其他已完成项目或其设备装置的投资额和生产能力求得单位生产能力的投资额后，推导当前项目或其设备装置的投资。当已经完成项目与当前项目的生产能力接近时，可认为生产能力与投资呈线性关系，并可以采用以下计算

公式:

$$I_2 = Q_2\left(\frac{I_1}{Q_1}\right)f \tag{3-1}$$

式中 Q_1——已完成项目或设备装置的生产能力;
Q_2——当前项目或设备装置的生产能力;
I_1——已完成项目或设备装置的投资额;
I_2——当前项目或设备装置的投资额;
f——不同时期、不同地点的综合调整系数。

采用上述方法需要对两个项目间生产能力和其他条件的可比性进行分析比较。由于寻找与当前项目完全同类的已完成项目比较困难,估算时常将项目分解为子项目,分别套用类似子项目单位生产能力的投资指标进行估算,汇总子项目投资额后即得到总投资额。

单位生产能力估算法多用于生产性建设项目。对于其他项目类型,该方法也可称之为单元指标估算法。单元指标是指一定计量单位的费用指标。计量单位或估算单位可以是建筑面积(m^2)、建筑体积(m^3)、客房(间)、床位(张)等,如医院每个床位投资指标,冷库单位储藏量投资指标,旅店单位房间投资指标等。该方法的基本计算公式为:

项目投资额 = 单位指标 × 工作量(估算单位数) × 调整系数

例如,计算旅店投资总额时,可以根据大量资料统计编制出单位客房投资指标,以此指标乘以拟建客房数,就可得到旅店的总投资额。

2) 生产能力指数估算法。根据已完成的、性质类似的项目或设备装置的投资和生产能力估算当前项目或设备装置的投资额。计算公式为:

$$I_2 = I_1\left(\frac{Q_2}{Q_1}\right)^n f \tag{3-2}$$

式中 I_1——已完成的类似项目或设备装置的投资额;
I_2——当前项目或设备装置的投资额;
Q_1——已完成的类似项目或设备装置的生产能力;
Q_2——当前项目或设备装置的生产能力;
n——生产能力指数,$0 \leq n \leq 1$;
f——不同时期、不同地点的综合调整系数。

采用上述方法时,当前项目或设备装置的生产能力与已完成的类似项目或设备装置的生产能力相差不宜大于 50 倍;当增加相同设备容量扩大规模时,n 值取 0.6~0.7;增加相同设备数量扩大规模时,n 值取 0.8~0.9。若已完成的类似项目或设备装置的规模和当前项目或设备装置的规模相差不大,生产规模比值在 0.5~2.0,则指数 n 的取值近似于 1。

(2) 比例投资估算法 比例投资估算法用于对整个项目投资费用的估算,使用的比例系数是从已建成的类似装置的统计数据中总结出来的。

1) 已知已建成的类似项目主要设备费占总投资额的比例,估算出拟建项目的主要设备费后,按此比例估算拟建项目的总投资额。计算公式为:

$$I = \frac{1}{k} \sum_{i=1}^{n} Q_i P_i \qquad (3\text{-}3)$$

式中　I——拟建项目总投资额；

　　　k——主要设备费占拟建项目总投资额的比例（%）；

　　　n——设备的种类数；

　　　Q_i——第 i 种设备的数量；

　　　P_i——第 i 种设备的到达现场单价。

2）按统计资料计算出已经建成的类似项目中各专业工程（公用工程、三废工程、厂外工程等）占某个装置或某项费用的比例，以拟建项目的某装置或某项费用为基数，分别计算出拟建项目各专业工程投资额，相加汇总后得到拟建项目总投资额。计算公式为：

$$C = E \ (1 + f_1 P_1 + f_2 P_2 + f_3 P_3 + \cdots f_n P_n) \ + I \qquad (3\text{-}4)$$

式中　C——拟建项目总投资额；

　　　E——拟建项目某项装置的购置费或某项费用；

P_1,P_2,P_3——各专业工程费用占某装置或某项费用的比例（%）；

f_1,f_2,f_3——不同时期、不同地点综合调整系数；

　　　I——拟建项目的其他费用；

　　　n——专业工程种类数。

3.4.3 参数模型法

1. 参数模型法的一般原理

参数模型法是指将项目特征（参数）用于数学模型来估算预测项目成本。模型既可以是简单的，也可以是复杂的。如果建立模型所用的历史信息是精确的，项目参数容易定量化，并且模型就项目大小而言是灵活的，那么这种情况下的参数模型是最可靠的。例如，麦道航空公司工程师在大量历史数据的基础上建立了一个参数模型来估算飞机成本，该模型包括如下参数：飞机型号（战斗机、货机、客机）、飞机航速、发动机推动力与承重比率、飞机不同部件的估算重量、飞机的产量、生产这些飞机允许的时间等。与这个复杂模型相比，有一些参数模型只是非常简单的启发式的或常理的。另一个例子是一个大型办公自动化项目，基于一个相似的同期开发的办公自动化项目，该项目大致估算为每个工作站大约花费 10 000 美元。更复杂的参数模型通常需要运用计算机完成计算过程。

参数模型法需要积累数据，根据同类项目的管理状况和成本数据，运用建模技术建立模型，如回归分析和学习曲线。

2. 回归分析法

使用参数模型法首先要识别成本与项目特征之间的关系，即要识别项目成本的动因。项目可能会存在一个或多个成本动因。如项目设计成本与设计元素的数量、设计的变化有关，设备的维修成本与维修工时、设备已使用年限等有关，建筑物的建造成本与建筑面积、建筑体积、建筑结构类型有关。

对客观存在的现象之间相互依存关系进行分析研究，测定两个或两个以上变量之间的关系，寻求其发展变化的规律性，从而进行推算和预测，这种方法称为回归分析法。显然，项目成本与项目特征之间的这种因果关系适合采用回归分析法。在进行回归分析时，无论变量的个数多少，必须选择其中的一个变量为因变量，而把其他变量作为自变量，然后根据已知的历史统计数据资料，研究测定因变量和自变量之间的关系。

回归分析是为了测定客观现象的因变量与自变量之间的一般关系所使用的一种数学方法。它根据现象之间相关关系的形式，拟合一定的直线或曲线，用这条直线或曲线代表现象间的一定数量变化关系。这条直线或曲线在数学上称为回归直线或曲线，表现这条直线或曲线的数学公式称为回归方程。利用回归分析法进行预测称为回归预测。

在回归预测中，所选定的因变量是指需要求得预测值的那个变量，即预测对象。自变量则是影响预测对象变化的，与因变量有密切关系的那个或那些变量。

在预测中，常用的回归预测法有一元回归预测法和多元回归预测法。这里仅介绍一元线性回归预测法。

（1）一元线性回归预测法的基本原理　一元线性回归预测法是根据历史数据在直角坐标系上描绘出相应点，再在各点间做一条直线，使直线到各点的距离最小，即偏差平方和最小，因而，这条直线最能代表实际数据的变化趋势（或称倾向线），用这条直线适当延长来进行预测是合适的，如图3-2所示。

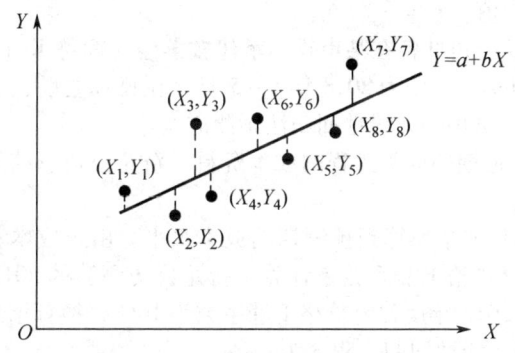

图3-2　一元线性回归预测法的基本原理

一元线性回归的基本公式是：

$$Y = a + bX \tag{3-5}$$

式中　X——自变量；

　　　Y——因变量；

　　　a、b——回归系数，也称待定系数。

（2）一元线性回归预测法的步骤　从式3-5可以看出，当$X=0$时，$Y=a$，a是直线在Y轴上的截距。Y是由a点起，随着X的变化开始演变的。a是利用统计数据计算出来的经验常数，b是直线的斜率，也是利用统计数据计算出来的经验常数。它用来表示自变量X与因变量Y的比例关系。Y是按b这个比值，随着X等比变化的。X与Y这两个变量之间的关系，将在a、b这两个回归系数的范围内进行有规律的演变。因此，运用一元回归分析法的步骤是：

1）先根据X、Y两个变量的历史统计数据，把X与Y作为已知数，寻求合理的a、b回归系数，然后，依据a、b回归系数来确定回归方程。这是运用回归分析法的基础。

2)利用已求出的回归方程中 a、b 回归系数的经验值,把 a、b 作为已知数,根据具体条件,测算 Y 值随着 X 值的变化而呈现的未来演变。这是运用回归分析法的目的。

(3)求回归系数 a 和 b 求解回归直线方程式中 a、b 两个回归系数时要运用最小二乘法。具体的计算方法不再叙述,其结果如下:

$$b = \frac{N\sum X_i Y_i - \sum Y_i \sum X_i}{N\sum X_i^2 - (\sum X_i)^2} \quad (3\text{-}6)$$

$$a = \frac{\sum Y_i - b\sum X_i}{N} \quad (3\text{-}7)$$

或

$$b = \frac{\sum X_i Y_i - \bar{X}_i \sum Y_i}{\sum X_i^2 - \bar{X}_i \sum X_i} \quad (3\text{-}8)$$

$$a = \bar{Y}_i - b\bar{X}_i \quad (3\text{-}9)$$

式中　　X_i——自变量的历史数据;
　　　　Y_i——相应的因变量的历史数据;
　　　　N——所采用的历史数据的组数;
　　　　$\bar{X}_i$——X_i 的平均值,$\bar{X}_i = \sum X_i / N$;
　　　　$\bar{Y}_i$——Y_i 的平均值,$\bar{Y}_i = \sum Y_i / N$。

【例3-1】　新龙公司准备在某市投标承建教学楼(简称 K 工程),主体是砖混结构,建筑面积为 2 200m²,工期为 2018 年 1 ~ 5 月。在投标之前,公司对该项目进行施工成本的预测与分析。试用一元线性回归法预测成本。

【解】　1)搜集近期的同类工程的成本资料。新龙公司总结的近期砖混工程的成本资料如表3-7所示。

2)将各年度的工程成本换算到预测期的成本水平。由于成本水平主要受材料价格的影响,所以可按建材价格上涨系数来计算。新龙公司测算的 2017 年度的建材价格上涨系数为23%,估计 2018 年度建材价格上涨系数为10%,换算结果如表3-8所示。

3)建立回归模型。线性回归方程式为:

$$Y = a + bX \quad (3\text{-}10)$$

式中　　X——施工项目建筑面积;
　　　　Y——施工项目总成本;
　　　　a、b——回归系数。

采用列表计算回归系数。

根据表3-9,利用计算公式,计算出:

$$b = \frac{N\sum X_i Y_i - \sum Y_i \sum X_i}{N\sum X_i^2 - (\sum X_i)^2} = \frac{6 \times 613\,425\,万元 \cdot m^2 - 309.25\,万元 \times 10\,600m^2}{6 \times 21\,180\,000m^4 - 10\,600m^2 \times 10\,600m^2} = 0.027\,3\,万元/m^2$$

$$a = \frac{\sum Y_i - b\sum X_i}{N} = \frac{309.25\,万元 - 0.027\,3\,万元/m^2 \times 10\,600m^2}{6} = 3.31\,万元$$

则回归模型为:

$$Y = a + bX = 3.31\,万元 + 0.027\,3\,万元/m^2 \cdot X$$

所预测的 K 工程的预测成本为:

Y(K)$= 3.31\,万元 + 0.027\,3\,万元/m^2 \times 2\,200m^2 = 63.37\,万元$

第3章 项目成本估算

表3-7 新龙公司总结的近期砖混工程成本资料

工程代号	工程竣工日期	建筑面积/m²	实际总成本（万元）
Zh0201	2016-09	1 500	33.65
Zh0202	2016-11	1 800	39.78
Zh0301	2017-03	2 000	50.60
Zh0302	2017-05	1 000	26.90
Zh0303	2017-07	1 300	35.62
Zh0304	2017-12	3 000	77.70

表3-8 工程成本换算表

工程代号	建筑面积/m²	实际总成本（万元）	换算系数	2018年度成本水平的成本（万元）
(1)	(2)	(3)	(4)	(5)=(3)×(4)
Zh0201	1 500	33.65	(1+0.23)×(1+0.10)	45.53
Zh0202	1 800	39.78	(1+0.23)×(1+0.10)	53.82
Zh0301	2 000	50.60	(1+0.10)	55.66
Zh0302	1 000	26.90	(1+0.10)	29.59
Zh0303	1 300	35.62	(1+0.10)	39.18
Zh0304	3 000	77.70	(1+0.10)	85.47

表3-9 回归系数计算表

N	工程代号	建筑面积/m²	实际总成本（万元）	$X_i Y_i$（万元·m²）	X_i^2（m⁴）
1	Zh0201	1 500	45.53	68 295	2 250 000
2	Zh0202	1 800	53.82	96 876	3 240 000
3	Zh0301	2 000	55.66	111 320	4 000 000
4	Zh0302	1 000	29.59	29 590	1 000 000
5	Zh0303	1 300	39.18	50 934	1 690 000
6	Zh0304	3 000	85.47	256 410	9 000 000
合 计		10 600	309.25	613 425	21 180 000

3. 软件开发项目成本估算模型简介

软件开发成本中人员费用占比最大,在进行成本估算时,主要是对人员费用进行估算。人员费用或人力成本是以所估算的工作量为基础的,除此之外的其他成本,如差旅费、通信费、项目培训费用等,也需要进行估算,这些成本和人员费用一起构成了项目的总成本。

对软件开发项目来说,估算通常包括规模估算、工作量估算和进度估算,这三级估算会转化为成本估算。图 3-3 所示为一个与规模、工作量、进度、成本相关的简单估算模型。

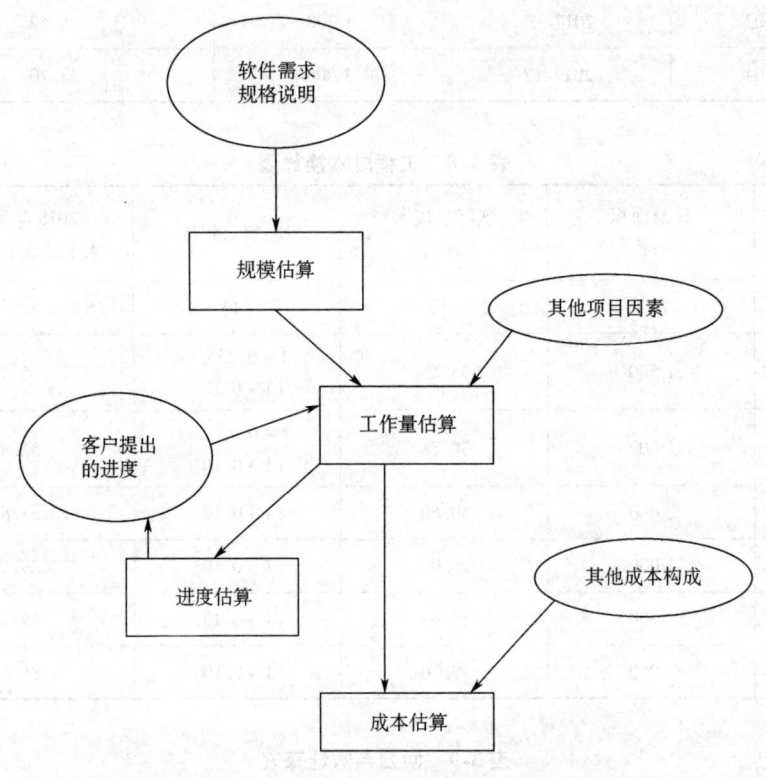

图 3-3　软件估算的组成

规模估算是最终工作产品规模的一个度量。它给出了实现最终结果所涵盖的一个度量范围,规模是估算工作量的基础。一些软件规模的衡量尺度是代码行数、功能点数、报告数量、界面数量等。

工作量估算是对开发软件产品所需人力的估算,通常以人月、人日或人年为单位衡量,并且有转换系数在不同单位之间进行转换。工作量也可以进一步细化为每种资源需要的人月(比如,设计人员、开发者人月等)。工作量估算是由规模和与项目有关的因素所驱动的,如团队的技术和能力、所使用的语言和平台、平台的可用性与适用性、团队的稳定性、项目中的自动化程度等。工作量估算的主要依据是组织的生产率数据,生产率随着小组人数的增加而降低,随着开发项目可用时间的减少而降低。工作量估算和进度估算一起决定了开发团队的规模和组织。

进度估算是考虑组织的资源限制,并在能够得出并行程度的前提下,完成工作量所需的日历时间。如果客户要求比第一次估算的时间更早得到软件,那么需要对工作量估算做出修改,以满足客户提出的进度要求。

最终,客户和组织都关心项目的成本金额。此时,成本估计可按下面的公式计算:

$$成本估算 = 人月数 \times 每个人月的价值$$

通常软件成本估算模型根据软件开发项目中使用的编程语言、编程人员的专业知识水平、程序规模和复杂性设计。模型既可以是静态模型,也可以是动态模型。由于用以支持大多数模型的经验数据都是从有限的一些项目样本中得到的,因此至今还没有一种估算模型能够适用于所有的软件类型和开发环境。目前常用的估算模型主要有以下几种:Putnam 模型、SLIM 模型、PRICE-S 模型、COCOMO 模型(Constructive Cost Model)等,其中 COCOMO 模型应用最广泛。

COCOMO 模型是由 TRW 公司开发,波姆(Boehm)提出的结构型成本估算模型,是一种精确、易于使用的成本估算方法。

COCOMO 模型的基本形式可表示为:

$$MM = a \times (kDSI)^b \quad TDEV = 2.5 \times (MM)^c$$

在该模型中使用的基本量有以下几个:

DSI(源指令条数),定义为代码或卡片形式的源程序行数。若一行有两个语句,则算作一条指令。它包括作业控制语句和格式语句,但不包括注释语句。1kDSI = 1 024DSI。

MM(度量单位为人月),表示开发工作量,定义 1MM = 1 人月 = 152 人时 = 1/12 人年。

TDEV(度量单位为月),表示开发进度,由工作量决定。

a、b、c 这 3 个参数则是根据不同的软件开发类型和 COMOMO 模型来确定的。

COCOMO 模型按其详细程度分成三级:基本 COCOMO 模型、中间 COCOMO 模型和详细 COCOMO 模型。基本 COCOMO 模型是一个静态单变量模型,它用一个已估算出来的源代码行数(LOC)为自变量的(经验)函数来计算软件开发工作量。中间 COCOMO 模型则在采用 LOC 为自变量的函数计算软件开发工作量(此时称为名义工作量)的基础上,再用涉及产品、硬件、人员、项目等方面属性的影响因素来调整工作量的估算。详细 COCOMO 模型包括中间 COCOMO 模型的所有特性,但用上述各种因素调整工作量估算时,还要考虑对软件工程过程中每一步骤(分析、设计等)的影响。

4. 案例:毕业典礼项目的成本估算

假定玛丽·康宁(Mary Koening)是一所商学院的院长,该校每年大约有 3 500 名学生毕业。学校为商业专业的毕业生举办单独的毕业典礼。毕业典礼是商学院的一个预算项目,玛丽·康宁院长必须预测毕业典礼项目所需的资金数额。

进行成本预测的第一步,确定所要预测的成本对象。院长认为,成本对象就是在毕业典礼中商学院所要开支的所有费用,包括发言人的酬金、折叠椅的租金(典礼将在学院大楼旁的草坪上举行)以及饮料、点心等。

第二步,辨别成本动因。这里的成本动因主要是预计的毕业生数和前来参加的客人数,因为人数影响所需的椅子数和所要提供的食品数量。椅子的租金和食品的成本都是变动成本，它们随着参加人数的不同而发生变化。演讲人的酬金是固定成本。整个典礼的成本是固定成本和变动成本之和。

院长必须仔细地挑选成本动因。例如，院长应该知道，毕业生的总数与成本预测是不相关的，而相关的成本动因是预计参加典礼的毕业生人数，因为有一定数量的学生是不参加典礼的。需要对预计参加的人数做进一步调查，可以根据去年实际参加人数的一定比例来确定。另外，此例中还常常存在两个或更多的成本动因。雨天参加的人数可能会减少，由此而减少椅子、食物，还有饮料的成本。康宁应该获得天气预报信息，如果她在预测中使用上一年的数据，那么她必须注意到上一年举行毕业典礼时是否下雨了。

第三步，院长应收集前几年参加典礼的毕业生人数，如果没有此数据，可以根据前几年实际毕业生数计算出一个大致的比例。

第四步，将数据绘制成图，看一看数据有没有明显的趋势或变动。

第五步，选择预测方法。此例中将成本按固定成本和变动成本进行分类来进行成本预测。成本数据如下：

演讲者的酬金是8 000.00美元；

每个椅子的租金是0.50美元；

每个人的食品和饮料费是1.50美元。

再假设平均每个毕业生带两个客人，玛丽·康宁假定毕业生与去年的相同，大约50%的学生会参加毕业典礼。这样，她得到了如下公式：

成本＝固定成本＋成本动因的数量×单位变动成本

成本＝演讲者的酬金＋（预计参加典礼的毕业生数×

   毕业生数及每个毕业生所带的客人数）×总的单位变动成本

成本＝5 000＋［（3 500×0.5）×（2＋1）］×（0.50＋1.50）

  ＝15 500（美元）

最后一步，估计成本预测的精确性。为此，院长查看了到现在为止她所做的工作：确定成本动因（参加的人数）、单位变动成本、固定成本以及预计总成本。院长认为，如果她知道了今年毕业的实际数，而不是使用前几年的平均数来代替，预测结果的精确性会得到进一步提高。还有，尽管她选择了一个有效的成本动因，但其他重要的成本动因也可以提高预测质量。预测的目标应该是在给定的成本－效益原则下获得尽可能精确的结果。

3.4.4 基于WBS的全面详细估算

当项目进展到一定程度，有了设计图样及设备清单，能够详细计算出各工作单元的工作量时，可采用详细估算法估算项目的成本。详细估算法是一种自下而上的估算。详细估算法也称为工程估算法，要求对项目每一个环节的成本都要逐项落实，分别进行详细估算。这种方法耗时长、费用高，但其准确程度也是前几种方法不可及的。

【例3-2】 表3-10为某标段公路工程的分部分项工程费估算结果。

【解】 运用详细估算法计算的该分部分项工程费结果如表3-10所示。

【例3-3】 表3-11、表3-12为某新药开发项目成本估算结果。

【解】 运用项目成本详细估算法计算的某新药开发项目的直接成本如表3-11所示，其间接成本如表3-12所示。

表 3-10　某标段公路工程的分部分项工程费估算结果

序号	项目名称	计量单位	数量	单价/元	合价/元
1	路基挖方（软基，土方外运 1km）	m³	19 060.720	8.69	165 637.66
2	土方外运每增运 0.5km	m³	76 242.880	0.64	48 795.44
3	台背回填 4% 水泥稳定碎石	m³	244.000	285.31	69 615.64
4	M7.5 浆砌片石边沟	m³	24.480	415.42	10 169.48
5	水沟人工清淤挖运 20m	m³	43.020	55.32	2 379.87
6	路面垫层—15cm 厚级配碎石	m²	50 777.500	30.42	1 544 651.55
7	路面垫层—32cm 厚级配碎石过渡层	m²	2 400.000	63.75	153 000.00
8	路面垫层—3cm 厚石屑调平层	m³	768.000	229.77	176 463.36
9	路面基层—15cm 5% 水泥稳定碎石基层	m²	240.000	46.78	11 227.20
10	路面基层—18cm 5% 水泥稳定碎石上基层	m²	25 584.000	55.74	1 426 052.16
11	路面基层—17cm 4% 水泥稳定碎石下基层	m²	25 584.000	51.49	1 317 320.16
12	路面基层—20cm 5% 水泥稳定碎石上基层	m²	29 832.100	61.72	1 841 237.21
13	路面基层—20cm 4% 水泥稳定碎石下基层	m²	29 832.100	60.23	1 796 787.38
14	路面基层—50cm 4% 水泥稳定碎石基层	m³	2 518.000	295.23	743 389.14
15	路面基层—80cm 4% 水泥稳定碎石基层	m³	11 624.720	293.75	3 414 761.50
16	透层煤油稀释沥青 1.0L/m²	m²	75 334.000	5.85	440 703.90
17	黏层乳化沥青 0.6kg/m²	m²	74 764.000	2.06	154 013.84
18	1.0cm 厚沥青同步碎石封层	m²	75 334.000	8.91	671 225.94
19	5cm 厚中粒式重交沥青商品砼（AC-20C）面层	m²	74 764.000	64.61	4 830 502.04
20	泥结碎石路面 22cm 厚面层	m²	260.000	48.20	12 532.00
21	3cm 厚细粒式改性沥青商品砼（AC-13C）面层	m²	75 747.000	44.06	3 337 412.82
22	均 12cm 厚 C25 商品砼面层（相交道路）	m³	171.600	622.41	106 805.56
23	培土路肩	m³	1 151.000	26.91	30 973.41
24	现浇 C20 商品砼加固土路肩	m³	1 173.000	514.78	603 836.94
25	栏杆刷漆	m²	500.000	32.00	16 000.00
26	C30 伸缩缝锚固混凝土（含钢筋）	m³	1.300	3 495.82	4 544.57
27	护栏	m	2 845.000	132.44	376 791.80
28	单柱式交通标志	个	6.000	1 018.36	6 110.16
29	里程碑	个	5.000	107.66	538.30
30	百米桩	个	39.000	14.14	551.46
31	热熔型涂料路面交通标线（厚 2.0mm）	m²	3 900.810	40.68	158 684.95
	合计				23 472 715.44

表 3-11 某新药开发项目直接成本估算结果

（单位：万元）

序号	工序	所用资源	资源编号	估算金额	备注
1	制剂工艺研究	原材料/药材	1-1	1	按市场价格计算
		辅料	1-2	0.5	按市场价格计算
		实验试剂	1-3	0.5	所用试剂费用总和
		包装设计材料	1-4	0.1	由设计费用得出
		药材净选、炮制设备	2-1	0.5	按市场价格计算
		粉碎设备	2-2	0.5	按市场价格计算
		提取设备	2-3	1	按市场价格计算
		研究人员	3-1	2	以研究人员工资计算
2	质量标准制定	原材料/药材	1-1	0.2	按市场价格计算
		实验试剂	1-3	0.4	按市场价格计算
		研究人员	3-1	30	以研究人员工资计算
3	毒理、药理研究	毒理、药理研究材料	1-5	1	根据历史资料计算
		实验试剂	1-3	0.4	按市场价格计算
		毒理、药理研究设备	2-4	2	以设备使用费计算
		研究人员/专家	3-1	37	含工资和专家费
4	申报临床	申报材料	1-7	0.3	根据历史资料计算
		专家	3-1	5	专家费
5	临床试验	临床研究材料	1-6	1	根据历史资料计算
		实验试剂	1-3	0.3	按市场价格计算
		临床研究设备	2-5	2	以设备使用费计算
		专家	3-1	37	专家费
6	申报生产	申报材料	1-7	0.3	按规定计算
		专家	3-1	5	专家费
7	批准	专家	3-1	2	专家费
		总计		130	

表 3-12 某新药开发项目间接成本估算结果

（单位：万元）

科目	估算金额	科目	估算金额
测试/计算/分析费	1	出版物/文献/信息传播事务费	0.5
能源/动力费	1	管理费	2
会议/差旅费	0.5	总计	5

【例3-4】 基于WBS的软件开发人员费用估算。

【解】 某商场管理系统开发的WBS见表3-13。通过WBS分解,得到工作量信息和人员分配信息。根据相关人员的日工资单价,可以估算出该系统开发的人员费用估算值,见表3-14。

表3-13 某商场管理系统开发的WBS及工作量估计

工作阶段	任务内容	工作量估计(工日)	资源名称
需求分析阶段		9	
	编写需求规格说明书	5	分析人员
	编写数据字典	4	分析人员
结构设计阶段		29	
	数据库设计	6	设计人员
	系统体系结构设计	6	设计人员
	数据库设计	3	设计人员
	人事管理模块设计	3	设计人员
	销售管理模块设计	3	设计人员
	进货管理模块设计	3	设计人员
	库存管理模块设计	3	设计人员
	界面美工设计	2	设计人员
编码阶段		15	
	数据库实现	3	编程人员
	人事管理模块的实现	3	编程人员
	销售管理模块的实现	3	编程人员
	进货管理模块的实现	3	编程人员
	库存管理模块的实现	3	编程人员
测试阶段		5	
	单元测试	3	测试人员
	系统测试	2	测试人员
安装与维护阶段		4	
	编写使用说明文档	2	培训人员
	安装与培训	2	培训人员
合计		62	

表3-14 某商场管理系统开发人员费估计

序号	资源类型	资源数量(工日)	资源单价(元)	合价(元)
1	分析人员	9	150	1350
2	设计人员	29	240	6960
3	编程人员	15	300	4500
4	测试人员	5	180	900
5	培训人员	4	145	580
	合计			14 290

3.4.5 成本估算方法的比较

在项目工作的不同时期,可以分别使用上面的四种方法。在项目处于选择和计划阶段时,只能采用经验估算法进行大致估算;当项目完成了筛选之后,则可根据历史数据采用趋势法进行项目估算;设计已经完成、项目的目标确定之后可采用第三种方法;完成详细设计、项目的工作细节确定之后,就可以进行详细估算了。

实践中还可将以上几种方法结合起来使用。如对项目成本的主要部分进行详细估算,其他相对次要的成本组成部分则用专家估计法或用参数模型法估算。

以上四种方法的比较,如表 3-15 所示。

表 3-15 项目估算方法比较

估算方法	应用	优点	缺点
基于 WBS 的全面详细估算（工程估算法）	再采购,生产开发	最详细的技术 最准确 为未来项目变化估算提供最好的估算基础	需要详细的项目和生产定义 耗时而且可能较昂贵 以工程为基础 可能忽略系统整合成本
参数模型法	生产开发	应用简单,成本低 统计数据基础可以提供期望值和预期范围 在详细设计和项目计划之前可以用于设备或系统	需要建立参数成本关系 具体系统或系统硬件功能的频度有限 依赖于数据的质量和数量 受有限的数据和独立变量的影响
类比法	再采购,生产开发项目计划	相对简单 成本低 强调增量项目和生产变化 相似系统的准确性高	要求类似的生产和项目数据 只限于稳定的技术 电子应用范围狭窄 可能只限于相同公司的系统和设备
专家估计法	所有的项目阶段	当数据不足/参数成本关系和项目生产定义不足时也可以应用	容易产生偏见 产品和项目的复杂性增加,会降低估算的精度 主要的估算不是定量的

注：本表引自参考文献 [16]。

3.5 学习曲线法

3.5.1 学习曲线的概念

学习曲线的思想来源于一个历史性的发现,那就是当一个人重复多次做一件事情之后,会提高劳动的熟练程度,在下一次做这件事情时,他必然能够把它做得更好,完成任务的速度也会加快。针对这种现象的非理论研究,得出三个当前理论和实践赖以存在的基础性结论：

1）当一项任务被重复的时候,完成这项任务所需的时间将缩短。
2）随着更多的产品生产出来,提高幅度将减少。
3）提高率有充分的连续性,因此可以把它当作预测工具。

在生产了一定量的产品之后，接下来生产相同数量的产品所需的时间会以一个固定的比率减少。通常情况下，当一个公司生产一种产品的经验成倍增加时，其再次生产时就能节省10%~30%的成本和时间。为说明这一问题，请参看表3-16中的数据，这些数据代表了一个公司的"75%学习曲线"。生产第二件产品的时间是生产第一件产品时间的75%，生产第400件产品的时间是生产第200件产品时间的75%，生产第800件产品的时间是生产第400件产品时间的75%。以此类推，我们可以预言生产第1 000件产品的时间是生产第500件产品的75%。在这个例子中，时间以固定的25%的幅度减少。理论上，这种减少的幅度并非十分准确。

表3-16 累积生产量和劳动时间的关系

累积生产量	单位时间（h）	总累积时间（h）	累积生产量	单位时间（h）	总累积时间（h）
1	812	812	150	101	25 116
2	609	1 421	200	90	29 880
10	312	4 538	250	82	34 170
12	289	5 127	300	76	38 117
14	264	5 943	400	68	45 267
20	234	7 169	500	62	51 704
40	176	11 142	600	57	57 622
60	148	14 343	700	54	63 147
75	135	16 459	800	51	68 349
100	120	19 631	840	50	70 354

在表3-16中，可以用生产单件产品的成本替代生产所用的劳动时间。一般情况下，劳动时间这个指标使用得更多。因为人们通常不知道准确的生产成本或者公司不公开透露这种信息。同时，如果要应用生产成本，就要考虑不断增加的员工工资、生活水平的提高及货币市值可能变化等因素，从而使应用单位产品成本这个指标更加复杂。不过，对于一个1~2年的项目，通常使用生产成本而不是劳动时间。

图3-4所示学习曲线的数据来源于表3-16。横轴代表生产产品的总数量。纵轴代表生产每件产品所需要的时间或成本。图3-4表示的是一个在普通绘图纸上画出的双曲线。曲线表明劳动时间的减少比率并不固定。当然，当产量翻倍的时候，时间减少比率将是固定的。随着更多的物品被生产出来，变化的比率是一个常数，但变化的量在减小。

产量增加一倍时，单位产量需要的工作时间为上一次的某一比例，该比例称为学习率。在上例中，学习率为0.75。又如，一个人在进行一项工作时，第一次需要10分钟，第二次需要8分钟，则其学习率为0.8。学习率可以通过对历史数据的回顾及分析获得。学习率为1.0，等于没有学习。实际案例研究发现，学习率大多数在0.8左右。

学习可以多种形式发生，从个人层面上的新雇员获得工作经验到集体层面上的一组雇员提高生产率。学习以多种方式对成本产生影响，特别是大规模的产品组装，如飞机及轮船制造。学习曲线法是在存在学习过程的情况下估计成本的一种系统方法。

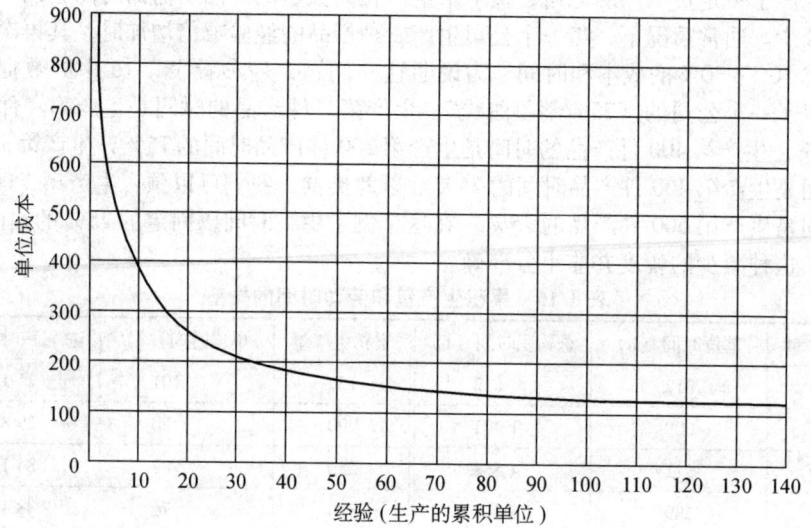

图 3-4　75%学习曲线

值得注意的是，学习曲线的应用范围远比我们目前讨论的要广泛。例如，任何水平的产出增量都可以得到并应用学习比率，而不仅限于这里示范的双倍产量假设。然而，双倍产量法的 80% 是被广泛应用的。

3.5.2　学习曲线的计算

通常可用计算公式表示学习曲线的效用：

$$T_n = T_1 n^r$$

式中　T_n——第 n 单位产出所需要的时间；

　　　T_1——第 1 单位产出所需要的时间；

　　　n——所生产的数量；

　　　r——lg（学习率）/lg2。

因此，生产数量为 N 的产品所需要的总时间为：

$$总时间 = T_1 \sum_{n=1}^{N} n^r$$

【例 3-4】　SofTech 公司是一家财务分析软件的销售商。SofTech 的开发人员最近将其所用的开发语言 T-Base 改为另一种新语言 Z-Base，这种语言将提高开发速度，并且会带来一定的目标项目收益。现在 SofTech 正在估算其程序员掌握该种新语言所需的学习时间。这些估计非常重要，因为去年的编程成本已经上升 10%，涨至每小时 65 美元，并预计未来几年还会继续增长。出于分析的需要，SofTech 用 500 行程序代码作为一个单位产出，估计 Z-Base 的学习比率将为 80% 且 500 行 Z-Base 新编码的初始时间为 100 小时。运用学习曲线确定使用 Z-Base 开发应用程序前 4 000 行所需的时间和相关成本。

【解】　运用学习曲线的计算公式计算总的累计开发时间，如表 3-17 所示。

表 3-17 SofTech 公司 Z-Base 的学习曲线

开发第 n 单位	第 n 单位所需时间（h）	累计总时间（h）
1 单位（=500 行）	100	100
2 单位（=1 000 行）	80	180
3 单位（=1 500 行）	70.21	250.21
4 单位（=2 000 行）	64	314.21
5 单位（=2 500 行）	59.56	373.77
6 单位（=3 000 行）	56.17	429.94
7 单位（=3 500 行）	53.45	483.39
8 单位（=4 000 行）	51.2	534.59

注：总人力成本 = 534.59h × 65 美元/h = 34 748.35 美元。

3.5.3 学习曲线的局限性

在存在学习过程的情况下，尽管学习曲线分析能够明显提高对成本的预测能力，但这种方法的应用却存在固有的缺陷和问题。

1）学习曲线最适用于有一定人力劳动比例的长期项目（比如，数年）。对于短期项目，学习曲线可能作用甚微。

运用学习曲线的首要缺陷是这种方法最适用于重复性任务，因为重复劳动可以提高成绩，也是一个学习过程，如目前许多制造商正在使用机器人和计算机控制设备，结果使人工劳动的重复性相对较少。当人工劳动的重复性几乎为零时，就几乎没有学习机会了。故学习曲线最适用于劳动力密集型环境，因为较长的生产周期及任务的一再重复会为持续型的学习提供机会。

设想一个项目的完成需要 75% 的人力组装和 25% 的机器工作。对于人力劳动，学习改进是有可能的，然而对于机器，由于机器的自身运转问题，产量可能会受到一定程度的制约。在这个例子中，由于拥有 75% 的人力组装和 25% 的机器工作，这个公司将运行在 80% 的学习曲线上。但是，如果人力组装变为 25%，而机器工作为 75%，那么这个公司将运行在 90% 的学习曲线上。

2）假定学习比率不变。根据学习曲线的假定，随着产出加倍，平均人工工时以固定比率下降。在实际应用中，人工工时的减少可能并不是一成不变的。例如，对前 20 000 单位学习比率为 80%，而接下来的 35 000 单位学习比率为 90%，而随后又变为 95%。这种差别表明，重复发生需要根据可观察到的学习过程来更新对学习比率的预测。学习曲线不会永远延续。生产时间或成本的下降将随着时间的推移而消失。年复一年而没有任何增长的生产可能会限制经验的增长。

3）对学习曲线进行认真预测几乎是不现实的。这是因为可观察到的生产率变化数据实际上不仅受学习影响，而且与其他因素有关。例如，人工组合的变化、产品组合的变化或其他相关因素组合的变化，在这种情况下，学习模型就是脱离现实的，并将导致对工时及成本估算不准确。一种产品的学习曲线的应用不可能延伸到另外一种产品，除非它们之间存在可共享的经验。

相关阅读

考虑管理弹性的项目成本估算方法

实际工程项目的成本超支情况经常发生，因而引起人们广泛的关注。本文对项目成本超支问题进行了深入研究，并对如何改善成本估算给出合理建议。

预算可以看作是项目成本费用的绝对上限，或是成本的估算值，而本文关注的是后者。在效用理论中，大多数管理者都不喜欢风险，因此他们不希望项目成本发生变化，而更希望项目有稍微高的预算，并且有较少的变化。然而，经济理论告诉我们，管理者应该对风险保持中立，而把变化留给所有者。因此，笔者旨在提出预算估算方法，使期望成本超支成为零，无论成本变量是什么。

1. 理论基础

弹性是管理的一个重要特征，即管理并不遵循固定模式，而是根据具体情况提出具体的解决方案。管理中存在弹性，主要有如下两个原因。

首先，管理中的弹性是由管理的主体——"人"所决定的。现代管理思想认为：人是管理的主体，管理的中心是"人"，无论管理者还是被管理者，首先都是由人组成的，而人存在个性差异，具有自我控制和调节能力，即人具有"弹性"。对于项目管理者而言，项目管理者的性格、文化等各方面的差异，都会使项目结果有所不同，甚至项目管理者的情绪变化对项目的执行也会产生影响。

其次，管理中的弹性是由客观环境的动态因素所决定的。未来情况的变化往往出乎人们意料，针对变化，管理系统必须有一个与之相适应的弹性。在项目进程中，有很多不确定因素会影响项目的进展，使其偏离既定计划。项目管理者必须针对各种情况采取相应的各种措施进行控制，而没有一成不变的管理模式可以遵循。

2. 问题研究

传统的成本估算使用的是总成本最小化的静态时间-成本平衡模型。这种模型一般只给出期望总成本的最低限度，换句话说，按照这种模型的方案执行，往往其消耗成本要比模型本身预测的高出很多。这是由于在项目进行中，受到环境条件等多种因素的影响，许多参量不确定，经常发生变动。而这种静态模型往往较为乐观，对各种意外情况估计不足，所以在实际执行时，经常会出现成本超支的情况。

出现这种情况的一个重要原因是现有的模型是静态的，在项目运行过程中，实际情况与计划可能出现很大偏移，静态模型属于事前预测，无法对当前情况及时做出反应。目前较好的解决办法是采用动态模型来进行成本估算，蒙特卡罗模拟就属于这样一种估算方法。它根据收集到的历史数据算出各种意外情况发生的概率，然后进行模拟得到估算成本，这样就忽略了项目管理者的弹性管理。项目管理者在项目进程中，会根据项目的实际发展情况采取相应措施，减少各种意外情况对成本的影响，所以动态模型得到的成本估算往往比较悲观。本文提出一种估计期望总成本的简单方法，它考虑了实际的弹性价值（通过重复使用静态模型）。这种简单方法可以通过计算机直接实现，并提供建立无偏成本估算的有效工具。

3. 考虑管理弹性的反应成本估算方法

反应成本估算方法即多次重复使用成本估算模型，将每一阶段的成本输出结果及项目管理者的调整措施作为输入信息再输入模型，使静态模型具有及时预测、及时反应的功能。

当项目有了新信息时，原始计划被更新。更新计划不仅意味着调整项目成果的估算值，也意味着调整资源分配的数量。计划在实际中被更新的事实说明不确定性是项目本身所固有的性质，如果没有不确定性存在，就不需要改变原始计划。为了做预算，需要估算项目总成本的期望价值，并考虑到更新值。

在项目期间可以做两种决策：①给某一项活动分配一定数量的资源，然后开始活动；②将活动拖延。在任何一种情况下，关于资源分配的决策都被假定为在活动开始以前进行。注意，对于持续时间比较长的项目，资源分配必须早于项目开始时间。在这种特定情况下就没有弹性，状态可以通过随机二阶段模型准确模拟。本文关注具有固有弹性的项目。

做决策的顺序取决于活动的开始时间。前一项活动的持续时间取决于以前所做的决策和随机变量的实现情况，这样，决策顺序就不能预先知道。为了能估算出期望总成本，要随时模拟动态发展，并精确计算每一阶段的成本，这样总成本可以被直接计算出来。

当按照时间模拟项目时，必须持续跟踪项目的状态；当需要做出决策时，项目的当前状态被作为决策模型（如确定静态模型）的输入量，这样保证了决策模型只使用历史数据（因为未来是不确定的）；在做出决策之后，状态变量将被更新。从理论上讲，如果一些随机变量的输出结果可以被观测到，则状态变量将被再次更新，然后随时间推进直到做下一个决策，以此类推。这种逐渐揭示当前阶段信息的进程，可看作是沿决策树移动的路径。

这种方式可以使用联合概率密度函数（假定模型中的所有随机变量都服从于它），它允许一次模拟一个阶段。然而，在每一阶段，都必须特别关注，以确保所做每个决策都是时间和当前状态变量的函数。

估算期望成本的模拟算法如下：

1）初始化包含期望成本的变量：Exp cost = 0。
2）对每一阶段 $s = 1, \cdots, n$。
3）将时间变量归零，即 $t = 0$；并重新安排状态向量 $x = 0$；本阶段已发生成本赋值为零，即 $c = 0$。
4）将 t, x 输入最优模型得到决策。
5）将所有刚开始的活动的相应成本添加到 c 中。
6）更新状态变量 x，并将时间变量 t 加到下一决策开始的时候：①在活动完成之后；②在早期拖延活动完成之后。
7）重复步骤（4）~（6），直到当前阶段的所有活动都完成。
8）如果有拖延成本，将其添加到 c 中。
9）更新期望成本：Exp cost $(s = n + 1)$ = Exp cost $(s = n)$ + (s 的概率) $\times c$。
10）结束。

4. 应用实例

为了阐明管理弹性的价值重大，选取一个软件工程项目的例子来说明。项目优先次序关系如图 3-5 所示，项目的主要成本假定是软件开发者的薪水。来自不同公司（或部门）的团队成员已分配到不同的工作。项目管理者要满足最终期限，固有弹性是加班（或使用临时劳动力）。

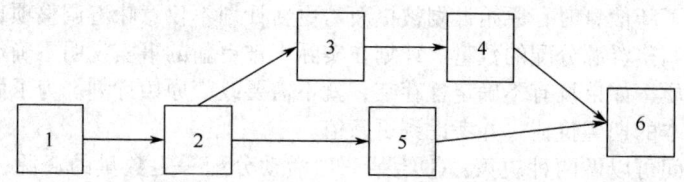

图 3-5　软件工程网络图

对给定工序，令 $r \in [1, 2]$（工日），表示每单位时间（以天为单位）分配给该工序的资源数（本例中表示为人工）。$r = 1$ 表示正常情况；$r = 2$ 表示可分配各该工序的最大资源数。为简化起见，假定成本－资源函数为 $C(r) = r^2$，即每天当分配 2 倍的资源时，消耗的成本是原来的 4 倍。工期－资源函数为 $d(r) = w/r$，w 为完成该工序所需的工作量（以人工数表示）。这样，特定工序的薪水成本可以简化为 $C(r)d(r) = rw$。

假定模型中所有工序的工作量都只取 $w = 5$ 或 $w = 15$（工日），只有工序 5 取工作量 $w = 10$ 或 $w = 30$（工日），且假定所有工序都是随机独立的。这样将有 64 种工作量组合的可能。当使用正常数量的人工时，用计划评审法算出总工期为 50 天。假定项目管理者使用的是固定静态模型，他根据经验和直觉将最终工期设为 $T = 55$ 天，这样，他就有多余的时间以应付可能发生的工期拖延现象。令 q 为工期拖延时的延期成本（元/日），设其为正常薪水的 10 倍。则模型可表示如下：

$$\min_{r_i t_i} qz + \sum_{i=1}^{n} r_i w_i$$

$s.t.$

$$t_i \geq t_j + \frac{w_j}{r_j}, \ j \in B_i$$

$$t_i \geq 0$$

$$z \geq t_n + \frac{w_j}{r_j} - T$$

$$z \geq 0$$

$$1 \leq r_i \leq 2$$

使用不同的预算方法将产生不同的结果，见表 3-18。第一行给出了采用动态模型得到的成本期望值。期望总成本被分为期望薪水和期望延期成本。注意薪水成本是 70，这表明确定静态模型都采用了正常情况下的资源（即对于所有工序 i，$r_i = 1$）。很显然，这是一个错误的决策，它使延期成本变得很大。

表 3-18　不同估算方法比较

（单位：元）

方　　法	总　成　本	薪　水　成　本	延　期　成　本
动态方法	112.2	70.0	42.2
反应方法	92.1	76.6	15.5
静态方法	70.0	70.0	0

第二行给出了重复应用确定静态模型的反应方法得到的期望值,即项目管理者在项目进行过程中不断将实际信息输入模型,更新其输出的期望成本。由表3-18可以看出,由于考虑了管理弹性,其资源根据实际情况进行了调整,为了加快进度而加大了资源投入,虽然薪水成本有所增加,但大大降低了延期成本,使总成本减少。

第三行给出了由传统静态预算方法得到的成本估算值,由于没有考虑到任何意外情况,它远远低于成本最低限度,所以说它过于乐观了。

管理弹性的价值可被定义为反应方法期望值与静态方法期望值之差。由表3-18可以看到,本例中管理弹性的价值为实际成本(92.1)的24%。而由传统方法得到的成本预算与实际成本相比,将导致成本超支达32%。

5. 结语

本文阐明了项目预算中弹性的重要意义,定义并计算弹性价值,对项目进程和预算有了新的认识。一方面,在不考虑这种弹性的情况下,估计期望总成本会导致悲观的成本估计;另一方面,确定的模型会导致过于乐观的成本估计。本文给出的考虑到管理弹性的反应成本估算方法可以很好地解决上述问题,而且计算方便,便于推广。

资料来源:毕星,曲东,天津大学学报(社会科学版),2004年7月第6卷第3期,第259~261页。

软件开发成本估算技术综述

1. 引言

成功的软件系统开发意味着按时、按预算交付符合用户和组织需求的软件系统。从国内外软件项目的开发经验来看,影响系统开发成败的因素有多种,而软件开发成本估算和管理控制是其成功的关键因素之一。如果估算周期过长、费用过高,就会造成企业资源的巨大浪费;如果估算的周期过短、费用过低,就会使整个项目失控,远远超过预算和交付日期。因此,在一个软件项目开发之前或初期,对该项目的规模大小、所需的资源、进度按照软件工程的要求做出一个合理的估算是非常重要的。

2. 影响软件开发成本估算精确度的因素

估算本身带有风险,估算资源、成本和项目进度时需要经验、有用的历史信息、足够的定量数据和进行定量度量的勇气。估算的精确程度受到多方面因素的影响。首先,项目的复杂性对于增加软件计划的不确定性影响很大,复杂性越高,估算的风险就越高。复杂性是相对度量而言的,它与项目参加人员的经验有关。其次,项目规模对于估算的精确度和功效的影响也比较大。随着软件规模的扩大,软件相同元素之间的相互依赖、相互影响也迅速增加,因而估算时进行问题分解也会变得更加困难。还有项目的结构化程度也会影响项目估算的风险,这里的结构性是指功能分解的简便性和处理信息的层次性。结构化程度越高,进行精确估算的能力就越高,相应风险就越低。此外,影响估算精确度的因素还包括历史信息的有效性、用户需求的频繁变更等。

3. 软件开发成本估算技术的分类

随着软件开发成本不断增长,项目管理人员常常陷入不能准确估算成本的窘境。从目前来看,软件开发成本估算技术可以分为基于模型的估算技术、专家判定技术、面向学习的估算技术、动态分析技术、回归分析技术及合成技术。

(1)基于模型的估算技术　基于模型的估算技术大多数采用经验公式来预测软件

项目计划所需的成本、工作量和进度。由于用以支持大多数模型的经验数据都是从有限的项目样本中得到的，所以还没有一种估算模型能够适用于所有软件类型和开发环境。过去二十几年开发了不少软件估算模型，其中，许多模型经过市场的考验成为可行的商业产品，如 SLIM、早期的 COCOMO（Constructive Cost Model，COCOMO）和现在的 COCOMO Ⅱ、Checkpoint、Bailey-Basili、PRICE-S 等。除了 COCOMO 和 COCOMO Ⅱ 具有继承关系外，大多数模型都有它们各自内在的特殊属性。这些模型经过一段时间的发展演变，它们的外部成本驱动参数变得越来越相似。大部分成本估算模型都有许多度量方法供选择，如代码行、功能点和面向对象的度量等。它们还可选择各种软件特性（如软件的应用领域、复杂性、开发语言、重用性和可靠性等）、硬件特性（如响应时间、存储限制、平台可变性等）、人力资源特性（如能力、持久性、经验等）和项目特性（如开发工具和技术、需求的可变性、进度限制、过程成熟度、团体凝聚力、多点开发等）。同时，大部分模型都采用一个已校正的历史数据集合。这个数据集合的准确性是至关重要的，因此在组织这些数据集合时，必须根据模型的定义和假设条件对这些数据进行校正。

（2）专家判定技术　专家判定技术是根据已有的类似项目经验以及该领域的专家经验知识进行估算。估算的结果比较准确，目前应用得最为广泛。常用的专家判定技术有 Delphi 技术和作业分解结构技术（Work Breakdown Structure，WBS）。

1）Delphi 技术。Delphi 技术作为统一专家意见的方法，于 1948 年由 Rand 公司提出。标准 Delphi 技术的步骤是：

① 给每位评估专家提供资料（软件规格说明书）和记录估算值的表格（略去单位名称），请他们进行估算。

② 专家详细研究软件规格说明书的内容。组织者召集会议讨论相关的问题。

③ 专家对项目进行估算，匿名填写表格，并说明估算的理由。

④ 组织者对专家的估算做出反馈。

⑤ 组织者再次召开会议讨论各个专家估算值之间的差异，并尽可能达成一致。

⑥ 再次召集专家进行估算，匿名填写表格；重复步骤④~⑥，直至获得一个得到多数专家认可的估算值。

2）作业分解结构技术。作业分解结构技术将项目逐步分解为一个个越来越小的开发单元，直至可以对这些单元进行独立估算。对单元进行估算可以基于过去已完成项目的数据或者由专家进行估算，也可以利用前面讨论过的 Delphi 技术。当所有单元的估算都完成后，就可得到整个项目的估算值。

（3）面向学习的估算技术　面向学习的估算技术是通过对过去的和现在的知识进行学习和推理进而对新项目做出估算。技术主要有两种：神经网络估算模型和基于事例推理技术（Case-Based Reasoning，CBR）。

神经网络估算模型是利用人工智能领域中的神经网络技术建立的，国内外学者对此进行了大量的研究。Gray 和 McDonell 认为，神经网络作为回归分析技术的一个选择，提供了最常见的建立软件估算模型的技术。神经网络估算模型利用历史数据反复训练该神经网络的学习问题，通过自动调整算法的参数值和权值来减小实际成本和估算成本之间的偏差，直至使该模型估算出比较理想的结果，也就是使这个偏差保持在给定的范围之内。没有这个给定的偏差值，这个模型理论上会"过度"地学习已知的历史数据，并调整估算算法直到能很好地预测这些用于训练的数据集所产生的结果，但同时又会减弱这些估算算法对更广泛的普通数据集的可用性。

基于事例推理技术是类比估算的一种增强形式。它通过同一应用领域（如工业过程控制、电子商务等）已有项目的生产率、成本等事例来推理估算该领域内的类似新项目成本。在利用该技术进行估算的过程中，需要把已完成项目的数据库中的实际成本和一个类似的新项目的估算成本联系起来，通过一个复杂的算法来比较已完成的项目和被估算的项目，进而得出新项目的估算成本。新项目完成后，其相应的各种参数都必须加入到数据库中，以便基于事例推理方法再次使用。基于事例推理技术可用于项目级或子系统级。事例学习代表着一个归纳过程，也就是估算者通过对特殊例子进行推断以获得普遍的估算经验。

（4）动态分析技术　著名的动态分析技术是由 Jay Forrester 提出的系统动态法。系统动态法是一个连续仿真建模的方法，其模型可以用一个具有正反馈和负反馈调整功能的网络来表示，而模型的结果和行为可以用随时间变化的图形来表示。模型中的元素表示成动态变化的级别或者是动态变化的累积（用结点表示）、级别之间的变化关系（用结点间的连线表示）以及与系统相关的随时间变化的信息，这些信息动态地影响级别间的变化（用反馈环表示）。系统动态法仿真模型可用下列一阶微分方程来表示：

$$x'(t) = f(x, p)$$

式中　x——模型中级别的向量；

p——模型参数的集合；

f——一个非线性向量函数；

t——时间。

Abdel-Hamid 等人开发了一套基于动态分析技术的估算器，只需给定项目开发的合适的初始值，该估算器即可准确预测该项目的成本、人员需求以及随时间变化的进度。Madachy 采用动态分析技术建立了一个基于审查的软件生命周期过程的动态模型，它支持软件开发过程的定量评估。

（5）回归分析技术　回归分析技术主要有标准回归分析技术和增强（Robust）回归分析技术。标准回归分析技术是指常规线性回归的古典统计方法，它采用常规最小平方（Ordinary Least Squares，OLS）技术进行建模。当具备获得大量可靠的数据、没有数据项丢失、没有或很少有外部因素介入、用于预测的变量不相关、用在模型中的预测变量容易解释等条件时，OLS 方法会得到理想的效果。

利用 OLS 方法建立软件工程数据集合并开发成本估算模型时，以上任何一个因素不符合都会给估算结果带来影响。提高线性回归结果真实性的最有效方法是采用 Robust 回归分析技术，它可减少在观测过程中因外部因素介入所带来的影响。尽管这种技术缺少直接推理，但是，它对于在缺乏完整的项目数据而导致回归变量较少的情况下开发的软件估算模型是非常有用的。

（6）合成技术　合成技术是将两种或两种以上的技术结合起来构造的最佳的估算方法。贝叶斯（Bayesian）分析方法是将专家判定技术和回归分析技术结合起来的一种合成技术。

Bayesian 分析是一个定义完备的归纳推理过程，已应用于很多科学研究中。Bayesian 分析方法的一个显著特点是在进行推理时允许调查者使用逻辑上一致的样本数据和经验数据（专家判定）。利用贝叶斯定理可以确定模型参数的分布，将过去的经验数据转化为后面的数据视图。这种数据转换可视为一个学习过程，而参数分布的确定是由历史数据和样本数据的变化决定的。如果历史数据的变化小于样本数据的变化，则为历史数据分配一个较大的权值；反之，则为采样数据分配一个较大的权值，这样可以使估算结果更接近采样数据。

4. 估算效果比较及分析

基于模型的估算技术适用于预算、权衡分析、计划、控制和投资分析，大多数现有的软件估算模型都适用于这个范畴。但是，因为这些模型是由过去的经验数据校正得来的，所以，在没有先例的情况下，这些方法会有很大困难。Bailey 和 Basili 认为，没有一种模型类型一定优于其他模型，如果获得的历史数据越多，模型结构就越能得到更深入的研究，则确定的模型就会具有更高的估算精度。

专家判定估算技术的主要优势在于：它一般以真实的经验为基础，而且人为的判断有利于对特殊情况做出调整。其缺点是：评估者的个人偏见和类似项目经验具有差异性。所以最好由多位专家进行估算，取得多个估算值，然后再利用某种方法将这些估算值合成一个最终的估算值。

面向学习估算技术是在对过去的和现在的经验知识进行学习和推理的基础上对新项目做出估算，与基于模型的估算技术类似，它依赖于大量的历史经验知识。

动态分析技术不同于其他估算技术，它认为软件项目工作量和成本因子在软件开发过程中不是静态的，而是动态变化的，它主要应用于一些软件工程的成本估算模型中。

回归分析技术是用于创建经验模型及校正几乎所有的经验模型的最流行的技术，具有易用性、简单性等特点。许多现有的成本估算模型（如 COCOMO II、SLIM 和 Checkpoint 等）都使用了回归分析技术。

合成技术是将两种或两种以上的技术结合起来以得到更准确的估算结果，它同时具备各技术的优点，因此应用较广泛。

5. 结语

一方面，随着软件项目规模的不断增大，人们越来越关注软件过程的改进，软件成本与软件能力的成熟度有着直接的关系。另一方面，作为一个软件项目，不但要考虑其成本，还要考虑其收益，而目前关于软件收益分析方面的研究较少。软件成本 – 收益（投资回报率）分析的研究已开始逐渐引起软件研究人员和商业分析研究人员的重视，这不仅有助于进一步提高成本估算和效益分析的准确性，而且有助于进一步提高软件项目管理的效率。因此，软件开发成本估算与软件收益分析技术以及软件能力成熟度模型 CMM 研究的结合成为软件估算技术的发展方向之一。

资料来源：甘早斌，聂正茂，卢正鼎，计算机工程与科学，2005 年第 27 卷第 6 期，第108 ~ 110 页。

复习思考题

1. 给成本估算下一个定义，并解释成本估算的意义。
2. 列举成本估算的方法，比较各方法的适用范围及特点。

3. 说明影响成本估算精度的因素。
4. 成本估算的主要依据是什么？
5. 说明用详细估算法中的实物法估算工程施工成本的步骤。
6. 学习曲线有什么局限性？
7. 一个公司运行在 85% 的学习曲线上，若生产第一件产品的时间为 300 小时，则生产第 100 件产品所需的时间为多少？

主要内容
> 项目成本预算概述
> 项目成本预算的依据和方法
> 项目成本预算的编制
> 工程项目成本计划编制中的问题
> 软件开发项目预算编制中的问题

第4章

项目成本预算

项目成本预算是一项制定项目成本控制标准的项目管理工作。它是将批准的项目总成本估算分配到项目各项具体工作与活动中，进而确定、测量项目实际执行情况的成本基准。成本预算又称为制订成本计划。项目成本预算提供的成本基准计划是按时间分布的、用于测量和监控成本实施情况的预算。

4.1 项目成本预算概述

4.1.1 项目成本预算的特性

1. 项目成本预算是一种分配资源的计划

项目成本预算具有投入资源的事先确定性，即在预计时间内需要投入多少资源。它是通过一系列的研究及决策活动，判定项目的各种活动的资源分配，并通过既定资源分配，确定项目中各个部分的关系和重要程度，以及对项目中各项活动的支持力度，如对环境、能源、运输、技术等资源和条件的支持力度。在确定预算时，既要充分考虑实际需要，又要坚持节约的原则，使现有的资源能够充分发挥效力。

2. 项目成本预算是一种项目成本控制机制

预算可以作为一种比较标准来使用，是一种度量资源实际使用量和计划用量之间差异的基线标准。对于管理者来说，他的任务不只是完成预定的一个目标，而是必须使目标的完成具有效率。即尽可能在规定的时间内，在完成目标的前提下节省资源，这样才能获得最大的经济效益。所以，每个管理者必须在安排好生产进度的同时谨慎地控制资源的使用。由于进行预算时不可能完全预计到实际工作中所遇到的问题和可能变化的环境，所以项目成本预算发生一定的偏离总是不可避免的。对于这种偏离，需要在项目进行中不断根据项目进度检查资源的使用情况。一旦出现对预算的偏离情况，就需要对相应偏离的程度进行考察，以制定应对的约束措施，同时研究相应的对策，以便更清楚地掌握项目进展和资源使用情况，将项目的实施与预算的偏差控制在最小范围之内。

项目成本预算对于整个项目的预算和实施过程起着重要的作用，因为它决定了项目实施中资源的使用情况。如果没有项目成本预算管理,那么管理者就可能会忽视项目实施中的一些危险情况。例如,费用已经超出了项目进度所对应的预算,但并没有突破总预算,在这种情况下可能不会引起管理者的重视,但正是这些"突破",最后导致项目出现严重问题,造成资金严重不足,以致项目被迫停工。在项目的实施过程中,应该不断收集和报告有关进度和费用的数据,以及对未来问题和相应费用的预计,使管理者可以对预算进行控制,必要时对预算进行修正,严防项目在实施过程中某一阶段或某一部分的资源投入超出预算。

4.1.2 项目成本预算编制的原则

为了使成本预算能够发挥积极作用,在编制成本预算时应掌握以下一些原则。

1. 项目成本预算要与项目目标相联系

项目成本预算要与项目目标相联系,包括项目质量目标、进度目标。成本与质量、进度之间关系密切,三者之间既统一又对立,所以,在进行成本预算确定成本控制目标时,必须同时考虑到项目质量目标和进度目标。项目质量目标要求越高,成本预算也越高;项目进度越快,项目成本越高。因此,编制成本预算,要与项目的质量计划、进度计划密切结合,保持平衡,防止顾此失彼,相互脱节。

2. 项目成本预算要以项目需求为基础

项目需求是项目成本预算的推动力。项目预算同项目需求直接相关。项目范围的存在为项目预算提供了充足的细节信息。如果以非常模糊的项目需求为基础进行预算,则成本预算不具有现实性,容易发生成本的超支。

3. 项目成本预算要切实可行

编制项目成本预算,要根据有关的方针政策、法律法规,从企业的实际情况出发,充分挖掘企业内部潜力,使成本指标既积极可靠,又切实可行。项目管理部门应当正确选择设计方案,合理组织各生产环节,提高劳动生产率,改善材料供应状况,降低材料消耗,提高机械利用率,节约管理费用等。但要注意,不能为降低成本而偷工减料,忽视质量,片面增加劳动强度,忽视安全工作。

编制成本预算,要针对项目的具体特点,要有充分的依据,否则成本预算就要落空。如果编制成本预算过低,经过努力也难以达到,则实际作用很低;如果预算过高,便失去了作为成本控制基准的意义。

4. 项目成本预算应当有一定的弹性

项目在执行过程中,可能会有预料之外的事情发生,包括国际、国内政治经济形势变化和自然灾害等,这些变化可能对预算的实现产生一定的影响。因此,编制成本预算时要留有充分的余地,使预算具有一定的适应条件变化的能力,即预算应具有一定的弹性。通常可以在整个项目预算中留出10%~15%的不可预见费,以应付项目进行过程中可能出现的意外情况。

4.1.3 成本预算与成本估算的区别

成本估算和成本预算既有区别又有联系。

成本估算的目的是估计项目的总成本和误差范围,而成本预算是将项目的总成本分配到各项工作上。成本估算的输出结果是成本预算的基础与依据,成本预算则是将已批准的估算(有时因为资金的原因需要砍掉一些工作来满足总预算要求,或因为追求经济利益而缩减成本额）进行分摊。

尽管成本估算与成本预算的目的和任务不同，但两者都以工作分解结构为依据，所运用的工具与方法相同，两者均是项目成本管理中不可或缺的组成部分。

4.2 项目成本预算的依据和方法

4.2.1 项目成本预算的依据

项目成本预算的依据主要有成本估算、工作结构分解、项目进度计划等。其中工作结构分解确定了要分配成本的项目组成部分。项目进度计划包括要分配成本的项目组成部分的计划开始和预期完成日期，其作用是将成本分配到发生成本的时段上。

1. 项目成本估算文件

项目成本估算文件是项目成本估算后所形成的结果文件。项目成本预算的各项工作与活动的预算定额及确定主要是依据此文件来制定的。

2. 项目的工作结构分解

项目的工作结构分解是在项目范围界定和确认中生成的项目工作分解结构文件。在项目成本预算工作中，要依据这一文件，进一步分析和确定项目各项工作与活动在成本估算中的合理性及项目预算定额的分配。

3. 项目进度计划

项目进度计划是有关项目各项工作起始与终结时间的文件。依据这一文件，可以安排项目的资源与成本预算方面的工作。项目的进度计划通常是项目业主或客户与项目组织共同商定的，它规定了项目范围及必须完成的时间。制订项目进度计划的目的是控制项目的时间和节约时间，项目进度计划规定了每一项任务所需要的时间和每项活动所需要的人数与资源，所以它也是项目预算编制的依据。

4.2.2 项目成本预算的方法

项目成本估算的方法均可以用于项目成本预算。但由于项目成本预算的目的不同于成本估算，所以在具体运用时存在差异。以下对项目成本预算的两种基本方法进行比较。项目成本预算的两种基本方法是自上而下的预算和自下而上的预算。采用哪一种方法，这和项目组织的决策系统有很大关系。

1. 自上而下的项目预算

自上而下的预算方法主要是依据上层、中层项目管理人员的管理经验和判断加以确定。这些经验和判断可能来自于历史上类似或相关项目的实际数据。首先由上层和中层管理人员对构成项目整体成本的子项目成本进行估算，并把这些估算的结果传递给低一层的管理人员。在此基础上由这一层的管理人员对组成项目和子项目的任务和子任务的成本进行估算，然后继续向下一层传递他们的成本估算，直到传递到最低一层。

这种预算方法的优点是总体预算往往比较准确，上中层管理人员的丰富经验往往使他们能够比较准确地把握项目整体的资源需要，从而能够保证项目预算控制在比较准确的水平上。在一般情况下，同一类项目的需要往往是比较稳定的。而且，即使是看上去相差很大的项目，实际上也有很多方面是相似的，有经验的管理者通常能做出比较准确的估算。这种方法的另一个优点是，由于在预算过程中总是将既定的预算在一系列任务之间进行分配，这就避免了有些任务被过分重视而获得过多资源。

但是这种预算方法也存在不可避免的缺点。当上层的管理人员根据他们的经验进行成本估算并分解到下层时，可能会出现下层人员认为该成本不足以完成相应任务的情况。这时，下层人员并不一定会表达出自己真实的观点，与上层管理者理智地讨论，得出更为合理的预算分配方案。在现实中，往往由于下层人员很难提出与上层管理者不一致的看法，而只能默默地等待上层管理者自行发现其中的问题再进行纠正，这样就会导致项目在生产进行过程中出现困难，甚至失败。

2. 自下而上的预算方法

自下而上的预算方法是管理人员对所有工作的时间和需求进行仔细的考察，以尽可能精确地加以确定。首先，预算是针对资源进行的。意见上的差异可以通过上层和中层管理人员之间的协商来解决。如果有必要，项目经理可以参与到讨论中来，以保证估算的准确度，形成了项目整体成本的直接估计。项目经理再在此之上加入适当的间接成本，例如，加上一定的管理费用、意外准备金，以及最终项目预算要达到的利润目标等。

与自上而下的预算方法相比，自下而上的预算方法对任务档次的要求更高、更为准确，关键在于要保证把所涉及的所有工作任务都考虑到，为此，这种方法比自上而下的预算方法更加困难。例如，当进行估算的人员认为上层管理人员会以一定比例削减预算时，他们就会较高地估计自己的资源需求。而当他们这样做时，形成的总体预算结果自然会高估，结果使高层管理人员误认为需要加以削减，最终只有经过反复测算才能使上下层管理人员达成一致。

自下而上预算的优点是，直接参与项目建设的人员与高层管理人员相比更清楚项目涉及活动所需要的资源量。而且由于预算出自日后要参与实际工作的人员之手，所以可以避免上下层管理人员发生争执和不满情况的出现。

4.3 项目成本预算的编制

项目成本预算有一个重要的功能，就是测量和监控项目的成本执行情况，通过按时段检查项目成本预算的使用情况，可以对整个项目的实施进行动态管理，并保证项目生产有序进行。

项目成本预算的编制内容要根据项目的行业性质而定。不同的行业，其性质不同，编制的内容也不同。此处以工程项目为例说明项目成本预算的一般内容和方法。

4.3.1 项目成本预算总额的确定

批准的项目成本总估算称为项目成本预算总额。在确定成本预算总额时可以将目标成本管理与项目成本过程控制管理相结合，即在项目成本管理中采用目标成本管理方法设置目标成本，并以此作为成本预算。

目标成本的确定方法可以分为目标利润法、技术进步法、按实计算法和历史资料法四种。

1. 目标利润法

目标利润法是根据项目产品的销售价格扣减目标利润后得到目标成本的方法。目标利润法确定目标成本的实施步骤为：

1) 采用正确报价战略和方法，以最理想的合同价格中标。

2）总目标成本的设立。项目经理部从中标价中减去预期利润、税金、应上缴的管理费用等，剩下的就是自己在施工过程中所能够支出的最大限额，即基本的总目标成本。

如某公司建造某项目的合同价为 960 万元，计划利润和税金及企业管理独立费为 80 万元，则项目的目标成本为 880 万元（960 万元 – 80 万元）。

2. 技术进步法

技术进步法又可称为技术节约措施法，是指以某项目计划采取的技术组织措施和节约措施所能取得的经济效果作为项目成本降低额，求项目目标成本的方法。用公式表示为：

项目目标成本 = 项目成本估算值 – 技术节约措施计划节约额（项目成本降低额）

式中，技术节约措施计划节约额是根据技术组织措施确定的。

一个项目要实现较高的经济效益，就必须在成本估算的基础上采取技术节约措施，以降低资源的消耗量，达到目标成本水平。因此，可以在成本估算的基础上，考虑结合技术节约措施计划，降低项目资源耗费水平。

例如，某公司为某项目的生产编制成本计划。按照施工计划的工程实际量，套以施工工料消耗定额，所计算消耗费用为 820 万元，技术节约措施计划节约额为 19 万元。则项目的目标成本为 801 万元（820 万元 – 19 万元）。

3. 按实计算法

按实计算法就是以项目的实际资源消耗分析测算为基础，根据所需资源的实际价格，详细计算各项活动或各项成本组成的目标成本。

1）人工费的目标成本，可由项目经理部的劳资部门（人员）计算。

人工费的目标成本 = Σ各类人员计划用工量 × 实际水平的工资率

式中，计划用工量可根据实际水平及先进性，予以适当提高。

2）材料费的目标成本，可由项目经理部的材料部门（人员）计算。

材料费的目标成本 = Σ各类材料的计划用量 × 实际价格

3）机械使用费的目标成本，可由项目经理部的机管部门（人员）计算。

机械使用的目标成本 = Σ各类机械的计划台班数 × 规定的台班单价

或　　　　机械使用的目标成本 = Σ各类机械计划使用台班数 × 机械租赁费 + 机械用电费

4）其他直接费用的目标成本，可由项目经理部的生产部门和材料部门（人员）共同计算。

5）间接费用的目标成本，由项目经理部的财务成本人员计算。一般根据项目经理部内部的计划职工平均人数按历史成本的间接费用，以及压缩费用的措施和人均支出数进行测算。

4. 历史资料法

历史资料法也可称为定率估算法，是当项目过于庞大或复杂，一个总项目包括几个子项目时所采用的方法。历史资料法是先将工程项目分为若干个子项目，然后参照同类项目的历史数据，采用算术平均数法计算子项目的目标成本降低率，然后算出子项目成本降低额，汇总后得出整个项目成本降低额及成本降低率。确定子项目的目标成本降低率时，可采用加权平均法或三点估算法。

(1) 加权平均法

【例 4-1】 津腾公司为某项工程供水设备安装子项,历史资料如表 4-1 所示。

表 4-1 供水设备安装子项成本降低率资料整理汇总

年度	建筑面积 $(b)/m^2$	供水子项降低率 (a)	权数 (f)	降低率总面积 $(ab)/m^2$	加权降低率总面积 $(abf)/m^2$	加权建筑面积 $(bf)/m^2$	降低率分类
2012	50 000	7.33%	0.4	3 665.00	1 466.00	20 000	A
2013	40 000	5.42%	0.5	2 168.00	1 084.00	20 000	A
2014	10 000	5.03%	0.6	503.00	301.80	6 000	A
2015	33 000	8.06%	0.7	2 659.80	1 861.86	23 100	B
2016	90 000	9.40%	0.6	8 460.00	5 076.00	54 000	B
2017	22 000	4.05%	0.7	891.00	623.70	15 400	A
合计	245 000	—	—	18 346.80	10 413.36	138 500	—

【解】 将上述数据整理后,可按建筑面积加权平均,计算该子项目成本降低率。

$$目标降低率 = \frac{\sum ab}{\sum b} \times 100\% = \frac{18\ 346.80 m^2}{245\ 000 m^2} \times 100\% = 7.488\ 5\%$$

为了体现对近期参考值的重视程度更大一些,还可以计入年份权数。如上例可依近大远小的原则,将 2012—2017 年资料的权数 f 定为 0.4、0.5、0.6、0.7,然后加权平均。

$$目标降低率 = \frac{\sum ab}{\sum b} \times 100\% = \frac{10\ 413.36 m^2}{138\ 500 m^2} \times 100\% = 7.518\ 7\%$$

(2) 三点估算法 三点估算法是在上述计算的基础上,进一步考虑估算的可靠性,突出平均值的作用。做法是:

1) 求出总体平均值 $\bar{X}$(降低率)。由上文得知计算结果 $\bar{X}$ = 7.488 5%。

2) 求出落后面(低于平均值)的平均值 A。本例中有四个工程属于落后面,其平均值如表 4-2 所示。

表 4-2 四个工程落后面的平均值

年度	建筑面积 $(b)/m^2$	供水子项降低率 (a)	降低率总面积 $(ab)/m^2$	降低率分类
2011	50 000	7.33%	3 665.00	A
2012	40 000	5.42%	2 168.00	A
2013	10 000	5.03%	503.00	A
2017	22 000	4.05%	891.00	A
合计	122 000	—	7 227.00	—

$$A = \frac{\sum ab}{\sum b} \times 100\% = \frac{7\ 227.00 m^2}{122\ 000 m^2} \times 100\% = 5.923\ 8\%$$

3) 求出先进面(高于平均值)的平均值 B。本例中有两个工程属于先进面,其平均值如表 4-3 所示。

表 4-3 两个工程先进面的平均值

年度	建筑面积（b）/m²	供水子项降低率（a）	降低率总面积（ab）/m²	降低率分类
2015	33 000	8.06%	2 659.80	B
2016	90 000	9.40%	8 460.00	B
合计	123 000	—	11 119.80	—

$$B = \frac{\sum ab}{\sum b} \times 100\% = \frac{11\ 119.80 \text{m}^2}{123\ 000 \text{m}^2} \times 100\% = 9.040\ 5\%$$

4）应用公式计算。

$$\text{子项目的目标降低率} = \frac{A+B+4X}{6} = \frac{5.923\ 8\% + 9.040\ 5\% + 4 \times 7.488\ 5\%}{6}$$
$$= 7.486\ 4\%$$

可以看出，三点估算法把总体平均值的权数扩大了 4 倍，使定率的把握性更大。为排除异常现象，测算时还可以采用去掉最高率和最低率的方法。

采用定率估算法的前提是必须事先较充分地掌握同类项目的成本数据。

5. 降低项目成本的可能途径

以上方法中，确定目标成本时需要预测项目成本降低额。

在进行成本预算时，可考虑的降低项目成本的可能途径有以下几方面。

1）加强项目管理，提高组织水平。正确选择项目实施方案，合理进行项目实施安排，做好人员和材料的调度和协作配合，加快项目进度，缩短工期。

2）加强技术管理，提高项目质量。研究并推广新产品、新技术、新结构、新材料、新机器及其他技术革新措施，制定并贯彻降低成本的技术组织措施，提高经济效益，加强项目实施过程的技术质量检验制度，提高项目质量，避免返工损失。

3）加强劳动工资管理，提高劳动生产率。改善劳动组织，合理使用劳动力，减少窝工浪费，实行合理的工资和奖励制度，加强技术教育和培训工作，提高项目人员的业务水平，提高工作效率。

4）加强机械设备管理，提高机械使用率。正确选配和合理使用机械设备，搞好机械设备的保养修理，提高机械的完好率、利用率和使用效率，从而加快进度，增加产量，降低机械使用费。

5）加强材料管理，节约材料费用。改进材料的采购、运输、收发、保管等方面的工作，减少各个环节的损耗，节约采购费用；严格材料验收制度；制定并贯彻节约材料的技术措施，合理使用材料，大力提倡节约代用、修旧利废和废料回收，综合利用一切资源。

6）加强费用管理，节约管理费用。精简管理机构，减少管理层次，压缩非生产人员，制定费用分项分部门的定额指标，有计划地控制各项费用开支。

4.3.2 项目成本的分解

项目成本预算总额确定后，可以在 WBS 的基础上，自下而上或自上而下地分解项目成本。根据管理的需要，可以按照不同的标准进行成本分解，通常可以按成本构成要素、项目构成的层次、项目进度计划或上述标准的组合进行分解。基本分解方法是自上而下、由粗到细，将项目成本依次分解、归类，形成相互联系的分解结构。

1. 按项目成本要素分解成本目标

按成本要素分解项目成本，即将总成本分解为直接费、间接费，再细分为直接人工费、材料费、机械使用费、企业管理费等项内容。以工程项目为例，项目成本分解为成本目标示意图，如图4-1所示。

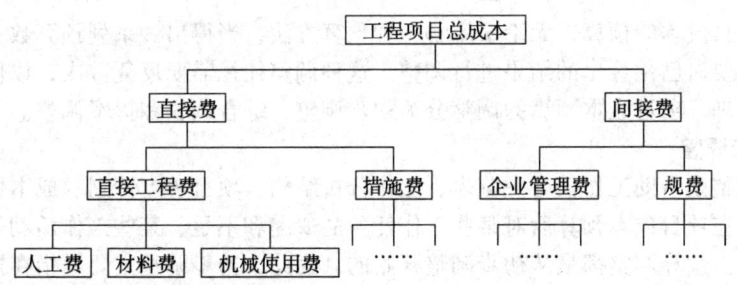

图4-1 项目成本分解为成本目标示意图

2. 按项目组成分解成本目标

按项目组成分解成本目标，即将总成本分解到项目的各个组成部分，如子项目、任务或工作单元上，如图4-2所示。

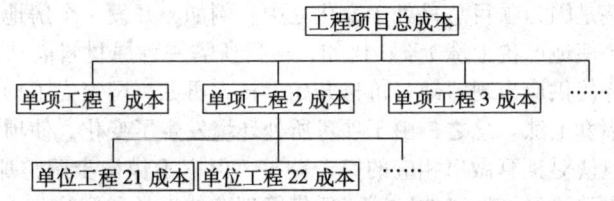

图4-2 项目组成分解为成本目标的示意图

3. 按项目进度计划分解

根据项目进度计划要求，将项目成本按时间分解到各年、季度、月、旬或周，以便将资金的应用和资金的筹集配合起来，同时尽可能减少资金占用和利息支出。

按时间进度编制成本预算，通常可将控制项目进度的网络图进一步扩充而得。即在建立网络图时，一方面确定完成各项活动所需的时间；另一方面同时确定完成这一活动的合适的预算。在实践中，将工程项目分解为既能方便地表示时间，又能方便地表示成本支出预算的活动是不容易的。通常如果项目分解程度对时间控制合适，则对成本支出预算可能分配过细，以至于不可能对每项活动确定其成本支出预算，反之亦然。因此，编制网络计划时应在充分考虑进度控制对项目划分要求的同时，还要考虑确定成本支出预算对项目划分的要求，做到两者兼顾。

4. 综合分解

综合分解是同时按照几种标准进行组合分解，以便于项目的成本管理。

以上三种编制成本预算的方法并不是相互独立的。在实践中，往往将这几种方法结合起来使用，从而达到扬长避短的效果。例如，将按子项目分解项目总成本与按成本要素分解项目总成本两种方法相结合，横向按子项目分解，纵向按成本要素分解，或相反。这种分解方法有助于检查各单项工程和单位工程费用构成是否完整，有无重复计算或缺项;同时还有助于检查各项具体的成本支出的对象是否明确或落实,并且可以从数字上校核分解的结果有无错误。或者还可将按子项目分解项目总成本目标与按时间分解项目总成本目标结合起来,一般是纵向按子项目分解,横向按时间分解。

4.3.3 项目成本预算的调整

进行项目成本的预算,无论采用哪一种预算方法,当得出一系列预算数字时,下一步工作就是要对已预算出的结果进行调整。这种调整往往需要反复数次,以使成本预算既先进又合理。项目成本预算的调整分为初步调整、综合调整和提案调整。

1. 初步调整

初步调整是借助工作任务一览表、工作分析结构、项目进度计划、成本估算在内的预算依据,在项目成本预算后对某些工作任务的遗漏和不足、某些工作活动等出现的偏差进行调整。预算调整都是从初步调整开始的。因此,初步调整主要是指在预算编制出来以后,为了保证预算更加准确,对一些可能不够准确的地方进行再调查,并根据实际情况进行修正。如在项目成本预算中,有些设备和产品的价格可能是依据前两年的价格记录推算出来的,正常情况下变化可能不大,但也不排除有时价格由于某些情况出现较大的波动,从而影响预算质量的可能,所以预算后进行初步调整是非常必要的。

2. 综合调整

进行综合调整是因为项目总是处于变化之中。例如,开发一个房地产项目,一个新条例的实施可能会使地产税上涨1%;比如,项目所需一种原材料需从某国进口,而该国紧张的政治局势使供应出现短缺,价格开始上扬;再如,国家为了抑制经济过热,使项目融资成本大幅度上涨。总之,由于项目所处环境发生了变化,使项目预算也发生相应的变化,这就迫使对预算做出相应的综合调整,但它不像初步调整那样确定和明了,而是更多地依靠对政治经济形势的敏感,凭借管理者的直觉和经验。

3. 提案调整

提案调整是当财务、技术人员的项目预算编制工作已经接近尾声,并认为合理可行时,就可以把它写进项目预算,提交审议。这是一个非常关键的阶段,需要说服项目经理、项目团队和主管单位,最后还要取得客户的肯定,使多数人认为该预算是适当的和周密的。当然,提交的提案难免会遭到质疑和反对,此时要回到第一、第二步骤中继续进行调整,直到最后获得普遍赞同。

在项目预算调整时,经常用到项目预算调整表,如表4-4所示。

表4-4 项目预算调整表

项目名称		日 期					制表人		
任 务	负责人或供应商	时 间		预算成本数额					实际数
		开始	结束	设备	原材料	人工	小计		
一、预算项目 1. 2. 3. ……									

(续)

项目名称		日 期			制表人			
任　务	负责人或供应商	时 间		预算成本数额				实际数
		开始	结束	设备	原材料	人工	小计	
总和								
二、初步调整 1. 2. 3. ……								
三、综合调整	调整一定的百分数							
备　注								

4.3.4 项目成本预算结果

1. 成本预算单和预算表

在做项目预算时要填写预算单，完成成本预算。预算单上需要包括下列内容：

（1）劳动力　项目管理就像画家画像。画像离不开画布和画笔，这里的画布和画笔就是项目管理中的设备和工具。但一幅画的好坏关键在于画家的水平，因此，人是项目管理中的首要因素，人比项目中不可或缺的设备和工具更为重要。估计这部分费用，首先要估计项目中所需的各类人才，估算他们完成项目工作所需的时间，再根据各类人员的工资率，即可获得人员成本。

（2）分包商和顾问　当项目团队缺少某项专门技术时，可以雇用分包商或顾问来执行这些任务。为此必须支付一定的费用。

（3）专用设备和工具　某一项目有时可能需要一些专用的仪器、设备和工具，但这些专用器具并不常用，可以租用。

（4）原材料　项目团队需要购买各种原材料。建筑等工程项目，原材料占项目费用的比重较大。但计算机工程项目，原材料所占的比重就较小。

以上仅是预算单中所包括的部分内容。实际中还需要考虑更多的因素。为了防止遗漏，可以编制项目成本预算表，如表4-5所示。

表4-5　项目成本预算表

项目名称：		日期：自　　至		制表人：	
项　目		时 间		数量（单位）	预算成本
		开始	结束		
1. 人员 （1）项目团队成员 （2）承包商 （3）咨询商或顾问 ……					

(续)

项目	时间		数量（单位）	预算成本
	开始	结束		
2. 原材料				
(1)				
(2)				
(3)				
……				
3. 租用器具				
(1)				
(2)				
(3)				
……				

项目名称：　　　　日期：自　　至　　　　制表人：

2. 成本基准计划

按时间对项目成本目标进行分解，并在此基础上编制成本基准计划。其表示方式有两种：一种是在总体控制时标网络图上表示，如图4-3所示；另一种是用时间–成本累计曲线（S形曲线）表示，如图4-4所示。

时间–成本累计曲线的绘制步骤如下：

1) 确定项目进度计划。

2) 根据每单位时间内完成的工作量或投入的人力、物力和财力，计算单位时间的成本，在时标网络图上按时间编制成本预算，如图4-3所示。

3) 计算规定时间 t 的累计完成的成本预算，其计算方法为：

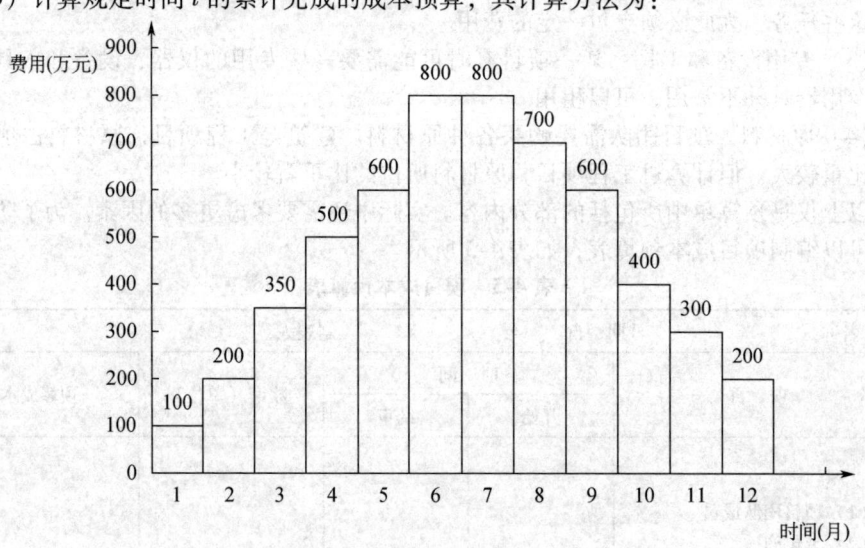

图4-3　时标网络图上按月编制的成本预算

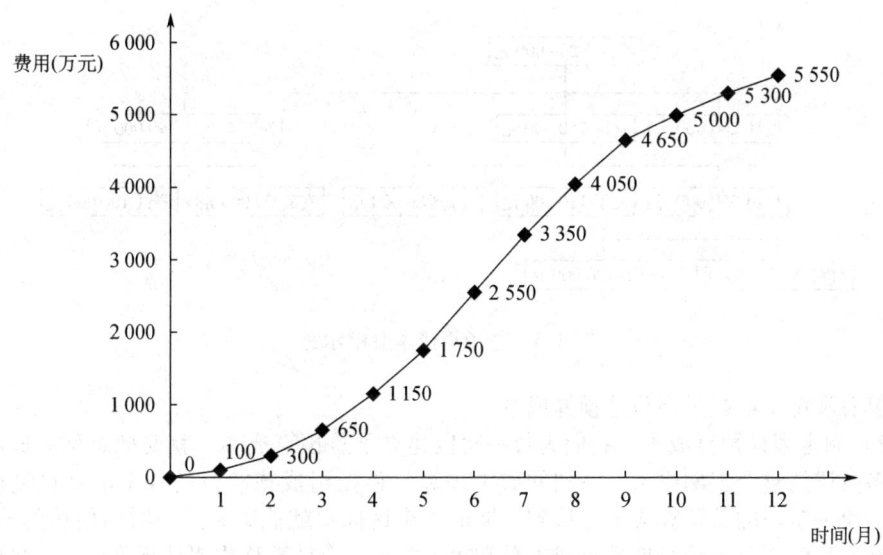

图4-4 时间-成本累计曲线

$$Q_t = \sum_{n=1}^{t} q_n$$

式中 Q_t——某时间 t 累积成本预算；

q_n——单位时间 n 的成本预算；

t——某规定计划时刻。

4）按各规定时间的 Q_t 值，绘制S形曲线，如图4-4所示。

每一条S形曲线都对应某一特定的进度计划。但项目的S形曲线只会落在由全部活动都按最早开始时间开始和全部活动都按最迟必须开始时间开始的曲线所组成的"香蕉图"内。一般而言，若所有活动都按最迟开始时间开始，对节约业主的贷款利息是有利的，但同时也降低了项目按期完工的保证率，因此应根据得出的S形曲线合理安排成本计划。

4.3.5 项目成本预算案例

【例4-2】 方兴公司生产并安装一台大型机床，此项目工程成本预算包括两个步骤：一是分摊总预算成本；二是制定累计预算成本。

【解】 1) 分摊总预算成本。分摊总预算成本就是将预算总成本分摊到成本要素中去，并为每一个阶段建立总预算成本。其具体方法有两种。一种是自上而下法，即在总项目成本（即人工、原材料等）之内按照每个阶段的工作范围，以总项目成本的一定比例分摊到各个阶段中；另一种是自下而上法，它是依据与每一阶段有关的具体活动而作成本预算的方法。每一阶段的总预算成本就是组成各阶段的所有活动的成本总和。

方兴公司生产并安装一台大型机床，总预算成本分解，如图4-5所示。

图4-5表示出了把1 200 000元的项目成本分摊到工作分析结构中的设计、制造、安装与调试各个阶段的情况。

那么，分摊到各阶段的数字表示为完成所有与各阶段有关的活动的总预算成本。无论是自上而下法还是自下而上法，都被用来建立每一阶段的总预算成本，所以所有阶段

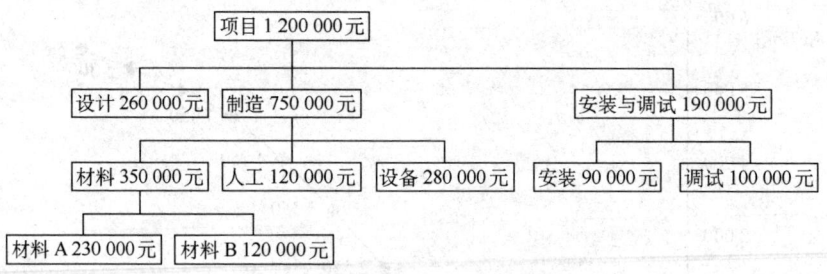

图 4-5 总预算成本分解示意

的预算总和都不能超过项目总预算成本。

2) 制定累计预算成本。我们为每一阶段建立了总预算成本，就要把总预算成本分配到各阶段的整个工期中去。每期的成本预算是根据组成该阶段的各个活动进度确定的。当每一阶段的总预算成本分摊到工期的各个区间，就能确定这一时间使用的预算。这个数字用截至某期的每期预算成本总和表示。这一合计数称作累计预算成本，将作为分析项目成本绩效的基准。

在制定累计预算成本时，要编制大型机床项目每期预算成本表，如表4-6 所示。

表4-6 机床项目每期预算成本表

（单位：万元）

	总预算成本	周											
		1	2	3	4	5	6	7	8	9	10	11	12
设计	26	5	5	8	8								
制造	75					9	9	15	15	14	13		
安装与调试	19											10	9
合计	120	5	5	8	8	9	9	15	15	14	13	10	9
累计		5	10	18	26	35	44	59	74	88	101	111	120

对于大型机床项目，表4-6 表示出了估计工期如何分摊每一阶段的总预算成本到各期，也表示出了整个项目的每期预算成本及其累计预算成本。

根据表4-6 的数据，可以给出时间-成本累计曲线，如图4-6 所示。

整个项目的累计预算成本或每一阶段的累计预算成本，在项目的任何时期都能与实际成本和工作绩效做对比。对项目或阶段来说，如果仅将消耗的实际成本与总预算成本进行比较，容易引起误解，因为只要实际成本低于总预算成本，成本绩效看起来总是好的。在大型机床的例子中，我们会认为只要实际总成本低于 1 200 000 元，项目成本就得到了控制。但当某一天实际总成本超过了总预算成本 1 200 000 元，而项目还没有完成，那该怎么办呢？到了项目预算已经超出而仍有剩余工作要做的时候，要完成项目就必须增加费用，此时再打算进行成本控制就太晚了。为了避免这样的事情发生，就要利用累计预算成本而不是总预算成本做为标准来与实际成本做比较。如果实际成本超过累计预算成本，就可以在不算太晚的情况下及时采取改正措施。

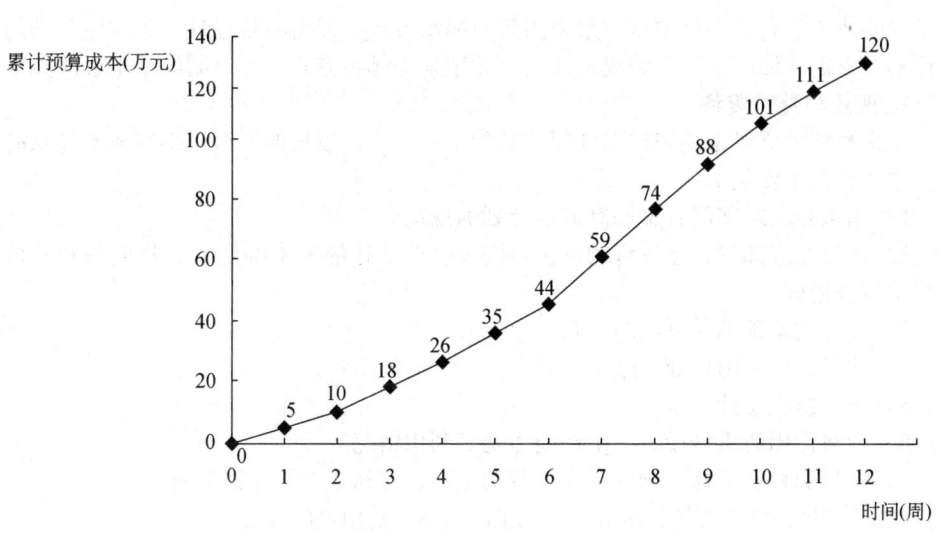

图 4-6 时间 – 成本累计曲线

对于那些包括很多阶段或活动的大项目，可使用项目管理软件来辅助进行预算。

4.4 工程项目成本计划编制中的问题

4.4.1 影响项目成本计划的因素

在编制工程项目成本计划时，首先要考虑项目是否有风险、风险的程度，以及影响项目成本计划的因素有哪些。在成本计划的编制中可能存在以下几方面因素导致成本支出加大，甚至造成亏损。

1）由于技术上、工艺上的变更，造成实施方案的变化。
2）交通、能源、环保方面的要求带来的变化。
3）原材料价格变化、通货膨胀带来的连锁反应。
4）工资及福利方面的变化。
5）气候带来的自然灾害。
6）可能发生的工程索赔、反索赔事件。
7）国际、国内可能发生的战争、骚乱事件。
8）国际结算中的汇率风险等。

对上述各种可能发生的风险因素，在制订成本计划时都应给予不同程度的考虑，以便一旦发生风险能及时修正计划。

4.4.2 项目成本计划的编制程序

项目的成本计划工作是一项非常重要的工作，是项目成本管理的重要决策过程，是选定的技术上可行、经济上合理的降低成本的最优方案。通过成本计划把目标成本层层分解，落实到项目实施过程的每个环节，以调动全体职工的积极性，有效地进行成本控制。编制成本计划的程序，因项目的规模大小、管理要求的不同而异，大中型项目一般采用分级编制的方式，即先由各部门提出部门成本计划，再由项目经理部汇总编制全项目工程的成本计划；小型项目一般采用集中编制方式，即由项目经理部先编制各部门成本计划，再汇总编制全项目的成本计划。无论采用哪种方式，其编制的基本程序如下：

1. 搜集和整理资料

搜集和整理资料是编制成本计划的基础工作。所需搜集的资料是编制成本计划的依据。这些资料主要包括：

1）国家和上级部门有关编制成本计划的规定。

2）项目经理部与企业签订的承包合同及企业下达的成本降低额、降低率和其他有关技术经济指标。

3）有关成本预测、决策的资料。

4）项目的施工图计划、施工计划。

5）施工组织设计。

6）项目使用的机械设备的生产能力及其利用情况。

7）项目的材料消耗、物资供应、劳动工资及劳动效率等计划资料。

8）计划期内的物资消耗定额、劳动工时定额、费用定额等资料。

9）以往同类项目成本计划的实际执行情况及有关技术经济指标完成情况的分析资料。

10）同行业同类项目的成本、定额、技术经济指标资料及增产节约的经验和有效措施。

11）本企业的历史先进水平和当时的先进经验及采取的措施。

12）国外同类项目的先进成本水平情况等资料。

除此之外，还要进一步分析目前市场状况、未来的发展趋势，了解影响成本升降的各种有利和不利因素，研究克服不利因素和降低成本的具体措施，为编制成本计划提供丰富、具体和可靠的成本资料。

2. 估算计划成本，确定目标成本

在掌握丰富资料的基础上，根据有关的设计、施工等计划，按照项目应投入的物资、材料、劳动力、机械、能源及各种设施，结合计划期内各种因素的变化和准备采取的各种增产节约措施，进行反复测算、修订、平衡后，估算生产费用支出的总水平，然后提出全项目的成本计划控制指标，最终确定目标成本。

目标成本确定是成本计划的核心问题，是成本管理所要达到的目的。可按如下步骤确定目标成本：

1）根据已有的投标、预算资料，确定中标合同价与施工图计划的总价格差，或确定施工图预算与施工预算的总价格差。

2）根据技术组织措施预算确定技术组织措施带来的项目节约数。

3）对施工计划未包括的项目，包括施工有关项目和管理费用项目，参照定额加以估算。

4）对实际成本可能明显超出或低于定额的主要子项目，按实际支出水平估算出其实际与定额水平之差。

5）充分考虑不可预见因素、工期制约因素以及风险因素、市场价格波动因素，对此加以测算调整，得出综合影响系数。

6）综合计算整个项目的目标成本降低额及降低率。

目标成本确定以后，要把总的目标分解落实到各相关部门、班组，以便层层包干，责任分明。

3. 编制成本计划草案

在编制成本计划之前要编制成本计划草案，对于大中型项目，经项目经理部批准下达成本计划指标后，各职能部门要充分发动员工进行认真讨论，在总结上期成本计划完成情况的基础上，结合本期计划指标，找出完成成本计划的有利和不利因素，提出挖掘潜力、克服不利因素的具体措施，以保证计划任务的完成。为了使指标真正落到实处，各部门应尽可能将指标分解落实，下达到各班组及个人，使目标成本的降低额和降低率得到充分的讨论、反馈、再修订，使成本计划既切合实际又能成为群众共同奋斗的目标。各职能部门还应当认真讨论项目经理部下达的费用控制指标，拟订具体实施的技术经济措施方案，编制各部门的费用计划。

4. 综合平衡及编制正式的成本计划

在各职能部门上报了部门成本计划和费用计划后，项目经理部首先应结合各项技术经济措施，检查各计划的可行性，并进行综合平衡，使各部门计划和费用预算之间相互协调、衔接；其次，要从全局出发，在保证企业下达的成本降低任务和本项目目标成本能够实现的情况下，以生产计划为中心，分析研究成本计划与生产计划、劳动工时计划、材料成本与物资供应计划、工资成本与工资基金计划、资金计划等的相互协调平衡，经反复多次平衡，最后确定成本计划指标，并作为编制成本计划的依据。此时项目经理部才开始正式编制成本计划，上报企业有关部门后即可正式下达至各职能部门执行。

工程项目成本计划的编制过程，如图4-7所示。

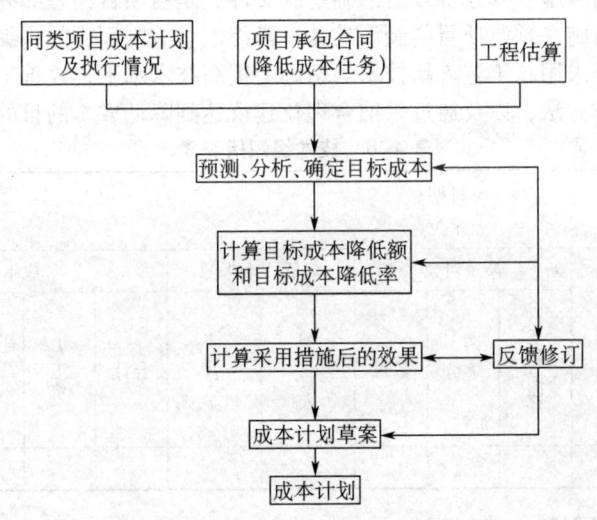

图4-7 成本计划的编制过程图

4.4.3 常用的项目工程成本计划表

在编制成本计划以后，还需要通过各种成本计划表的形式将成本降低任务落实到整个项目实施的全过程,并且在项目实施过程中实现对成本的控制。成本计划表通常由项目成本计划任务表、技术组织措施表和降低成本计划表组成。间接成本计划可用现场管理费计划表来控制。

1. 项目成本计划任务表

项目成本计划任务表是反映工程项目估算成本、计划成本、成本降低额、成本降低率的文件。成本降低额是否能够实现,主要取决于企业采取的技术组织措施。因此,计划成本降低额这一栏要根据技术组织措施表和降低成本计划表来填写(见表4-7)。

表4-7 项目成本计划任务表

工程名称:		项目经理:	日期:	单位:
项 目	估算成本	计划成本	计划成本降低额	计划成本降低率
直接费用				
人工费				
材料费				
机械使用费				
其他直接费				
间接费用				
施工管理费				
合计				

2. 技术组织措施表

技术组织措施表是预测项目计划期内工程成本各项直接费用计划降低额的依据。它是提出的各项节约措施及其经济效益的确定的文件,是由项目经理部有关人员分别就应采取的技术组织措施来预测项目的经济效益,最终汇总编制而成的。编制技术组织措施表,是为了在不断采用新工艺、新技术的基础上提高技术水平,改善工艺过程,推广工业化和机械化操作方法,以及通过采纳合理化建议达到降低成本的目的(见表4-8)。

表4-8 技术组织措施表

工程名称:					日期:				
项目经理:					单位:				
措施项目	措施内容	涉及对象			降低成本来源		成本降低额			
		实物名称	单价	数量	预算收入	计划开支	合计	人工费	材料费	机械费	其他直接费用

3. 降低成本计划表

降低成本计划表是根据企业下达给该项目的降低成本任务和该项目经理部自己确定的降低成本指标,而制订的项目成本降低计划。此表是编制成本计划任务表的重要依据,必须由项目经理部有关业务和技术人员编制。编制降低成本计划表是根据项目总包和分包的分工,项目各有关部门提供的降低成本资料及技术组织措施计划。在编制降低成本计划表时还应参照企业内外以往同类项目成本计划的实际执行情况，如表 4-9 所示。

表 4-9　降低成本计划表

分项工程名称	成本降低额					
	总计	直接成本				间接成本
		人工费	材料费	机械费	其他直接费	

工程名称：　　　　　　　　日期：
项目经理：　　　　　　　　单位：

4. 现场管理费计划表

现场管理费计划表是构成现场管理的各个构成项目发生额的总和，由管理费用会计科目中的细项组成，反映现场管理中预算收入、计划情况、降低数额的预计资料，如表 4-10 所示。

表 4-10　现场管理费计划表

项　　目	预算收入	计　划　数	降　低　数
1. 工作人员工资			
2. 生产工人辅助工资			
3. 工资附加费			
4. 办公费			
5. 差旅交通费			
6. 固定资产使用费			
7. 工具用具使用费			
8. 劳动保护费			
9. 检验试验费			
10. 工程保养费			
11. 财产保险费			
12. 取暖费、水电费			
13. 排污费			
14. 其他			
15. 合计			

4.5 软件开发项目预算编制中的问题

4.5.1 预算基础

对于开发人员来说，预算基础表明在项目进程的特定部分需要花费多少时间；对于项目经理来说，预算基础是确保项目正常运作的基线；对于销售人员或者客户来说，它直接关系到努力的成果。

项目的开销和项目预算是两码事。项目的开销不仅指花多少钱，它具体包括实际花费、运费和税费，也包括软件和硬件的采购费用。如果使用已经购买的软硬件设备，应把它们计算为时间量（使用的小时数）。同样地，开发人员的花费也应计算为时间而不是金钱。

一旦列出开销，就可以确定可能遭遇的风险，并量化每一个风险对整个项目造成的影响，或者对部分项目造成影响的百分比。每一个开发团队都会被赋予一个风险值，用来处理有理由的开销，比如，雇用一个临时工来保证不会超期，或者应付无法预料的超时工作。

这时候预算就是上述开销的总和，并将它转化为现金表，在此基础上再考虑加上项目的总体风险费。

预算并不是一张发票。一旦确定了报表，就要呈报给公司的决策人员做调整，确保他们理解报表中反映的花销。

4.5.2 确定项目花费

当确定开发过程的花销时，要尽可能地贴近实际，可以观察团队内的成员在以往项目中的表现，咨询一下开发负责人，估计一下程序的编写工作需要多少时间。这一点必须引起预算制定人员的重视。提防过度自信的评估，把可能的超时记入风险。

在项目花费中应把集成和发布的开销包括进去，如会议、安全认证、许可证费用、因质量检测耗时产生的费用、除错、因文档编写产生的费用和资料费用，以及为经常遗漏的地方预留时间产生的费用。尽管公司可能不会要求客户为这些付费，但这些都是合理的、确切的项目开销。计算这些费用有助于精确地计算项目最终的收益率。

4.5.3 风险费用

风险费用和分配对于一个项目的成功至关重要。没有它，当每个项目固有的风险周期性发生时，就会影响项目基线。评估的价值中应该包括这部分开销，但是可以不考虑销售的影响。风险的描述实际是对开发过程的评估。

可以考虑的风险包括开发团队的经验，技术应用不熟练（可容忍的程度），计划时间不足，开发队伍的数量和地区，标准组件的数量，项目依赖的数据库或者第三方软件以及所有未知的因素。

确定可以导致风险的项目后，为每一个项目分配范围和百分比。例如，如果应用程序由C语言应用程序和Java应用程序组成，而开发团队由C程序员组成，那么Java组件就是潜在的高风险，它会被记录到"开发经验"的项目中。

所有项目都不可避免地存在人为的风险，如生病或者休假，因此会分配一个百分比给它。对于一个拥有10个开发人员，6个月的项目，合适的百分比是占整个项目风险的5%。对于拥有较少开发人员而相对长期的项目,该值会高一些,反之则会低一些。

通常情况下,风险费用大体相当于总费用的20%~30%。实际的风险费用依赖于评估团队的经验和未来的努力。如果经过计算评估后,数目过高,可以参考公司的其他计划将其降下来。

不管离现实有多近,客户总是会对低于预算的项目感兴趣。建议项目团队根据自己的项目的实际,使用一些常用的原则,从而使项目团队、项目管理人和客户都感到满意。

相关阅读

针对关键战略进行成本费用预算项目化管理

据国家统计局统计,2008年4月,消费者物价指数(Consumer Price Index,CPI)同比上涨8.5%,生产者物价指数(Producer Price Index,PPI)创新高,同比上涨8.1%,其中,原油出厂价格同比上涨37.9%,黑色金属材料类价格上涨24.8%,食品价格上涨11.9%。物价飞涨导致公司原材料成本、能源类成本快速上升。《中华人民共和国劳动合同法》于2008年1月1日起施行,该法导致很多企业人工成本上升。2008年4月30日,人民币兑美元中间价为7.000 2,同比下降9.2%。人民币相对美元的快速升值,导致出口商品价格竞争力减弱。2008年第一季度出口增幅回落6.4个百分点,出现了近年来首次季度顺差下降的情况。出口商品价格的压力在企业内部会转化为压缩成本费用的要求。由于上述种种原因,国内企业在2008年均面临极大的成本费用预算紧张情况。但是,研究时发现,很多企业在成本费用预算紧张的情况下,仍未能做到把钱花在"刀刃"(企业关键战略)上。这主要表现为事前未做精细开支规划,开支针对性和计划性不强;事中缺少控制工具;事后缺少精细考核。同时,付现成本预算的精细管理成为目前国内公司普遍面临的课题,也是一些公司面临的难题。

如何解决这样的难题,企业在进行成本费用预算时,应考虑关键性战略,筹划企业的总体安排,进行成本费用预算项目化管理。针对关键性战略的成本费用预算项目管理模式如图4-8所示。

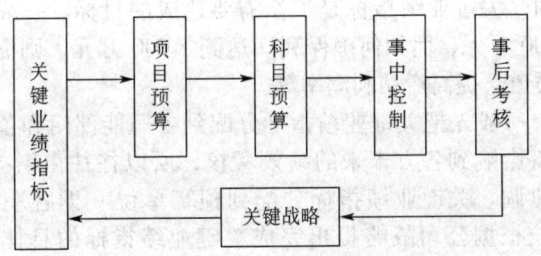

图4-8 成本费用预算项目管理模式

1. 关键战略

战略是筹划和指导公司发展全局的方略,是根据对公司内部、外部环境的分析判断,科学预测,制定战略方针、战略原则和战略计划,指导公司的发展规划。

公司一般在每年年初制定3年或5年的滚动规划。关键战略即提炼公司战略中20%的核心部分。关键战略可以来自公司领导报告、公司发展滚动规划、上级公司指示等,如2008年保持国内市场占有率第一的地位、建立以客户为中心的企业标准化流程管理体系等。

2. 关键业绩指标

关键业绩指标是由企业的战略目标分解而来的可操作的工作目标集合，是对公司战略的进一步细化。公司战略目标是长期的、指导性的、概括性的，而关键业绩指标内容丰富，着眼于考核当年的工作绩效，具有可衡量性，是绩效考核的基础。公司战略的实现必须依赖于具体的关键业绩指标。所以，在具体工作中，应先把公司关键战略分解为关键业绩指标。

关键业绩指标是可量化的，因为在事后考核中要有一个量化的指标来衡量。常见的关键业绩指标应包括利润、主营业务收入、市场占有率、安全事故发生次数、净资产收益率等。经过讨论确定与关键战略相对应的关键业绩指标之后，需要对这些指标按重要性进行排序，然后采用两两比较的方法，计算出考核的权重。重要的得2分，一般的得1分，无关的得0分。例如，采用三项关键业绩指标——利润、收入、成本——进行比较，如表4-11所示。

表4-11 关键业绩指标两两比较表

得 分	利 润	收 入	成 本	合 计
利润	—	2	2	4
收入	0	—	1	1
成本	0	1	—	1

从表4-11中可以计算出，利润指标在考核中的权重为4/6；收入指标的权重为1/6；成本指标的权重为1/6。我们在后续的成本费用预算分配时，会将较多的预算资源给予权重较大的指标。这个步骤即可将公司关键战略转化为可衡量、分权重、具体化的关键业绩指标工作目标。

3. 项目预算

项目预算需要完成两项工作：①把关键业绩指标具体化为工作计划；②把预算资源分配给这些工作计划。关键业绩指标是工作需要达成的目标。一般采用里程碑式的描述，如利润达到1 000万元，而如何确保利润达到1 000万元，则需要一些具体的工作计划，如扩大销售渠道、提高产品利润率等。

在具体工作中，一般先把关键业绩指标分配到各职能部门和各下属公司。这项工作需要多方协商并将影响到各方未来的绩效考核，所以往往由财务部牵头组织会议，公司管理当局直接协调。关键业绩指标分配到预算单位（即各职能部门和各下属公司）后，各预算单位根据公司战略提出完成关键业绩指标的具体工作计划。出于后续精细化预算的需要，这些工作计划需要列明具体工作方式、开展时间、初步估算的成本费用预算及其支出时间。一般来讲，财务部在汇总上述工作计划时，各预算单位初步估算的成本费用预算会超过全公司年度总成本费用预算。这时，公司需要组织一个工作团队（包括公司管理当局、中层干部），对工作计划和初步预算进行评审。评审的依据是在关键业绩指标步骤中测出的指标权重和公司总体发展战略。

具体评审步骤如下：

1）排序。根据关键业绩指标权重对工作计划进行合理排序。

2) 筛选。对于一些不重要的工作事项进行删减。
3) 压缩。缩减重要工作事项的支出。

上述步骤需要评审工作团队反复和激烈地商谈。但正是这个评审过程让公司管理团队能清晰地认识公司战略和关键业绩指标,合理精细地安排好全年工作计划,优化预算资源的合理配置。

评审结束后,项目预算工作完成。项目预算中应包含以下内容:
1) 对应每项关键业绩指标,计划开展的工作事项及其具体工作步骤、实施时间、工作考核标准。
2) 对应每项工作事项,预计需要开支的成本费用预算及其开支时间,纵观项目预算编制步骤,应把关键业绩指标落实为工作计划,把工作计划落实为成本费用预算。

4. 科目预算

科目预算就是根据工作计划中具体的事项将成本费用开支分解到会计科目。例如,公司计划于 2008 年 6~8 月开展"清凉一夏"营销活动,预算共计 38.12 万元。如表 4-12 所示。

表 4-12 科目预算表

月份	项 目 预 算	科 目 预 算
6 月	在当地电视台投放广告共需 13 万元	销售费用——广告费 13 万元
7 月	开展"买一件商品送一个福娃"活动,预计购买福娃费用 25 万元	销售费用——促销品 25 万元
8 月	公司召开该营销活动效果研讨会,需租用一个宾馆会议室,共计 1 200 元租金	管理费用——会议费 1 200 元

从表 4-12 中可以计算出,每个工作事项均需对应到科目预算。这项工作需要财务部与各预算单位一起完成。在预算编制完成后,财务部应汇总编制成本费用财务报表。公司管理当局与财务部应从资本市场角度来审视,向资本市场呈现一份公司管理当局预期的、资本市场认可的财务报表。

一般情况下,预算需要根据审视结果进行调整。这将涉及对项目预算的调整,即对工作事项进行调整。上述调整完毕后,形成预算最终稿:
1) 每项公司关键战略均有可衡量的关键业绩指标支撑。
2) 每项关键业绩指标的实现都有具体工作计划和对应的项目预算作为保障。
3) 每个项目预算都与科目预算相对应。
4) 科目预算保证了公司可以向资本市场呈现一份完美的财务报告。

5. 实时、信息化的事中控制

目前,国内几乎所有的公司都实行预算事中控制,但控制往往是在每月财务部出具财务报表后才开展的。这样的控制是滞后的,效果较差。有效的控制工具应是实时、信息化控制。预算控制人(包括非财务人员)能在每天实时监测成本费用预算开支情况,若发现异常情况,可立即纠偏,达到较好的控制效果。

许多公司组织开发了"成本费用预算管理系统",该系统具有如下功能:
1) 该系统开发有一个友好的界面,让预算相关人员不需要登录会计电算化系统就可以查询到每个项目、科目、合同的年初预算、开支、结余情况。

2）该系统每天实时根据会计电算化系统中的数据更新项目和科目预算开支信息。

3）各预算单位可根据上述预算开支信息发起项目预算调整和终结，控制支出预算。

4）系统中的预算开支信息作为考核部门的考核依据。

有了控制系统，滞后、模糊的控制变成实时、清晰的控制，真正把预算控制从财务部的间接控制转变为业务管理人员的直接控制，极大地提高了预算控制的效率和效果。

6. "投入＋产出"型的事后考核

作为重要的闭环工作，事后考核在预算管理中非常重要。如果预算没有相应的考核制度相配套，执行力就难以保障。

（1）投入　投入是指成本费用预算。对于投入的考核，应分三部分：

1）总量考核，即每个预算单位对每年成本费用预算总量进行刚性控制，原则上不能突破。

2）进度控制，即每个预算单位预算总量的开支预算必须按年初预算时设定的进度开支。

3）项目和科目控制是指每个项目或每类科目（科目可进行归并形成大类科目，以增加科目预算控制的灵活性）进行柔性预算控制，即不能超预算的20%（可根据每个公司情况进行调整）。

（2）产出　产出是指关键业绩指标。成本费用预算的投入是为了使公司完成关键业绩指标。关键业绩指标的完成表明成本费用预算的投入是有效的。

7. 实施效果

1）可以极大地降低预算开支，节约付现成本。

2）加固成本费用预算和公司关键战略之间的联系，极大地支撑公司战略的实现。

3）通过"成本费用预算管理系统"进一步开发和提升财务信息的价值及其对管理的支撑，提高公司的核心竞争力。

4）增强各预算单位预算开支计划性和预算意识、全局意识，做到年初制订具体计划、事中执行计划、年底按计划考核的预算闭环管理。

综上所述，"关键战略→关键业绩指标→项目预算→科目预算→事中控制→事后考核"这种预算管理模式，是针对关键战略进行成本费用预算项目化管理的有效模式，会对企业的发展起促进作用。

资料来源：张国昀，基于关键战略的成本费用预算项目化管理实践，财会学习，2008年第6期，第37~39页。

将作业成本法应用于施工项目成本预算

1. 什么是作业成本法

作业成本法（Activity-Based Costing，ABC）是一种以作业为基础的成本核算制度和成本管理系统。作业成本法以成本对象（产品、服务、客户等）消耗作业，作业消耗资源为理论原则，以作业为中介，确定成本动因，把资源成本归集到作业上，再把作业成本归集到相应的成本对象上，从而摆脱传统成本核算无法分配复杂而高额的间接费用和辅助费用的困境，使间接费用和辅助费用分配得更为合理，以便较及时、准确、真实地计算出成本对象的真实成本。

2. 作业成本法在施工项目成本预算的应用

（1）项目成本预算的意义　以作业成本法为基础编制预算即作业基础预算，是指确定企业在每一个部门的作业所发生的成本，明确作业之间的关系，并运用该信息在预算中规定每一项作业所允许的资源耗费量。传统预算是按职能部门或支出类别编制预算的，而作业基础预算是完成各种作业的成本预算，强调完成各种作业的预计成本。

将作业成本法运用于施工建设项目成本预算，可以发挥以下积极作用：

1）细化预算并提高预算的合理性和准确性。

2）明确价值创造的要因。

3）实现预算目标与业务流程的对接。

（2）成本预算的程序　结合施工建设项目的特点，基于作业成本法编制成本预算包括以下步骤：

1）制定单项工程的成本预算目标。

2）搜集、熟悉和审查预算编制的依据即基础的文件和资料。

3）正确划分分项工程，熟悉各分项工程的作业过程，并分析作业的增值性。

4）准确计算各分项工程的工程量。

5）分析各作业中心成本的性态和动因，计算各分项工程的直接费用。直接费用的计算应根据作业中心和各项目的特点，分析成本项目和成本动因，进而依据预算定额确定单位作业的标准消耗（作业费用率），再乘以工程量，得出各分项工程的直接费用。

6）计算其他费用并汇总各分项工程的成本费用。工程间接费用的确定一般根据各作业过程的不同，用不同的作业费用率乘以计算基数得出。

7）在进行必要审核的基础上，编制预算表格。

（3）作业中心划分与成本数量描述　施工建设工程分为建筑工程和安装工程等，下面以罐安装工程为例，说明作业成本法下编制项目成本预算所涉及的项目作业中心划分和作业中心成本数量描述问题。

施工企业进行罐安装工程，通常采用从下到上的施工方法，其施工流程可以分为施工前准备阶段、罐底铺设、第一节围板、罐盖施工、壁板组装与焊接、其他组件安装、工程完工阶段七项分工程，并相应形成七个作业中心。

1）施工前准备作业中心。施工前准备作业中心包括预制件的委托预制作业、基础土建工程及其验收作业，以及机械设备的就位和预制件的拉运作业。该中心的委托预制费用与拉运费用计入项目成本，其中委托预制费可根据与预制厂签订的合同确定，作为项目层次的费用处理。拉运费用的成本动因可简单归结为拉运的距离与数量，并可将其作业中心成本数量描述为：

施工前准备作业中心的总消耗＝施工前准备作业单位运送距离的标准消耗×施工前准备作业每次车辆运送的平均距离×施工前准备作业车辆运送数量

2）罐底铺设作业中心。该中心的费用主要是现场吊运钢板的机械费、焊接的人工费及消耗的材料费、检验费，可以将成本动因归结为铺设工时、底板面积和检验次数，并将作业中心成本数量描述为：

罐底铺设作业中心的总消耗＝单位铺设工时的标准消耗×铺设消耗总工时＋单位底板面积的标准消耗×铺设的底板总面积＋每次检验标准消耗×作业中检验总次数

3）第一节围板作业中心。该中心需要消耗焊接材料及少量钢材，且人工与机械配

合施工,可将成本动因简单归结为围板的人工工时。可将作业中心成本数量描述为:

围板作业总消耗 = 单位工时的标准消耗 × 围板作业消耗的人工总工时

4)罐顶盖及劳动保护。该中心主要是罐顶和劳动保护消耗预制件,以及整个过程需要的机械施工,可以将成本动因简单归结为机械工时。作业中心成本数量可描述如下:

围板作业总消耗 = 单位机械工时的标准消耗 × 罐顶作业消耗的机械总工时

5)罐壁组装与焊接作业中心。该中心是安装重点,但施工简单,主要消耗预制钢板、焊接材料,焊工,吊装、焊接的机械,可将成本动因简单归结为组装焊接的机械工时以及检验的次数。作业中心成本数量描述如下:

罐壁组装作业总消耗 = 单位机械工时的标准消耗 × 罐壁组装作业消耗的机械总工时 + 单次检验的标准消耗 × 罐壁组装作业检验总次数

6)其他组件的安装作业中心。该中心主要消耗组装的构件、组装借助的机械、焊接的人工及材料。因此,可以简单将其成本动因归结为安装的机械工时。作业中心成本数量描述如下:

其他组件安装作业总消耗 = 单位机械工时的标准消耗 × 其他组件安装作业消耗的机械总工时

7)工程完工作业中心。该作业中心主要包括罐总体试验作业和工程交工作业。主要耗费试验的人工及机械,因此可以将其成本动因简单归结为试验的次数。作业中心成本数量描述如下:

其他组件安装作业总消耗 = 每次试验的标准消耗罐总体试验总次数

工程交工作业主要消耗防腐材料及人工,消耗少量焊接材料及焊接人工,因此可以将其成本动因简单归纳为防腐面积和焊接工时。作业中心成本数量描述如下:

罐底铺设作业中心的总消耗 = 单位防腐的标准消耗 × 防腐总面积 + 单位焊接工时的标准消耗 × 作业中焊接总工时

3. 预算表格的设计

(1)基础性成本预算表格 在编制整个工程成本预算前,对人工、机械、材料及其他费用进行描述,如表4-13~表4-16所示。

表4-13 ××公司××项目人工成本预算

项目部: 项目名称: 开竣工期间: 编制日期: (单位:元)

人员性质	所属作业中心	所属作业	作业量	作业费用率	人工成本	可控性
管理人员						
生产人员						
外雇人员						
……						

表4-13中的"人员性质"应区划为管理人员、生产人员、外雇人员等进行填列。若管理人员在整个工程运行阶段均在现场,其成本可以按照各项分工程的施工天数进行

分摊,"可控性"分作业级可控、项目级可控和公司级可控。

表4-14 ××公司××项目机械、设备预算

项目部: 项目名称: 开竣工期间: 编制日期: (单位:元)

序号	机械设备名称	单位	数量	所属作业中心	作业量	作业费用率	作业成本	作业中心成本小计	来源	可控性

表4-15 ××公司××项目材料成本预算

项目部: 项目名称: 开竣工期间: 编制日期: (单位:元)

序号	材料名称	单位	单价	数量	金额	材料性质	所属作业	作业中心成本小计	可控性
						主要材料			
						预制构件			
						非标设备			
						消耗材料			
						……			

表4-15中,"材料性质"按照主要材料、预制构件、非标设备和消耗材料等分类填写。

表4-16 ××公司××项目其他费用预算

项目部: 项目名称: 开竣工期间: 编制日期: (单位:元)

费用项目	所属作业中心	所属作业	单位	数量	金额	作业中心成本小计	可控性

表4-16中,由于有的费用在工程各个阶段或各分项工程中都会发生,须分清分属于哪个作业中心及作业,对于住宿费、施工补助等难以区分的费用,可按施工天数在各作业中心分摊。

(2) 分项工程成本预算 由于作业中心划分是按照各分项工程进行的,分项工程成本预算表也可称为作业中心成本预算表,如表4-17所示。

表4-17　××公司××分项工程成本预算

项目部：　　　项目名称：　　　开竣工期间：　　　编制日期：
分项工程名称：　　作业中心：　　涵盖期间：　　　　　（单位：元）

作业名称	作业动因	作业量	作业费用率	作业成本	其他费用	成本合计	可控性

(3) 资源需求表　成本是由作业引起的，并且"作业消耗资源，产品消耗作业"。为了更好地编制预算，而且有利于施工前的准备，需要掌握该项目对资源的需求状况并编制项目资源需求量计划表，如表4-18所示。

表4-18　××公司××项目资源需求量计划

项目部：　　　项目名称：　　　开竣工期间：　　　编制日期：

序号	作业中心	劳动力计划		材料计划		机械设备计划	
		名称	数量	名称	数量	名称	数量

(4) 项目成本预算总表　项目成本预算总表是在前三层表格的基础上汇总形成的，基本格式如表4-19所示。

表4-19　××公司××项目成本预算

项目部：　　　项目名称：　　　开竣工期间：　　　编制日期：　　　（单位：元）

作业中心名称	作业名称	作业性质	作业动因	单位作业消耗①	作业量②	作业预算成本①×②	作业中心成本	其他费用	成本合计

4. 结语

将作业成本法引入成本预算，能够细化和强化预算的管理作用。以罐安装工程为例，讨论了作业成本预算模式下的项目作业中心划分及成本数量描述问题，重点对作业成本法编制施工建设项目成本预算这一问题进行了探讨。作业预算模式的运用，客观上要求施工建设企业不断夯实基础管理工作，建立起与作业基础预算相适应的项目成本核算体系，并相应完善项目成本管理的监控系统和考评机制。引入先进的理念和方法，加强成本控制，有助于施工建设企业提升竞争力，加快发展步伐。

资料来源：
1. 王平心，作业成本计算理论与应用研究，东北财经大学出版社，2001年版。
2. 刘广生，于飞，用作业成本法编制油田施工项目成本预算，油气田地面工程，2007年，总第26卷2007年第7期，第1~3页。

复习思考题

1. 什么是项目成本预算？它有什么特性？
2. 项目成本预算编制的原则、依据是什么？
3. 如何编制项目制造成本预算？
4. 成本预算的程序分哪几个步骤？有哪些基本方法？
5. 成本计划的意义和作用是什么？
6. 如何编制成本计划？

主要内容
> 项目成本控制概述
> 项目成本控制的依据
> 项目成本控制的方法
> 价值工程及其在施工项目成本控制中的应用
> 项目成本控制的输出结果
> 项目成本控制应注意的几个问题

第 5 章

项目成本控制

项目的成本控制是控制项目预算的变更并做及时调整以达到控制目的的过程。具体来讲,就是采用一定方法对项目形成全过程所耗费的各种费用的使用情况进行管理的过程。项目的成本控制主要包括监视成本执行以寻找与计划的偏差;确保所有有关变更被准确地记录在费用预算计划中;防止不正确、不适宜或未核准的变更纳入费用预算计划中;将核准的变更通知有关项目干系人等。

本章主要讨论成本控制的内容和步骤、成本控制的依据、成本控制的方法、成本控制的结果等几个方面内容。为了更好地了解成本控制的知识,首先介绍控制的一般知识。

5.1 项目成本控制概述

在管理学中,控制通常是指管理人员按计划标准来衡量所取得的成果,纠正所发生的偏差,以保证计划目标得以实现的管理活动。管理首先开始于制订计划,继而进行组织和人员配备,并实施有效的领导,一旦计划实施,就必须进行控制,以检查计划实施情况,找出偏离计划的误差,确定应采取的纠正措施,并采取纠正行动。

5.1.1 控制的程序和基本工作环节

1. 控制的程序

控制程序如图 5-1 所示。

从图 5-1 中可以看出控制过程:控制是在事先制订计划的基础上进行的,计划要有明确的目标。项目一旦开始实施,就要按计划要求投入所需的人力、材料、设备、机具、方法等资源和信息。于是,计划开始实施,项目得以进展,并不断输出实际的项目状况和实际的投资、进度、质量目标。由于外部环境和内部系统的各种因素变化的影响,实际输出的投资、进度、质量目标有可能偏离计划目标。为了最终实现计划目标,控制人员要收集项目实际情况和其他有关项目的信息。将各种投资、进度、质量数据和

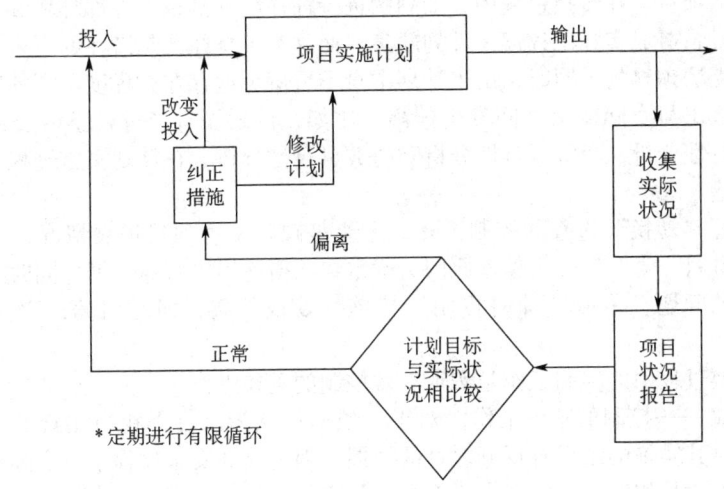

图 5-1　控制流程示意图

其他有关项目信息进行整理、分类和综合，提出项目状态报告。控制部门根据项目状态报告将项目实际完成的投资、进度、质量状况与相应的计划目标进行比较，以确定是否偏离了计划。如果计划进行正常，就按原计划继续进行。反之，如果实际输出的投资、进度、质量目标已经偏离计划目标，或者预计将要偏离，就需要采取纠正措施，或改变投入，或修改计划，或采取其他纠正措施，使计划呈现一种新状态，使项目能够在新的计划状态下进行。

控制的全过程就是由这样的一个个循环过程组成的。循环控制要持续到项目建成使用。控制贯穿项目的整个实施过程。

2. 控制过程的基本工作环节

从控制的每个循环中，我们可以清楚地看到控制过程的基本工作环节。对于每个控制循环来说，如果缺少这些基本工作中的某一个环节，这个循环就不健全，就会降低控制的有效性，就不能发挥循环控制的整体作用。每一个控制过程都要经过投入、转换、反馈、对比、纠正等基本步骤。因此，做好投入、转换、反馈、对比、纠正等各项工作就成了控制过程的基本工作环节。

（1）投入——按计划要求投入　控制过程首先从投入开始。一项计划能否顺利地实现，基本条件是能否按计划所要求的人力、财力、物力进行投入。计划确定的资源数量、质量和投入的时间是保证计划实施的基本条件，也是实现计划目标的基本保障。因此，要使计划能够正常实施并达到预计目标，就应当保证能够将在质量和数量方面符合计划要求的资源按规定时间和地点投入到项目中。

如果能够把握住对"投入"的控制，就把握住了控制的起点要素。

（2）转换——做好转换过程的控制工作　转换主要是指项目的实现总是要经由投入到产出的转换过程。正是由于这样的转换过程，才使投入的材料、劳力、资金、方法、信息转变为产出品，如设计图样、分项（分部）工程、单位工程、单项工程，最终输出完整的项目。在转换过程中,计划的进行往往会受到来自外部环境和内部系统多种因素的干扰,造成实际工程偏离计划轨道。而这类干扰往往是潜在的,未被人们所预料或是人们无法预料的。同时,由于计划本身不可避免地存在着程度不同的问题,因而造成期望的输出与实际输出之间发生偏离。比如,计划没有经过科学的资源可行性分析、技术可行性分析、经济可行性分析和财务可行性分析,在计划实施过程中就难免会发生各种问题。

应当做好"转换"过程的控制工作,主要是跟踪了解项目进展情况,掌握项目转换的第一手资料,为今后分析偏差原因、确定纠正措施提供可靠依据。同时,对于那些可及时解决的问题,采取"即时控制"措施,发现偏离,即时纠偏,避免"积重难返"。

做好转换过程中的控制工作是实现有效控制的重要工作。

(3) 反馈——控制的基础工作　对于一项即使认为制订得相当完善的计划,控制人员也难以对其实施的结果有百分之百的把握。因为计划实施过程中,实际情况的变化是绝对的,不变是相对的。每个变化都会对预定目标的实现带来一定的影响。所以,控制人员、控制部门对每项计划的执行结果是否达到要求都十分关注。例如,外界环境是否与所预料的一致,执行人员是否能按计划要求切实实施,执行过程中会不会发生错误等。而这正是控制功能的必要性之所在。因此,必须在计划与执行之间建立密切的联系,需要及时捕捉项目信息并反馈给控制部门以便为控制服务。

反馈给控制部门的信息既应包括已发生的项目状况、环境变化等信息,也应包括对项目未来预测的信息。信息反馈方式可以分为正式的和非正式的两种。在控制过程中两者都需要。正式信息反馈是指书面的项目状况报告一类,它是控制过程中应当采用的主要反馈方式;非正式信息反馈主要是指口头方式,对口头方式的信息反馈也应当给予足够的重视。当然,对非正式信息反馈还应当让其转化为正式信息反馈。

控制部门需要什么信息,取决于管理的需要。信息管理部门和控制部门应当事先对信息进行规划,这样才能获得控制所需要的全面、准确、及时的信息。

为了使信息反馈能够有效配合控制的各项工作,使整个控制过程流畅地进行,需要设计信息反馈系统。它可以根据需要建立信息来源和供应程序,使每个控制和管理部门都能及时获得它们所需要的信息。

(4) 对比——确定是否偏离　控制系统从输出得到反馈信息并把它与计划所期望的状况相比较,是控制过程的重要特征。控制的核心是找出差距并采取纠正措施,使项目得以在计划的轨道上进行。

对比是将实际目标成果与计划目标比较,以确定是否偏离。因此,对比工作的第一步是收集项目的实际成果并加以分类、归纳,形成与计划目标相对应的目标值,以便进行比较。第二步是对比较结果进行判断。什么是偏离?偏离就是指那些需要采取纠正措施的情况。凡是判断为偏离的,就是那些已经超过了"度"的情况。因此,对比之前必须确定衡量目标偏离的标准。这些标准可以是定量的,也可以是定性的,还可以采用定量与定性相结合的方式。例如,某网络进度计划在实施过程中,发现其中一项工作比计划要求拖延了一段时间。我们根据什么来判断它是否偏离了呢?答案是应当用标准来判断。如果这项工作是关键性工作,或者虽然不是关键性工作,但它拖延的时间超过了它的总时差,那么这种拖延肯定影响了计划工期,理所当然地应判断为偏离,需要进一步采取纠偏措施。如果它既不是关键性工作，又未超过总时差，它的拖延时间小于它的自由时差，或者虽然大于自由时差但并未对后续工作造成大的影响，那么就可以认为尚未偏离。

（5）纠正——取得控制效果　对于偏离计划的情况要采取措施加以纠正。如果是轻度偏离，通常可以采用较简单的措施进行纠偏。比如，对进度稍许拖延的情况，适当增加人力、机械、设备等的投入量就可以解决。如果目标有较大偏离，则需要改变局部计划才能使计划目标得以实现。如果已经确认原定计划目标不能实现，就要重新确定目标，然后根据新目标制订新计划，使工程在新的计划状态下运行。当然，最好的纠偏措施是把管理的各项职能结合起来，采取系统的办法实施纠偏。这就不仅要在计划上做文章，还要在组织、人员配备、领导等方面做文章。

总之，每一次控制循环结束都有可能使项目呈现一种新的状态，或者是重新修订计划，或者是重新调整目标，使其在这种新状态下继续开展。同时，还应当使内部管理呈现一种新状态，力争使项目的实施呈现一种新气象。

控制过程各项基本工作之间的关系，如图5-2所示。

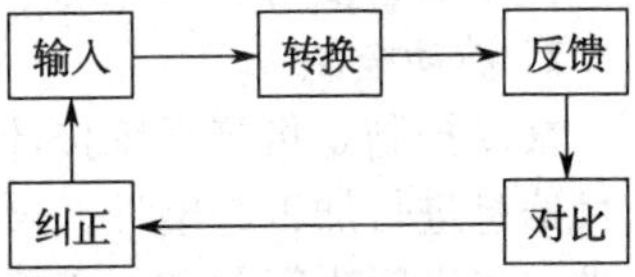

图5-2　控制过程的基本工作

5.1.2　主动控制与被动控制

由于控制方式和方法不同，控制可分为多种类型。例如，按事物发展过程，控制可分成事前控制、事中控制、事后控制；按照是否形成闭合回路，控制可分成开环控制和闭环控制；按照纠正措施或控制信息的来源，控制可分成前馈控制和反馈控制。归纳起来，控制可分为两大类，即主动控制和被动控制。

1. 主动控制

（1）主动控制的含义　主动控制就是预先分析目标偏离的可能性，并拟订和采取各种预防措施，使计划目标得以实现。主动控制是一种面对未来的控制，可以解决传统控制过程中存在的时滞影响，尽最大可能改变由偏差造成的已经成为事实的被动局面，从而使控制更为有效。

主动控制是一种前馈式控制。当它根据已掌握的可靠信息分析预测得出系统将要输出偏离计划的目标时，就制定纠正措施并向系统输入，以使系统不发生目标的偏离。这就好比一个人骑车，为了在上坡时不至于停下来，在上坡之前就要加大速度。

主动控制是一种事前控制。它必须在事情发生之前采取控制措施。

当然，即使采取了主动控制，仍需要衡量最终输出，因为谁也保证不了所有工作都将做得完美无缺，保证不了在完成过程中再没有任何外部干扰。

（2）主动控制措施　如何分析和预测目标偏离的可能？可以采取哪些预防措施来防止目标偏离情况？以下办法均能产生的效果。

1）详细调查并分析研究外部环境条件，以确定那些影响目标实现和计划进行的各种有利和不利因素，并将它们考虑到计划和其他管理职能当中。

2）识别风险，努力将各种影响目标实现和计划执行的潜在因素揭示出来，为风险分析和管理提供依据，并在计划实施过程中做好风险管理工作。

3）用科学的方法制订计划。做好计划可行性分析，消除那些造成资源不可行、技术不可行、经济不可行和财务不可行的各种错误和缺陷，保障项目的实施能够有足够的时间、空间、人力、物力和财力,并在此基础上力求使计划优化。事实上,计划制订得越明确、完善,就越能设计出有效的控制系统,也就越能使控制产生更好的效果。

4）高质量地做好组织工作,使组织与目标和计划高度一致,把目标控制的任务与管理职能落实到适当的机构和人员,做到职权与职责明确,使全体成员能够通力协作,为共同实现目标而努力。

5）制订必要的备用方案,以对付可能出现的影响目标或计划实现的情况。一旦发生这些情况,则有应急措施做保障,从而可以减少偏离量,或避免发生偏离。

6）计划应有适当的松弛度,即"计划应留有余地"。这样,可以避免那些经常发生,又不可避免的干扰对计划的不断影响,降低"意外"情况产生的频率,使管理人员处于主动地位。

7）完善信息流通渠道,加强信息收集、整理和研究工作,为预测工程未来发展状况提供全面、及时、可靠的信息。

2. 被动控制

被动控制是指当系统按计划进行时,管理人员对计划的实施进行跟踪,把它输出的项目信息进行加工、整理,再传递给控制部门,使控制人员从中发现问题,找出偏差,寻求并确定解决问题和纠正偏差的方案,然后再回送给计划实施系统付诸实施,保证计划目标一旦出现偏离就能得以纠正。这种从计划的实际输出中发现偏差,及时纠偏的控制方式称为被动控制。

被动控制是一种反馈控制。它按照图 5-3 的过程实施控制。

在管理过程中,控制往往形成如图 5-4 所示的反馈闭合回路。这就是被动控制的闭合循环特征。

图 5-4 比较实际地说明了一个被动控制的循环过程:发现偏差,分析产生偏差的原因,研究确定纠偏方案,预计纠偏方案的成效,落实并实施方案,产生实际成效,收集实际实施情况,对实施的实际效果进行评价,将实际效果与预期效果相比较,找出偏差……

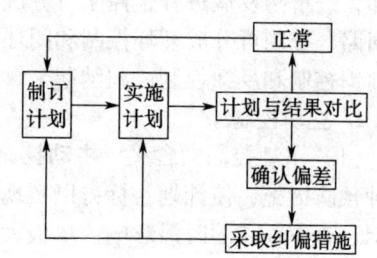

图 5-3 反馈控制过程

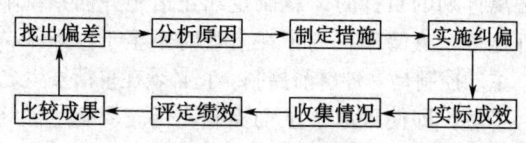

图 5-4 被动控制的反馈闭合回路

被动控制仍然是一种积极的控制,也是十分重要的控制方式,而且是经常运用的控制方式。

3. 主动控制与被动控制的关系

主动控制与被动控制对项目控制而言缺一不可,它们都是实现项目目标所必须采用的控制方式。有效地控制是将主动控制与被动控制紧密地结合起来,力求加大主动控制在控制过程中的比例,同时进行定期、连续的被动控制。只有如此,方能完成项目目标控制的根本任务。

怎样才能做到主动控制与被动控制相结合呢?下面用图 5-5 来表明它们的关系。

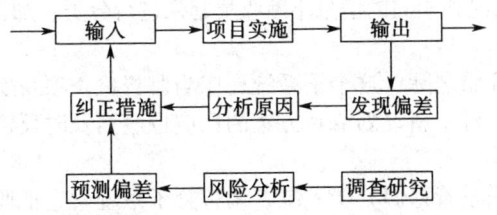

图 5-5 主动控制和被动控制相结合

注：图中"纠正措施"分别包括主动控制和被动控制所采取的纠正措施。

实际上，主动控制与被动控制相结合，也就是要求进行目标控制时，既要实施前馈控制又要实施反馈控制，既要根据实际输出的项目信息又要根据预测的项目信息实施控制，并将它们有机融合在一起。控制工作的任务就是要通过各种途径找出偏离计划的差距，以便采取纠正潜在偏差和实际偏差的措施，来确保计划取得成功。要能够做到这一点，关键有两条：一要扩大信息来源，即不仅从被控系统内部获得项目信息，还要从外部环境获得有关信息；二要把握住输入这道关，即输入的纠正措施应包括两类，既有纠正可能发生偏差的措施，又有纠正已经发生偏差的措施。

5.1.3 控制系统的构成

控制系统由被控制子系统、控制子系统和信息反馈子系统构成。信息反馈子系统把前两者联系起来，使之成为一个完整的系统。控制系统是与外部大环境相关联的开放系统，它不断地与外部环境进行各种形式的交换。

控制子系统又由存储分子系统、调整分子系统构成。它具有制定标准、评定绩效、纠正偏差的基本控制功能。

1. 控制子系统

（1）存储分子系统　存储分子系统首先接受目标规划和计划，并将它们存储于控制子系统内作为控制的基本依据，同时存储控制程序、评价标准、控制报告等资料。存储分子系统接受来自信息反馈子系统的项目状况报告，将被控制子系统输出的实际目标值和计划进行情况与本系统内存储的各方面控制标准加以对比，并将结果送到调整分子系统中。

（2）调整分子系统　调整分子系统根据送达的经过加工处理的工程输出信息以及外部环境变化情况进行分析研究，提出解决项目问题的方案。同时，分析预测项目发展趋势，并提出预防目标偏离的措施。决策后，决策信息输入到目标规划和计划系统，并按此实施。

同时，经过调整的目标规划和计划还应传送到存储分子系统，存储分子系统将变化了的目标规划和计划、控制程序和评价偏差标准等重新存储起来，以备下一循环用于控制。

2. 信息反馈子系统

将控制子系统内各分子系统以及将控制子系统与被控制子系统、外部环境相联系的是信息反馈子系统。

信息反馈子系统要分派人员专门从事对项目实施系统的监督工作，要跟踪工程进展情况。它不仅监督项目的完成情况，还要监督项目的投入和项目实施过程情况，并注意外部环境变化。它将项目状况和相关的信息不断收集起来进行分类、加工、整理，向控制子系统传递。

在新的控制循环开始之际，这个子系统还应当监督检查项目实施系统是否开始执行调整后的计划和方案。对于新计划或新方案的反应也应当及时反馈给调整子系统，以便采取进一步的对策。

信息反馈子系统联系着存储分子系统、调整分子系统。它把监督跟踪得到的关于项目输入、变换、输出情况和控制措施的执行情况传递给存储分子系统，并把从存储分子系统得出的对比结果传递到调整分子系统，以便拿出纠正措施；同时把来自调整分子系统的有关纠正措施的信息反馈给存储分子系统。信息反馈子系统通过信息的传递，使整个控制系统成为一体化运行的动态系统。

信息反馈子系统通过纠正信息和项目状况信息把控制系统与被控制系统联系起来。通过向外部环境输出并从外部环境收集信息，将控制系统乃至整个项目系统与外部环境联系起来，使控制系统成为开放系统。

控制系统各部分与环境的关系如图5-6所示。

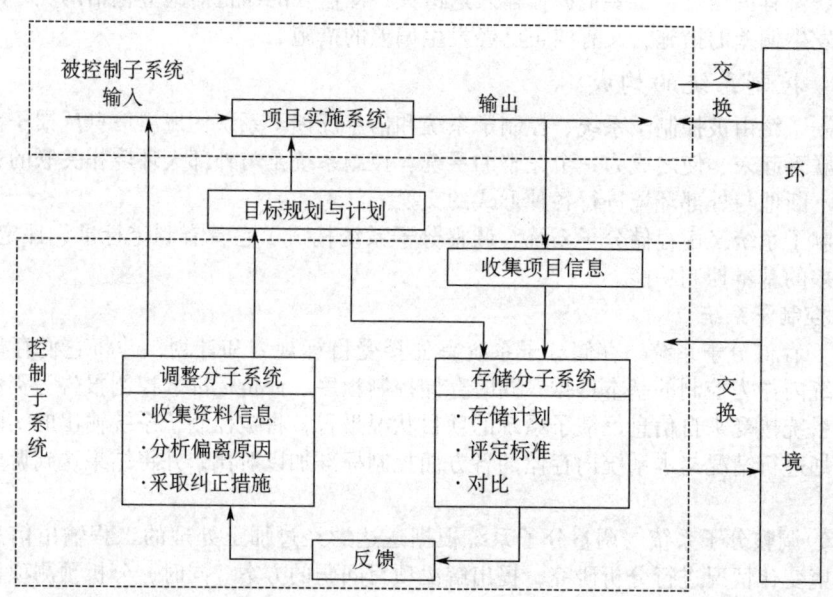

图5-6 控制系统各部分及与环境关系

5.1.4 项目成本控制的内容和步骤

1. 项目成本控制的内容

成本控制实现的是对项目成本的管理，项目成本控制的主要内容包括项目决策成本控制、招投标费用成本控制、设计成本控制、项目施工成本控制四个方面的内容。

决策是项目形成的关键，其工作的好坏，将对项目建成后的经济效益与社会效益产生重要影响。为了对项目进行科学的决策，通常需要对项目的可行性，包括市场情况、施工环境、融资情况等进行详细研究，而完成这些工作也需要资金，这些资金就构成了项目的决策成本，其预算和管理就构成了决策成本控制。

招标费用成本控制是指对进行招投标工作时开支的费用所进行的控制。为了实现项目的最大效益，选择最佳的承建商进行项目实施，或希望通过竞争获得项目的承建权，业主或单位常常投入一定的人力和物力进行招投标工作，因此，作为整个项目成本的一部分，招标费用成本控制也是很重要的。设计成本控制是指对目标项目的各种设计，包括初步设计、施工图设计、复杂设计和其他技术设计等所需费用的管理和控制。在以上三种成本控制中，由于它们在整个项目成本中所占的比重较小，因此，项目成本控制的研究主要以项目施工成本控制为主。当然，项目决策成本控制、招投标费用成本控制、设计成本控制三种成本控制尽管涉及费用较少，但也是相对而言的，因此采用相关方法，在科学分析的基础上，对其进行适当的控制，也是很有必要的。

施工成本控制是指对整个项目施工所涉及的费用进行的管理和控制。通常一个项目涉及的成本主要有设备费、材料费、人力资源费、施工管理费等，这些费用共同构成了项目成本的主体。其中，设备费、材料费、人力资源费通常称为直接成本或直接费用，施工管理费则称为间接成本或间接费用。项目总成本的四项费用，即项目决策成本、招投标费用成本、设计成本、项目施工成本，其中项目施工成本的费用是主要的，通常可达 90% 以上。因此，项目的成本控制从某种意义上说，实际就是项目施工的成本控制。

成本控制除了确定一个成本的范围之外，最重要的是对整个项目的成本费用的使用进行管理，特别是在项目发生了变化或正在发生变化时，对这种变化实施管理。因此，成本控制还包括查找出现正负偏差的原因。该过程必须同其他控制过程包括范围变更控制、进度计划控制、质量控制和其他控制等紧密地结合起来。例如，对成本偏差采取不适当的应对措施可能会引起质量或进度方面的问题，或导致项目在后期出现无法接受的风险。

2. 项目成本控制的方法和步骤

从以上成本控制的内容可以看出，具体进行项目成本控制的方法如下：

（1）成本控制的准备工作

1）熟悉合同条款。

2）分析研究进度计划表。

3）分析研究材料的供应计划。

4）编制工程的施工预算。

5）分析研究奖金计划。

6）对成本费用项目进行分类。

7）熟悉工程内容和施工方法。

8）整理涉及成本预算的其他资料。

（2）成本费用项目的分类

在进行分类时需要注意以下几点：

1）尽可能简便。

2）容易进行分类管理。

3）能够适应工程的进展。

4）能够作为将来概算的参考。

5）能够作为资产折旧的参考。

(3) 与项目成本控制有关的内容
1) 影响那些会使费用预算计划（基准成本）发生改变的因素向有利方向发展。
2) 识别已经偏离费用预算计划（基准成本）的成本。
3) 对实际发生的成本改变进行管理。

项目成本控制实施步骤包括：
1) 监督成本执行情况以及发现实际成本与计划的偏离。
2) 要把一些合理的改变包括在费用预算计划（基准成本）中。
3) 防止不正确的、不合理的、未经许可的改变包括在费用预算计划（基准成本）中。
4) 将合理的改变通知项目的涉及方。

5.2 项目成本控制的依据

进行项目成本控制的目标是实现成本计划，降低项目成本，把影响项目成本的各种成本控制在成本计划和成本标准之内，并尽可能地使耗费降至最小。这里降低项目成本主要是通过运用各种现代化管理方法，减少项目施工过程中的各种机会损失，从而减少人工费用、材料费、机械使用费和管理费等各种费用开支，降低项目的施工成本，以最小的投入得到一定的产出，使项目获得最佳经济效益。研究项目成本控制的意义在于，它可以促进提高项目管理水平；促进企业不断挖掘潜力、降低成本，发现进行项目建设和成本控制的新方法和新技术；促进企业加强经济核算，提高经济效益。

对于项目成本控制而言，其直接依据是费用预算计划、执行情况报告、变更申请、费用管理计划。

5.2.1 费用预算计划

费用预算计划也称基准成本，是以时间为自变量的预算，被用于度量和监督项目执行成本。把预计成本按时间累加便为基准成本，许多项目（尤其大项目）可有多重基准成本以衡量成本的不同方面。例如，一个费用计划或现金流量预测是衡量支付的基准成本。

费用预算计划提供了费用预算和使用的一个基本范围，是实施成本控制的最基本依据。

5.2.2 执行情况报告

执行情况报告一般应提供范围、进度、成本、质量等信息。执行情况报告对收集的信息进行组织和总结并提出分析结果。执行报告按照沟通管理计划的规定提供各类项目涉及人员所需的符合详细等级的信息。该报告可以用多种方法报告费用信息，较常用的是开支表、直方图和 S 曲线等，任一报告均可全面地或针对某个问题编写。

执行情况报告提供了有关成本执行的资料，例如，哪些满足预算，哪些没有满足预算。执行情况报告还提醒项目队伍注意将来可能会引起问题的事项。

5.2.3 变更申请

对项目执行情况的分析，常常产生对项目的某些方面做出修改的要求。这些变更申请由各类变更控制程序处理。变更申请是对费用使用方向和范围发生改变的一种记录。

可能以多种形式表达，如口头或书面的、直接或间接的、外部或内部的、法律强制的或可以选择的等。变更既可能是要求增加预算，也可能是允许减少预算。

5.2.4 费用管理计划

费用管理计划描述当实际成本与计划成本发生偏差时如何进行管理（偏差程度不同，则管理力度也不同）。一个费用管理计划可以是高度详细或粗框架的，可以是正规的或非正规的，这些取决于项目相关人员的需要。项目管理计划是整个项目计划的一个辅助部分。

费用管理计划是对整个成本控制过程进行的有序安排，以达到实现费用合理使用的目的。

5.2.5 项目计划、标准和规范

与项目有关的各种计划及项目实施必须遵循的各种标准、规范，也是项目成本控制的依据。

5.3 项目成本控制的方法

综合来看，项目成本控制是一个系统的过程，它包括三方面的内容，即费用变更控制、执行情况测量和补充计划编制。费用变更控制定义了改变费用计划应当遵循的程序。它包括书面文字工作、追踪系统以及核准变更必需的批准层次。执行情况测量有助于估算确实发生的任何变化的大小，它通过在成本控制过程中定期或不定期的检测来了解成本控制情况。成本控制的一个重要部分就是分析成本变化的原因并决定是否需要采取纠正措施。补充计划编制是指在项目不能精确地按照预定计划进行的时候，项目费用所需要的新的或修订的成本估算或替代方法的变更说明。从成本控制的这些内容可以看出，成本控制涉及的过程往往比较复杂，有时需要利用许多数据、表格及方法来进行成本分析和管理。

正是由于成本控制是一个系统过程，所以研究成本控制的方法就显得很重要，因为好的方法可以对项目的成本控制过程进行更加有效的管理，从而使项目的实施具有更高的成功概率。

成本控制的方法和技术很多，比如，工作分解结构（WBS）技术，这里主要讨论四种方法，即成本分析表法、成本累计曲线法、偏差控制法（挣得值法）和项目成本分析法。还有价值工程在项目成本控制中的应用，我们在下一节里讨论。

5.3.1 项目成本分析表法

项目成本分析表法是利用项目中的各种表格进行成本分析和成本控制的一种方法。这里的表格主要是成本日报表、周报表及月报表，分析表和成本预测报告表等。应用成本分析表法可以很清晰地进行成本比较研究。常见的成本分析表有月成本分析表、成本日报表或周报表、月成本计算及最终预测报告表几种形式。

1. 月成本分析表

在项目的成本控制过程中，每月要编制成本分析表，对成本进行比较分析。在月成本分析表中，要表明工程期限、成本费用项目、生产数量、工程成本、单价等。如对大型车床设备使用费而言，其费用细分项目有操作费、修理及更新费、折旧费等。对可能

控制的作业单位，每个月都要做成本分析。这些作业单位的成本费用项目的分类，一定要与成本预算相一致，以便分析对比。月成本分析表如表5-1所示。

表 5-1　月成本分析表

日期：

项 目 名 称					
项目费用名称					
本月计划量			实际完成量		
完成比率					
项 目 费 用	单　　价		成　　本		
	本月	计划	本月	累计	
操作费					
人工费					
材料管理费					
操作费小计					
修理及更新费					
切割车床					
修理及更新费小计					
折旧费					
切割车床设备总计					
使用时间					
使用效率					

2. 成本日报表或周报表

对主要工程或工程的主要阶段，每日或每周都应做出成本分析表，以便加强对项目的成本控制，掌握项目的进度并发现项目实施过程中存在的各种问题，从而及时改进。成本日报表或周报表一般是对重要工程和进度快的项目作业编制的，相对于月报表更加详细，通常成本日报或周报表只记人工费、机械运营费和产品数量。成本日报表或周报表如表5-2和表5-3所示。

表 5-2　成本日报表

项目名称：　　　　　　　　　　　　　　　　　　　　　　　　　　日期：

使 用 效 率	月　　　　　日		月　　　　　日	
	数量	单价	数量	单价
备注				

成本会计师：

表 5-3 成本周报表

项目名称：　　　　　　　　　　　　　　　　　　　　　　　　　　　　日期：

科目编号	工程种类	间接成本	数量			单价		成本			预算比较	
			单位	总计	现在施工量	预算	现在实际费用	预算总计	现在实际费用	最终预测	节约	超支

成本会计师：

3. 月成本计算及最终预测报告表

每月编制月成本计算及最终成本预测报告表，是项目成本控制的重要内容之一。该报告主要事项包括项目名称、已支出金额、到竣工尚需的预计金额、盈亏预计等。月成本计算及最终成本预测报告要在月末会计账簿截止的同时完成，并随时间推移使精确性不断增加。月成本计算及最终成本预测报告表，如表5-4 所示。

表 5-4 月成本计算及最终成本预测报告表

工程名称：
工程编号：
主　管：
校　核：

序号	科目编号	名称	支出金额	调整		备注	现在的成本			序号	到竣工尚需金额			最终预算工程成本			合同预算金额			预算比较	
				增	减		金额	单价	数量		金额	单价	数量	金额	单价	数量	金额	单价	数量	亏	盈

成本会计师：

5.3.2 项目成本分析方法

由于项目成本涉及的范围很广，需要分析的内容很多，成本分析的方法也很多，其中成本估算的方法和成本决策的方法属于事前成本分析的方法，而成本控制的方法属于事后成本分析的方法，在不同的情况下应采取不同的分析方法。为了便于联系实际参考应用，此处按成本分析的基本方法、综合成本的分析方法、专项成本的分析方法和目标成本差异分析的方法进行详细阐述。

1. 成本分析的基本方法

（1）比较分析法　比较分析法是指通过指标对比以发现差异的分析方法。它应用于成本分析方面，是将成本指标进行对比，根据需要，成本指标对比有多种形式。如本期实际指标与上期实际指标对比，通过这种对比，可以看出各项技术经济指标的动态情况，反映项目管理水平的提高程度；如本期实际指标与本行业先进水平、平均水平对比，通过这种对比，可以反映本项目的技术管理和经营管理与其他项目的先进水平、平均水平的差距，进而采取措施赶超先进水平；又如本期实际指标与目标指标对比，通过这种对比，可以检查目标的完成情况，分析完成目标的积极因素，以便采取措施，保证成本目标的实现。

【例5-1】某项目本年节约"钢材、水泥、木材"的预算为180 000元，实际节约216 000元，上年节约171 000元，本项目先进水平节约234 000元。根据上述资料用比较分析法编制分析表（见表5-5）。

【解】运用比较分析法，将本题的三种对比列于表5-5。

表5-5　钢材、水泥、木材预算与实际节约对比

（单位：元）

指标	本年预算数	上年实际数	企业先进水平	本年实际数	差异数		
					与预算比	与上年比	与先进比
钢材、水泥、木材节约数	180 000	171 000	234 000	216 000	+36 000	+45 000	-18 000

（2）因素分析法　任何经济现象都不是孤立存在的，某一现象与其他经济现象之间必然存在着一定的因果关系，分析这种关系的方法叫作因素分析法，又称连锁替代法。这种方法可用来分析各种因素对成本形成的影响程度。在进行分析时，首先要假定众多因素中的一个因素发生了变化，而其他因素不变，在前一个因素变动的基础上分析第二个因素的变动，然后逐一替换，并分别比较其计算结果，以确定各个因素的变化对成本的影响程度。因素分析法的计算步骤如下：

1）确定某一项目成本是由哪些因素组成的，并确定这些因素与该指标之间的关系。

2）在确定某一因素对该指标的影响时，假定只有这个因素在变动，而其他因素不变。

3）按照各因素的替换顺序，逐一替换，然后把这个指标与该因素替代前的指标相比较，确定该因素变动所造成的影响。

4）各个因素的影响程度之和，应与分析对象的总差异相等。

因素分析方法证明如下：假设某一成本指标 A 是由 a、b、c 三个因素组成的。计划指标 A_0 是 a_0、b_0、c_0 三个因素相乘的结果；实际指标 A_1 是 a_1、b_1、c_1 三个因素相乘的结果。即分析对象 V 应为：

$$V = A_1 - A_0$$

第一因素 a 变动影响 V_1，计算如下：

$$A_0 = a_0 \times b_0 \times c_0$$
$$A_2 = a_1 \times b_0 \times c_0$$
$$V_1 = A_2 - A_0 = (a_1 - a_0) b_0 c_0$$

第二因素 b 变动影响 V_2，计算如下：
$$A_3 = a_1 \times b_1 \times c_0$$
$$V_2 = A_3 - A_2 = a_1 (b_1 - b_0) c_0$$

第三因素 c 变动影响 V_3，计算如下：
$$A_1 = a_1 \times b_1 \times c_1$$
$$V_3 = A_1 - A_3 = a_1 b_1 (c_1 - c_0)$$

即
$$V = V_1 + V_2 + V_3$$
$$= A_2 - A_0 + A_3 - A_2 + A_1 - A_3$$
$$= A_1 - A_0$$

【例 5-2】 津腾工程公司浇筑一层结构商品混凝土，预算成本为 1 456 000 元，实际成本为 1 535 040 元，比预算成本增加 79 040 元。根据表 5-6 的资料，用"因素分析法"分析其成本增加的原因。

表 5-6 混凝土预算成本与实际成本对比

项 目	计量单位	预算	实际	差 异
产量	m³	1 000	1 040	+40
单价	元	1 400	1 440	+40
损耗率（%）	—	4	2.5	-1.5
成本	元	1 456 000	1 535 040	+79 040

【解】 1）分析对象是浇筑一层结构混凝土的成本，实际成本与预算成本的差额为 79 040 元。

2）该指标是由产量、单价、损耗率三个因素组成的，其排序，如表 5-6 所示。

3）以预算数 1 456 000 元（1 000m³ × 1 400 元/m³ × 1.04）为分析替代的基数。

第一次替代：产量因素以 1 040 替代 1 000，得 1 514 240 元，即 1 040m³ × 1 400 元/m³ × 1.04 = 1 514 240 元。

第二次替代：单价因素以 1 440 替代 1 400，并保留上次替代后的值，得 1 557 504 元，即 1 040m³ × 1 440 元/m³ × 1.04 = 1 557 504 元。

第三次替代：损耗率因素以 1.025 替代 1.04，并保留上两次替代后的值，得 1 535 040，即 1 040m³ × 1 440 元/m³ × 1.025 = 1 535 040 元。

4）计算差额。

第一次替代与预算数的差额 = 1 514 240 元 - 1 456 000 元 = 58 240 元

第二次替代与第一次替代的差额 = 1 557 504 元 - 1 514 240 元
$$= 43 264 \text{ 元}$$

第三次替代与第二次替代的差额 = 1 535 040 元 - 1 557 504 元
$$= -22 464 \text{ 元}$$

分析的结果：由于产量增加，使成本增加 58 240 元，由于单价提高，使成本增加

43 264元，而损耗率下降，使成本减少22 464元。

5）各因素的影响程度之和 = 58 240元 + 43 264元 - 22 464元 = 79 040元，与实际成本和预算成本的总差额相等。

为了使用方便，项目也可以通过运用因素分析表来求出各因素的变动对实际成本的影响程度，其具体形式如表5-7所示。

表5-7 混凝土成本变动因素分析表

顺 序	连环替代计算	差异（元）	因素分析
预算数	1 000 × 1 400 × 1.04		
第一次替代	1 040 × 1 400 × 1.04	58 240	由于产量增加40m³，成本增加58 240元
第二次替代	1 040 × 1 440 × 1.04	43 264	由于单价提高40元，成本增加43 264元
第三次替代	1 040 × 1 440 × 1.025	-22 464	由于损耗率下降1.5%，成本节约22 464元
合计	58 240 + 43 264 - 22 464	79 040	

必须说明，在应用"因素分析法"时，各个因素的排列顺序应该固定不变，否则就会得出不同的计算结果，也会产生不同的结论。

(3) 差额计算法　差额计算法是因素分析法的一种简化形式，它利用各个因素的预算成本与实际成本的差额来计算其对成本的影响程度。

【例5-3】 津腾公司某月的实际成本降低额资料如下：预算成本600万元，实际成本640万元，目标成本降低额24万元，实际成本降低额28.8万元，成本降低额超出了4.80万元，详细资料如表5-8所示。

表5-8 成本降低目标额与实际成本对比

项 目	计量单位	目 标	实 际	差 异
预算成本	万元	600	640	+40
成本降低率（%）	—	4	4.5	+0.5
成本降低额	万元	24	28.8	+4.80

【解】 根据表5-8的资料，应用"差额计算法"分析预算成本和成本降低率对成本降低额的影响程度。

1）预算成本增加对成本降低额的影响程度为：(640万元 - 600万元) × 4% = 1.60万元。

2）成本降低率提高对成本降低额的影响程度为：(4.5% - 4%) × 640万元 = 3.20万元。

以上两项合计：1.60万元 + 3.20万元 = 4.80万元。

(4) 比率法　比率分析是通过计算指标之间的比率，进行数量分析的一种方法。比率分析法主要有相关比率分析法、构成比率分析法两种具体形式。

1）相关比率分析法。这种方法是通过计算两个性质不同但又有联系的指标的比率，并将实际数与计划数（或前期实际数）进行对比分析的一种方法。例如，将成本指标与反映生产、销售等生产经营成果的产值、销售收入、利润指标相比较，就可以反映项目经济效益的好坏。

2）构成比率分析法。该方法是通过计算某指标的各个组成部分占总体比重的结构进行数量分析的方法。例如，将构成项目成本的各个成本项目同产品成本总额相比，计算其占成本项目的比重，确定成本构成的比率，通过这种分析，反映项目成本的构成情况。将不同时期的成本构成比率相比较，就可以观察项目成本构成的变动，掌握经济活动情况及其对项目成本的影响。

【例 5-4】 某项目成本构成比率如表 5-9 所示。

表 5-9　成本构成比率分析

成本项目	预算成本		实际成本		降低成本	
	金额（万元）	比重（%）	金额（万元）	比重（%）	金额（万元）	占总项目（%）
直接成本	1 895.71	93.20	1 800.47	92.38	95.24	4.68
1. 人工费	170.45	8.38	178.92	9.18	-8.47	-0.42
2. 材料费	1 509.84	74.23	1 409.51	72.32	100.33	4.93
3. 机械使用费	131.40	6.46	134.47	6.90	-3.07	-0.15
4. 其他直接费	84.02	4.13	77.57	3.98	6.45	0.32
间接成本	138.30	6.80	148.51	7.62	-10.21	-0.50
成本总量	2 034.01	100.00	1 948.98	100.00	85.03	4.18
量本利比例（%）	100.00		95.82	—	4.18	

3）趋势分析法。趋势分析法是根据项目连续几个会计期间的成本资料，采用列表或绘制统计图的形式来反映，并借以观察项目成本增减变动趋势及变动程度的一种分析方法。

【例 5-5】 某项目生产的新产品年内成本降低情况如表 5-10 所示。

表 5-10　指标动态比较

指标	第一季度	第二季度	第三季度	第四季度
单位成本（元）	400	395	380	340
单位成本变动基期指数（%）（一季度 = 100%）	100	98.75	95.00	85.00
单位成本变动环比指数（%）（一季度 = 100%）	—	98.75	96.20	89.47

从该产品单位成本可以看出年内成本是连续降低的，为了进一步说明成本降低的程度，可计算两种趋势的百分比。

一种是定基趋势百分比，基本做法是：选定某一季度为基期，计算连续各季度的趋势百分比，这一百分比说明其他各季度占基期成本水平的比例。各季度的趋势百分比的计算结果，如表 5-10 所示。计算结果表明，该产品第二季度单位成本变动基期指数比第一季度降低了 1.25%。第三季度单位成本变动基期指数比第一季度降低了 5%。第四季度比第一季度降低了 15%。

另一种是环比趋势百分比,基本做法是:选定前一季度为基期,计算连续各季度的逐期趋势百分比,这一百分比说明其他各季度占前一期成本水平的比例。各季度的趋势百分比的计算结果如表5-10所示。计算结果表明,该产品第二季度单位成本变动环比指数比第一季度降低了1.25%。第三季度单位成本变动环比指数比第二季度降低了3.8%。第四季度比第三季度降低了10.53%。由此可见,第四季度单位成本降低的幅度最大,应进一步查明原因。

2. 综合成本的分析方法

综合成本是指涉及多种生产要素,受多种因素影响的成本费用,如分部分项工程成本,月(季)度成本、年度成本、全部产品成本、可比产品成本、主要产品单位成本等。由于这些成本都是随着项目生产的进展而逐步形成的,与生产经营有着密切的关系,因此,做好成本的分析工作,对于促进项目的生产经营管理,提高项目的经济效益有十分重要的意义。

(1)分部分项工程成本分析 分部分项工程成本分析是项目成本分析的基础。分析的对象为已完工的分部分项工程。分析的方法是:进行预算成本、目标成本和实际成本的"三算"对比,分别计算实际偏差产生的原因,为今后的分部分项工程成本寻求节约途径。

分部分项工程成本分析的资料来源是:预算成本来自施工图预算,计划成本来自施工预算,实际成本来自施工任务单的实际工程量、实耗人工和限额领料单的实耗材料。

由于项目包括很多分部分项工程,不可能也没有必要对每一个分部分项工程都进行成本分析,特别是一些工程量小、成本费用微不足道的零星工程。但是,对于那些主要分部分项工程则必须进行成本分析,而且要做到从开工到竣工进行系统的成本分析,这是一项很有意义的工作。因为通过主要分部分项工程成本的系统分析,可以基本上了解项目成本形成的全过程,为竣工成本分析和今后的项目成本管理提供一份宝贵的参考资料。分部分项工程成本分析表如表5-11所示。

表5-11 分部分项工程成本分析表

分部分项工程名称:　　　　　工程量:　　　　　施工班组:
施工日期:

工料名称	规格	单位	单价	预算成本		计划成本		实际成本		实际与预算比较		实际与计划比较	
				数量	金额	数量	金额	数量	金额	数量	金额	数量	金额
合 计													
实际与预算比较 (预算=100)													
实际与计划比较 (计划=100)													
节超原因说明													

编制单位:　　　　　　　　　　　　　　　　　　　　　　　　成本员:
填表日期:

(2)月（季）度成本分析　月（季）度成本分析是项目定期的、经常性的中间成本分析。对于具有一次性特点的项目来说，它有着特别重要的意义。因为通过月（季）度成本分析，可以及时发现问题，以便按照成本目标指示的方向进行监督和控制，保证项目成本目标的实现。

月（季）度成本分析的依据是当月（季）的成本报表。分析的方法通常有以下几个方面：

1）通过实际成本与预算成本的对比，分析当月（季）的成本降低水平；通过累计实际成本与预算成本的对比，分析累计的成本降低水平，预测实现项目成本的前景。

2）通过实际成本与目标成本的对比，分析目标成本的落实情况，以及目标管理中的问题和不足，进而采取措施，加强成本管理，保证成本目标的落实。

3）通过对各成本项目的成本分析，可以了解成本总量的构成比例和成本管理的薄弱环节。例如，在成本分析中，如果发现人工费、机械费和间接费等项目大幅度超支，就应该对这些费用的收支配比关系认真研究，并且采取对应的增收节支措施，防止今后再超支。如果是属于预算定额规定的"政策性"亏损，则应从控制支出着手，把超支额压缩到最低限度。

4）通过主要技术经济指标的实际与目标的对比，分析产量、工期、质量、"钢材、水泥、木材"节约率、机械利用率等对成本的影响。

5）通过对技术组织措施执行效果的分析，寻求更加有效的节约途径。

6）分析其他有利条件和不利条件对成本的影响。

3. 专项成本的分析方法

专项成本分析包括成本盈亏异常分析、工期成本分析和资金成本分析等内容。

(1)成本盈亏异常分析　成本出现盈亏异常情况，对项目来说，必须引起高度重视，必须彻底查明原因，必须立即加以纠正。检查成本盈亏异常的原因，应从经济核算的"五同步"入手。因为项目经济核算的基本规律是：完成多少产值、消耗多少资源和发生多少成本三者之间有着必然的同步关系。如果违背这个规律，就会发生成本的盈亏异常。

"五同步"检查是提高项目经济核算水平的有效手段，不仅适用于成本盈亏异常的检查，也适用于月度成本的检查。"五同步"检查可以通过以下五方面的对比分析来实现。

1）产值与施工任务单的实际工作量和项目形象进度是否同步。

2）资源消耗与工作任务单的实耗人工、限额领料单的实耗材料、当期租用的周转材料和施工机械使用情况是否同步。

3）其他费用（如材料价差、台班费等）的产值统计与实际支付是否同步。

4）预算成本与产值统计是否同步。

5）实际成本与资源消耗是否同步。

实践证明，把以上五方面的同步情况查明以后，成本盈亏的原因就一目了然了。

项目月度成本盈亏异常情况分析表，如表5-12所示。

(2)工期成本分析　项目完成工期的长短与成本的高低有着密切的关系。在一般情况下，工期越长，费用支出越多；工期越短，费用支出越少。特别是固定成本的支出，基本上是与工期长短成正比增减的，是进行工期成本分析的重点。

表 5-12 月度成本盈亏异常情况分析

分部分项工程名称：		年 月	预算造价：	
到本月末项目的形象进度				
累计完成产值（万元）		累计点交预算成本（万元）		
累计发生实际成本（万元）		累计降低或亏损	金额（万元）	（%）
本月完成产值（万元）		本月点交预算成本（万元）		
本月发生实际成本（万元）		本月降低或亏损	金额（万元）	（%）

已完工程及费用名称	单位	数量	产值	资源消耗									机械租费（元）	工料机金额小计（元）
				实耗人工		实耗材料								
						金额小计（元）	其中					设备租费（元）		
							水泥		钢材		木材		结构件金额（元）	
				工日	金额（元）		数量/t	金额（元）	数量	金额（元）	数量/m³	金额（元）		

工期成本分析就是目标工期成本与实际工期成本的比较分析。目标工期成本是指在假定完成预期利润的前提下计划工期内所耗用的目标成本；而实际成本则是在实际工期中耗用的实际成本。工期成本分析的方法一般采用比较法，即将目标工期成本与实际工期成本进行比较，然后应用"因素分析法"分析各种因素的变动对工期成本差异影响的程度。

进行工期成本分析的前提条件是，根据施工图预算和施工组织设计进行量本利分析，计算项目的产量、成本和利润的比例关系，然后用固定成本除以合同工期，求出每月耗用的固定成本。

【例 5-6】 津腾公司承建某项目合同预算造价 700 万元，其中预算成本 595 万元，合同工期 14 个月。根据施工组织设计测算，变动成本总额为 490 万元，变动成本率为 80.83%，每月固定成本支出 6 万元，目标成本降低率为 6%。

假如该项目竣工造价不变，但在施工中采取了有效的技术组织措施，使变动成本率下降到 80%，月固定成本支出降低为 5 万元，实际工期缩短到 13.5 个月。试计算工期成本。

【解】 1）根据以上资料，按照以下顺序计算工期成本。
先求该项目的计划工期（又称经济工期）。

$$计划（经济）工期 = \frac{预算成本 \times (1 - 变动成本率 - 目标成本降低率)}{月固定成本支用水平}$$

即得 计划工期 $= \dfrac{595 \text{ 万元} \times (1 - 0.8083 - 0.06)}{6 \text{ 万元/月}} = 13.06$ 月

再计算经济工期的目标成本。

经济工期的目标成本 = 预算成本×变动成本率 + 月固定成本支用水平×计划经济工期 = 595 万元×80.83% + 6 万元/月×13.06 月 = 559.3 万元

实际工期成本 = 预算成本×实际变动成本率 + 实际月固定成本支用水平×实际工期
= 595 万元×80% + 5 万元/月×13.5 月
= 543.5 万元

根据以上计算结果，实际工期成本比计划工期成本节约：

559.3 万元 − 543.5 万元 = 15.8 万元

2）按照以上工期成本资料，应用"因素分析法"，对工期成本的节约额 15.8 万元进行分析：

该项目成本的变动成本率由目标的 80.83% 下降为实际的 80%，下降了 0.008 3（0.808 3 − 0.8），使实际工期成本额节约 4.94 万元。计算如下：

595 万元×(0.8 − 0.808 3) = −4.94 万元

该项目的月固定成本支出由目标的 6 万元下降到实际的 5 万元，下降了 1 万元（6 万元 − 5 万元），使实际工期成本节约 13.06 万元。计算如下：

−1 万元/月×13.06 月 = −13.06 万元

该项目的实际工期比经济工期延长了 0.44 个月（13.5 月 − 13.06 月），使实际工期成本超支 2.2 万元。计算如下：

5 万元/月×0.44 月 = 2.2 万元

以上三项因素合计：−4.94 万元 − 13.06 万元 + 2.2 万元 = −15.8 万元

所以，该项节约工期成本 15.8 万元。

(3) 资金成本分析　资金与成本的关系，就是项目收入与成本支出的关系。根据项目成本核算的特点，项目收入与成本支出有很强的配比性。在一般情况下，都希望项目收入越多越好，成本支出越少越好。

项目的资金来源主要是项目款收入；而生产耗用的人、财、物的货币表现，则是成本支出。因此，减少人、财、物的消耗，既能降低成本，又能节约资金。

进行资金成本分析，通常应用"成本支出率"指标，即成本支出占工程款收入的比例。计算公式如下：

$$成本支出率 = \frac{计算期实际成本支出}{计算期实际项目款收入} \times 100\%$$

通过对"成本支出率"的分析，可以看出资金收入中用于成本支出的比重有多大，从而可以通过加强资金管理来控制成本支出；也可联系储备资金和结存资金的比重，分析资金使用的合理性。

(4) 其他有利因素和不利因素对成本影响的分析　在项目生产过程中，必然会有很多有利因素，同时也会遇到不少不利因素。不管是有利因素还是不利因素，都将对项目成本产生影响。

对待这些有利因素和不利因素，项目经理首先要有预见，有抵御风险的能力；同时还要把握机遇充分利用有利因素，积极争取转换不利因素。这样，就会更有利于项目生产，也更有利于项目成本的降低。

这些有利因素和不利因素，包括项目生产结构的复杂性和生产技术上的难度，生产现场的自然地理环境（如水文、地质、气候等），以及物资供应渠道和技术装备水平等。它们对项目成本的影响，需要具体问题具体分析。

4. 目标成本差异分析方法

目标成本差异是实际成本脱离目标成本的简称，它是指实际成本和目标成本的差额。项目进行目标成本差异分析是为了找出并分析目标成本差异产生的原因，从而尽可能地降低成本，提高项目整体竞争力。

（1）人工费分析

1）人工费量差。计算人工费量差，首先要计算出每工人工日差，即实际耗用工日数同预算定额工日数的差异。预算定额工日数的取得是根据工月数或从设计预算中的人工费中取得工日数，实际耗用工日数根据外包管理部门的包清工成本工程月报，列出实物量定额工日数和估点工日数。人工费量差计算公式为：

$$工日差 \times 预算人工单价 = 人工费量差$$

从计算结果可以看出，由于实际用工增加或减少，从而引起人工费的增减变化。

2）人工费价差。计算人工费价差先要计算出每人工费价差，即预算人工费和实际人工单价之差。

预算人工单价计算公式为：

$$预算人工费 \div 预算工日数 = 预算人工单价$$

实际人工单价计算公式为：

$$实际人工费 \div 实耗工日数 = 实际人工单价$$

$$每工人工费价差 \times 实耗工日数 = 人工费价差$$

计算后可以看出，每工人工费增加或减少，将使人工费出现增减变动。

人工费量差与人工费价差的计算公式如下：

$$人工费量差 = (实际耗用工日数 - 预算定额工日数) \times 预算人工单价$$

$$人工费价差 = 实际耗用工日数 \times (实际人工单价 - 预算人工单价)$$

影响人工费节约或超支的原因是非常复杂的，除上述分析外，还应分析定额用工、估点用工，以及从管理上找原因。

（2）材料费的分析 在任何项目成本中，材料费的比重都比较大，因此，材料费的分析是项目成本分析的重点。材料费的分析从材料的采购、运输、保管、使用等环节入手，包括：主要材料、结构件和周转材料使用费的分析以及材料储备的分析。

1）主要材料和结构件费用的分析。主要材料和结构件费用的高低，主要受价格和消耗数量的影响。而材料价格的差异要受采购价格、运输费用、途中损耗、来料不足等的影响；材料消耗数量的差异，则要受操作损耗、管理损耗和返工损失等因素的影响，对于这类问题，应在价格差异较大和数量超用异常时做深入分析。为了分析材料价格和消耗数量的差异对材料和结构件费用的影响程度，可按下列公式计算：

$$材料价格差异对材料费的影响 = (实际单价 - 预算单价) \times 实际用量$$

$$材料用量差异对材料费的影响 = (实际用量 - 预算用量) \times 预算单价$$

主要材料差异分析表，如表5-13所示。

表 5-13 主要材料差异分析表

（单位：万元）

材料名称	价格差异				数量差异				成本差异
	实际单价	预算单价	节超	价差金额	实际用量	预算用量	节超	量差金额	

2）周转材料费分析主要通过实际成本与目标成本之间的差异比较进行分析。分析实际成本时，应列出外租周转材料费，其中租赁费、赔偿费、修理费和报废等费用；对自有周转材料应列出摊销、报损等费用。节超分析从提高周转材料使用率入手，看周转材料使用管理上是否有不足之处。周转利用率的计算公式如下：

$$周转利用率 = \frac{实际使用数 \times 租用期内的周转次数}{进场数 \times 租用期} \times 100\%$$

（3）机械使用费分析主要通过实际成本与目标成本之间的差异进行分析 目标成本分析需要列出超高费和机械费补差收入。施工机械有自有和租赁两种。租赁的机械在使用时要支付使用台班费，停用时要支付停班费，因此，要充分利用机械，以减少台班使用费和停班费的支出。自有机械也要提高机械完好率和利用率，因为自有机械停用，仍要负担固定费用。机械完好率与机械利用率的计算公式如下：

$$机械完好率 = \frac{报告期机械完好台班数 + 加班台班数}{报告期制度台班数 + 加班台班数} \times 100\%$$

$$机械利用率 = \frac{报告期机械实际工作台班数 + 加班台班数}{报告期制度台班数 + 加班台班数} \times 100\%$$

完好台班数是指机械处于完好状态下的台班数，它包括修理不满一天的机械，但不包括待修、在修、送修在途的机械。在计算完好台班数时，只考虑是否完好，不考虑是否在工作。制度台班数是本期内全部机械台班数与制度工作日的乘积，不考虑机械的技术状态和是否工作。

机械使用费的分析要从租赁机械和自有机械这两方面入手。使用大型机械时要着重分析预算台班数、台班单价及金额，同实际台班数、台班单价及金额相比较，通过量差、价差进行分析。机械使用费差异分析表如表 5-14 所示。

表 5-14 机械使用费差异分析表

（单位：万元）

机械名称	台数	价格差异				数量差异				成本差异
		实际台班单价	预算台班单价	节超	价差金额	实际台班数	预算台班数	节超	量差金额	
翻斗车										
搅拌机										
砂浆机										
塔式起重机										

(4) 其他直接费分析 其他直接费是指生产过程中发生的除直接费以外的其他费用，包括：

1）材料二次搬运费。
2）工程用水、电费。
3）临时设施摊销费。
4）生产工具用具使用费。
5）检验试验费。
6）工程定位复测费。
7）工程点交费。
8）场地清理费。

其他直接费的分析主要应通过目标与实际数的比较来进行。其他直接费目标与实际比较表如表5-15所示。

表5-15 其他直接费目标与实际比较表

（单位：万元）

序号	项目	目标	实际	差异	序号	项目	目标	实际	差异
1	材料二次搬运费				5	检验试验费			
2	工程用水、电费				6	工程定位复测费			
3	临时设施摊销费				7	工程点交费			
4	生产工具用具使用费				8	场地清理费			

(5) 间接成本分析 间接成本是指为准备、组织生产和管理所需要的费用，主要包括项目经理人员的工资和进行项目管理所需要的费用。间接成本并不随工作量的增减而增减，因为其中大部分费用属于固定费用。当超额完成计划时，项目成本中分摊的间接成本就会相对降低，反之就会增高。

间接成本分析应将其实际成本和目标成本进行比较，将实际发生数逐项与目标数加以比较，从而看出超额完成生产计划对间接成本的节约或浪费的影响程度。间接成本目标与实际比较表如表5-16所示。

表5-16 间接成本目标与实际比较表

（单位：万元）

序号	项目	目标	实际	差异	备注
1	现场管理人员工资				包括职工福利费和劳动保护费
2	办公费				包括生活用水、电费、取暖费
3	差旅交通费				
4	固定资产使用费				包括折旧及修理费
5	物资消耗费				
6	低值易耗品摊销费				生活、行政用的低值易耗品
7	财产保险费				
8	检验、试验费				
9	工程保修费				
10	排污费				
11	其他费用				
	合计				

用目标成本差异分析方法分析完各成本项目后,再将所有成本差异汇总进行分析,目标成本差异汇总表如表 5-17 所示。

表 5-17 目标成本差异汇总表

部位: (单位:万元)

成本项目	实际成本	目标成本	差异金额	差异率(%)	成本项目	实际成本	目标成本	差异金额	差异率(%)
人工费					机械使用费				
材料费					其他直接费				
结构件					施工间接成本				
周转材料费					合计				

5.3.3 成本累计曲线法

成本累计曲线又叫时间-累积成本图,它是反映整个项目或项目中某个相对独立部分开支状况的图示。它可以从成本预算计划中直接导出,也可利用网络图、条线图等图示单独建立。通常可以采用下面的三个步骤做出项目的成本累计曲线。

1) 建立直角坐标系,横轴表示项目的工期,纵轴表示项目成本。
2) 按照一定的时间间隔或时间单元累加各工序在该时间段内的支出。
3) 将各时间段的支出金额逐项累加,确定各时间段所对应的累计资金支出点,然后,用一条平滑的曲线依次连接各点就可得到成本累计曲线。确定各时间段的对应点时,横坐标为该时间段的中点,即该时间段的起始时间 +(结束时间 - 起始时间)/2。

成本累计曲线图上实际支出与理想情况的任何一点偏差,都是一种警告信号,但并非说明工作中一定发生了问题。图上的偏差只反映了现实与理想情况的差别,发现偏差时要查明原因,判定是正常偏差还是不正常偏差,然后采取措施处理。

在成本累计曲线图上,根据实际支出情况的趋势可以对未来的支出进行预测,将预测曲线与理想曲线进行比较,可获得很有价值的成本控制信息。这对项目管理很有帮助。

虽然成本累计曲线可以为项目控制提供重要的信息,但前提是我们假定所有工序时间都是固定的。在网络分析中我们知道,大量的非关键工序开始和结束的时间是需要调整的。利用各工序的最早开始时间和最迟开始时间制作的成本累计曲线称为香蕉曲线,如图 5-7 所示。

香蕉曲线表明了项目成本变化的安全区间,如果实际发生的成本变化不超出两条曲线限定的范围,就属于正常变化,可以通过调整开始和结束的时间使成本控制在计划的范围内。如果实际成本超出这一范围,就要引起重视,查清情况,分析出现的原因。如果有必要,应迅速采取纠正措施。顺便指出,香蕉曲线不仅可以用于成本控制,还是进度控制的有效工具。

5.3.4 挣得值法

绩效度量技术主要用于评估费用变化的大小、程度及原因等。挣得值(Earned value)法是最常用的技术,该方法用三种指标来控制衡量费用使用情况。1967 年,美国国防部制订费用/进度控制系统的准则(Cost/Schedule Control Systems Criteria,C/SCSC

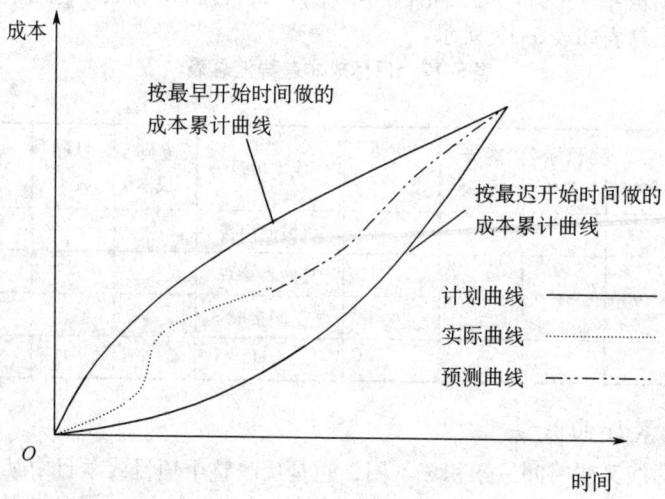

图 5-7 典型的香蕉曲线

或 CS）时，正式采用了挣得值的概念，目前美国宇航局（NASA）、美国国税局（IRS）和美国联邦调查局（FBI）等国防部以外的机构也采用了挣得值的概念。

1. 费用/进度控制系统准则简介

在 19 世纪 60 年代，针对管理大型合同，美国国防部为政府项目管理人员提供了关于良好项目管理的 35 项主要准则。这些费用/进度控制系统标准被称为 C/SCSC 或 CS 标准。该标准关注于项目开发时的综合成本/进度和绩效评价数据。使用该标准通常要求承包商：

1）利用合同工作分解结构（Contract WBS），对授权的工作及相关的资源加以界定，以满足合同的需要，确定内部组织因素以及负责完成授权工作的分销商。

2）为项目的计划、进度、预算及费用累计综合系统地提供其中间产品以及合同工作分解结构和组织结构。

3）明确负责控制一般管理费用（间接成本）的管理职位。

CS 标准共有 35 条准则，主要包括五方面的内容：

（1）组织机构　本部分强调要求由承包商按工作定义将项目任务指派给负责执行该工作的组织机构。

（2）规划和预算　该部分要求必须将所有批准的工作安排妥当，并将预算分派给指定的合同任务管理单位。将预算按照计划分段分配，从而可以与实际执行情况进行比较。计划可以进行必要的更改，但必须严格控制并加以文档化。

（3）会计　承包商所用的系统必须能够详细地记录合同的所有直接和间接费用。这些费用必须从一个规定层次直接汇总，在这个层次上，通过工作分解结构和职能组织机构将此类费用应用于合同。

（4）分析　CS 标准建立了承包商系统必须具有的特性，规定了要推导出的五个基本数据元素——ACWP（已完成工作的实际费用）、BCWP（已完成工作的预算费用，即挣得值）、BCWS（计划工作的预算费用）、BAC（完成/完工基线）和 FAC（完工预测）。承包商管理者要使用这些数据确定实际合同状态。

（5）修订 按照本准则检查承包商对计划修订的能力。这种修订可以是由合同更改引起的，也可以是由内部条件引起的。无论哪种情况，范围更改或范围内部活动重新规划都必须根据规定的方式完成并保持执行度量基线的有效性。

下面仅以计划和预算及会计两个方面做一下简单介绍。

（1）计划和预算

1）以如下方式规划授权工作的进度。为了满足合同的开发需要，顺序确定重要工作的相互依赖性并描述工作。

2）确定用于度量项目成果的实物产品、里程碑、技术绩效指标和其他指标。

3）在费用账目上确定并保持按时间阶段预算的基准计划，通过该账目，可以度量合同绩效。为该项目确定的最初预算应以合同的目标成本为基础，其他用于绩效评价指标也应该得到主要项目干系人的承认。

4）分开考虑费用要素，以确定所有授权工作的预算（劳动力、原材料等），并尽可能将授权工作分解成离散的工作包，根据货币、小时或其他可度量的单位确定该工作的预算。

5）为每一重要部门建立总体的一般管理费用预算，这些费用将成为间接费用，并将一般管理费用根据合适的水平反映在合同预算中。

6）确定管理储备金和未分配预算，保持费用账目的平衡。

（2）会计

1）在应用或其他可接受的标准上，以与预算相一致的方式，在由一般会计准则所确定的正式系统中记录直接费用。

2）将直接费用由费用账目汇总到工作分解结构账目，分成两个或两个以上的组织因素。

3）记录所有根据合同分派的间接成本。

4）确定用以分派待摊人力成本的依据。

5）确定单位成本、等价的单位成本或可行的总量成本。

6）承包商的原材料会计系统应包括：

① 准确的费用累积及费用账目的费用分配，并且与预算相一致。

② 确定价格的变动。

③ 在接到原材料之后，适时确定相关种类原材料的成本绩效评价。

④ 关注由原材料的不当使用而引起的费用变动。

CS 标准的一些控制条件——度量费用基线表示了承包商执行合同的内部工作计划、按时间阶段安排的资金。内部计划一般提供了相应于合同交付里程碑的某些缓冲或松弛日历时间，这些时间冗余量往往针对诸如卖方交付延迟或产品返工所需要的时间等典型问题。如果不是这样，则会由于不利的进度变化而延误进度，可能引起不必要的混乱。如果缓冲/松弛时间可以消除这种延误，则不利的进度变化就不会影响合同交付。进度变化必须与其他诸如网络、横道图和条线图的进度信息相联系进行分析。CS 标准本身不会显示出进度变化的关键信息，而且可能误入歧途，这都是因为在某些合同 WES 区域的不利实施可以由其他区域的顺利执行给予补偿。

2. 挣得值法

在定义了有关费用管理的一些基本原则之后，CS 标准用"挣得值"来进行项目的成本、进度绩效分析，具体的方法如下：

1) 对计划工作预算费用（BCWS）和已完成工作的预算费用（BCWP）进行比较。
2) 对已完成工作的预算费用（BCWP）和该工作的实际费用（ACWP）进行比较。
3) 根据上述 1)、2) 的比较结果识别费用、进度变动情况，并根据劳动、原材料或其他合适因素以及引起较大变动的原因进行分析。

在 C/SCSC 内使用的挣得值法的三个基本值是：

1) 已安排工作的预算费用 BCWS（Budgeted Cost of Work Scheduled），即根据批准认可的进度计划和预算到某一时点应当完成的工作所需投入资金的累计值。这个值对衡量项目进度和项目费用都是一个标尺或基准。一般来说，BCWS 在工作实施过程中应保持不变，除非合同有变更。如果合同变更影响了工作的进度和费用，经过批准认可，BCWS 基线也应做相应的更改。按我国的习惯，可以把它称作"计划投资额"。

2) 已完成工作的预算费用 BCWP（Budgeted Cost of Work Performed），即根据批准认可的预算，到某一时点已经完成的工作所需投入资金的累计值。由于业主正是根据这个值对承包商完成的工作量进行支付的，也就是承包商获得（挣得）的金额，故称挣得值（也称获得值、赢得值、净赚值、赚取值、盈余量、挣值、实践值等）。当然，已完成的工作必须经过验收，要符合质量要求。挣得值反映了满足质量标准的项目的实际进度，真正实现了投资额到项目成果的转化。按我国的习惯，可将其称作"实现投资额"。

3) 完成工作实际费用 ACWP（Actual Cost of Work Performed），即到某一时点已完成的工作所实际花费的总金额。按我国的习惯，可将其称作"消耗投资额"。

通过三个基本值的对比，可以对项目的实际进展情况做出明确的测定和衡量，有利于对项目进行监控，也可以清楚地反映出项目管理和项目技术水平的高低。

项目投资额的三个基本值实际上是三个关于进度（时间）的函数，即

1) BCWS (t)，$(0 \leqslant t \leqslant T)$。
2) BCWP (t)，$(0 \leqslant t \leqslant T)$。
3) ACWP (t)，$(0 \leqslant t \leqslant T)$。

其中，T 表示项目完成时点，t 表示项目进展中的监控时点。在理想状态下，上述三条函数曲线应该重合于 BCWS (t)，$(0 \leqslant t \leqslant T)$。如果管理不善，ACWP (t) 会在 BCWP (t) 曲线之上，说明费用已经超支；BCWP (t) 在 BCWS (t) 曲线之下，说明进度已经滞后。

从上述三个基本值还可导出以下几个重要指标：

（1）费用偏差 CV（Cost Variance）　　CV 是指在某个检查点上 BCWP 与 ACWP 之间的差异，即

$$CV = BCWP - ACWP$$

当 CV 为负值时，表示超支，实际费用超过预算费用。若在几个不同的检查点上都出现此问题，则说明项目执行效果不好。

当 CV 为正值时，表示节支，实际费用没有超出预算费用，项目执行效果良好（见图 5-8）。

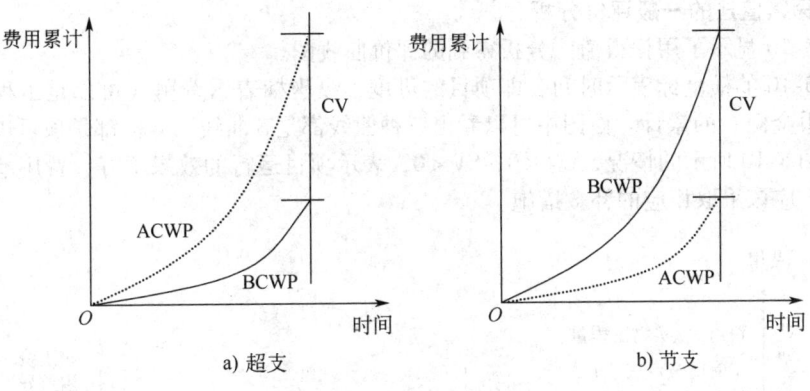

图 5-8　费用偏差示意图

（2）进度偏差 SV（Schedule Variance）　SV 是指在某个检查点上 BCWP 与 BCWS 之间的差异，即

$$SV = BCWP - BCWS$$

当 SV 为负值时，表示进度延误。

当 SV 为正值时，表示进度提前（见图 5-9）。

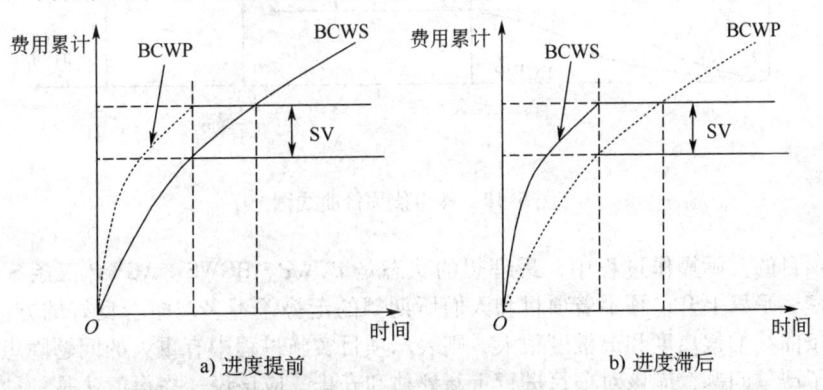

图 5-9　进度偏差示意图

（3）费用绩效指数 CPI（Cost Performance Index）　CPI 是指预算费用与实际费用值的比值，即

$$CPI = BCWP/ACWP$$

当 CPI > 1 时，表示节支，即实际费用低于预算费用。

当 CPI < 1 时，表示超支，即实际费用高于预算费用。

（4）进度绩效指标 SPI（Schedule Performed Index）　SPI 是指项目挣得值与计划值的比值，即

$$SPI = BCWP/BCWS$$

当 SPI > 1 时，表示进度提前，即实际进度比计划进度快。

当 SPI < 1 时，表示进度延误，即实际进度比计划进度拖后。

3. 挣得值法的一般评价分析

图 5-10 显示了用挣得值法分析得到的评价曲线图。

图 5-10 的横坐标表示时间,即项目的进度;纵坐标表示费用(可以是工程量、工时、货币金额)的累计。由图中可以看出三种曲线都是 S 曲线,同样都是项目进度的函数,如图 5-10 所示的情况,CV＜0,SV＜0,表示项目运行的效果不好,费用超支,进度拖延,应该采取相应的补救措施。

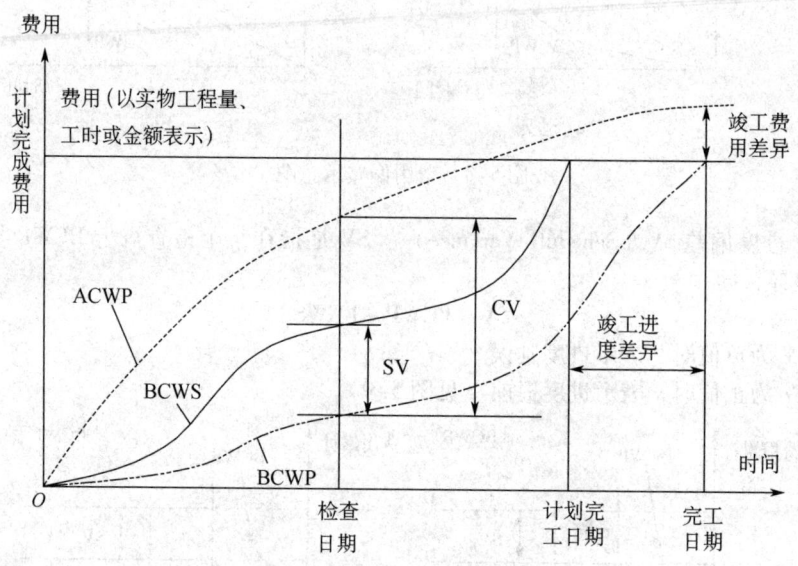

图 5-10 挣得值评价曲线图

在项目的实际操作过程中,最理想的状态是 BCWP、BCWS、ACWP 三条 S 曲线靠得很紧密,平稳上升,预示着项目和人们所期望的走势差不多,向着良好的方向发展。如果三条曲线的偏离度和离散度很大,则表示项目实施过程中有重大的问题隐患,或已经发生了严重问题,应该对项目进行重新评估和安排。应该说,挣得值法是一种比较准确的事后评价方法,可以采用一些预测的手段来对项目的发展进行评价,但准确性会大大降低。基于此方法的事后评价特性,我们可以根据以往的经验,总结出一些费用超支的部分原因。

(1)宏观原因 出现重大的技术难题,计划不充分,物价上涨,总工期拖延,工作量大幅增加。

(2)微观原因 工作效率低下,返工次数增多,管理协调能力不足。

(3)内部原因 管理效率低下,员工素质不高,直接成本增加,事故增多。

(4)外部原因 上级、业主的干扰,国家相关产业政策的变动,其他风险。

(5)其他原因 原因分析可以采用因果关系图进行定性分析,也可以利用因素差异分析法进行定量分析。当发现费用超支时,人们通常会采取挪用其他工作包经费的方法暂时渡过难关,其实这种拆东墙补西墙的办法对项目的危害是非常大的,不仅会损害项目产品的质量,而且会严重扰乱项目的计划,最终导致更大的费用超支。

根据有关的统计，完全没有超支和进度拖延的完美项目至今没有出现，因而费用的超支是比较正常的，但必须是良性的超支才能接受，例如，与预算偏离度不大且可以接受的超支；购买更新、更高效的技术、原材料；购买特别保险；实施过程的重新规划等。下面给出一个挣得值法参数分析与应对措施表（见表5-18）。

表 5-18　挣得值法参数分析与应对措施

序号	图 例	参 数 关 系	分 析	措 施
1		ACWP > BCWS > BCWP CV < 0, SV < 0	效率低，进度较慢，投入超前	用高效率人员，替换低效率人员
2		BCWS > ACWP > BCWP CV < 0, SV < 0	效率较低，进度慢，投入延后	增加高效人员的投入
3		BCWP > ACWP > BCWS CV > 0, SV > 0	效率较高，进度快，投入超前	抽出部分人员，放慢进度
4		BCWP > BCWS > ACWP CV > 0, SV > 0	效率高，进度较快，投入延后	如果偏离不大，可以维持原状

（续）

序号	图 例	参 数 关 系	分 析	措 施
5		ACWP > BCWP > BCWS CV < 0, SV > 0	效率较低，进度较快，投入超前	抽出部分人员，增加少量骨干人员
6		BCWS > BCWP > ACWP CV > 0, SV < 0	效率较高，进度较慢，投入延后	迅速增加人员投入

注：表中实线表示 BCWS，双点画线表示 BCWP，虚线表示 ACWP。

项目的实际成本总是围绕计划成本为轴线上下波动的。一般实际成本要低于预算成本，偶尔也可能高于预算。从上述分析可知运用偏差控制法的一般程序如下：

（1）找出偏差 偏差控制法要求在项目实施过程中定期地，如每日或每周，不间断地寻找和计算三种偏差，并以目标偏差为对象进行控制。通常寻找偏差可用成本对比方法进行。通过在施工过程中不断记录实际发生的成本费用，然后将记录的实际成本与计划成本进行比较，从而发现目标偏差。还可将实际成本、计划成本两者的发展变化用图形表示出来。项目成本控制的目的是尽量减少目标偏差，目标偏差越小，说明控制效果越好。由目标偏差＝实际偏差＋计划偏差，我们知道要减少项目的目标偏差，只有采取措施减少施工中发生的实际成本偏差，因为计划偏差一经制订，一般在执行过程中就不再改变。

（2）分析偏差产生的原因 分析成本偏差产生原因的方法通常有两种，即因素分析法与图像分析法。

1）因素分析法。因素分析法就是将成本偏差的原因归纳为几个相互联系的因素，然后用一定的计算方法从数值上测定各种因素对成本产生偏差程度的影响，分析偏差的产生是由哪种成本费用增加而引起的。如当一个项目成本受几个因素影响时，先假定一个因素在变动，其他因素不变，计算出此因素的影响程度，然后再依次去替换第 2，3，…，第 n 个因素，从而找出各因素的影响程度。

2）图像分析法。图像分析法就是通过绘制线图和成本曲线的形式，比较分析总成本和分项成本，发现总成本出现偏差是由哪些分项成本超支造成的，以便采取措施及时纠正。

（3）纠正偏差 当我们发现成本偏差，并经过成本分析找出产生偏差的原因之后，必须针对偏差的原因采取相应的措施，以减少成本偏差，并把成本控制在理想的开支范围之内，以使成本控制目标最终得以实现。

5.4 价值工程及其在施工项目成本控制中的应用

5.4.1 价值工程的基本概念

价值工程又称价值分析，是一门技术与经济相结合的现代化管理科学。它通过对产品的功能分析，研究如何以最低的成本去实现产品的必要功能。因此，应用价值工程，既要研究技术，又要研究经济，即研究在提高功能的同时不增加成本，或在降低成本的同时不影响功能，把提高功能和降低成本统一在最佳方案之中。

长期以来，从学校教育开始，就把质量管理和成本管理分成两个学科。在实际工作中，更把提高质量看成是技术部门的职责，而把降低成本看成是财务部门的职责。由于这两个部门的分工不同，业务要求不同，因而处理问题的观点和方法也会不同。例如，技术部门为了提高质量往往不惜工本，而财务部门为了降低成本又很少考虑保证质量的需要。通过价值工程的应用，则能使产量与质量、质量与成本达到完美的统一。

由于价值工程是把技术与经济结合起来的管理技术，需要多方面的业务知识和技术数据，也涉及许多技术部门（如设计、施工、质量等）和经济部门（如预算、劳动、材料、财会等）。因此，在价值工程的应用过程中，必须按照系统工程的要求，把有关部门组织起来，通力合作，才能取得理想的效果。

5.4.2 价值工程的定义和基本原理

关于价值工程的定义，尽管有很多不同的说法，但都大同小异。比较简单的定义应该是：价值工程是以功能分析为核心，使产品或作业达到适当的价值，即用最低的成本来实现其必要功能的一项有组织的活动。

1. 价值、功能和成本的关系

价值工程的目的是力图以最低的成本使产品或作业具有适当的价值，也即实现其应该具备的必要功能。因此，价值、功能和成本三者之间的关系应该是：

价值 = 功能（或效用）/成本（或生产费用）

用数学公式可表示为：

$$V = \frac{F}{C}$$

上述公式给我们的启示是：一方面客观地反映了用户的心态，都想买到物美价廉的产品或作业，因而必须考虑功能和成本的关系，即价值系数的高低；另一方面，又提示产品的生产者和作业的提供者，可从下列途径提高产品或作业的价值：

1）功能不变，成本降低。
2）成本不变，功能提高。
3）功能提高，成本降低。
4）成本略有提高，功能大幅度提高。
5）功能略有下降，成本大幅度下降。

为了对上述公式中的价值、功能和成本有一个正确的理解，需要做如下说明：

1）价值不是从价值构成的角度来理解的，而是从价值的功能角度出发，表现为功能与成本之比。

2) 功能是一种产品或作业所担负的职能和所起的作用。这里有一个观念问题,当用户购置产品或作业时,并非购买产品或作业的本身,而是购买它所具有的必要功能。如果功能过全、过高,必然会导致成本费用提高,而用户并不需要超过必要功能的部分,这就会造成功能过剩;反之又会造成功能不足。

3) 公式中的成本并不是一般意义上的成本,而是产品寿命周期的成本。例如,工程项目的寿命周期,应从可行性研究开始到保修期结束,其寿命周期成本也应包括这期间的全部成本。

2. 价值工程的核心——功能分析

价值工程的核心是对产品或作业进行功能分析,即在项目设计时,要在对产品或作业进行结构分析的同时,还要对产品或作业的功能进行分析,从而确定必要功能和实现必要功能的最低成本方案(工程概算);在项目施工时,要在对工程结构、施工条件等进行分析的同时,还要对项目建设的施工方案及其功能进行分解,以确定实现施工方案及其功能的最低成本计划(施工预算)。

3. 价值工程是一项有组织的活动

在应用价值工程时,必须有一个组织系统,把专业人员(如施工技术、质量安全、施工管理、材料供应、财务成本等人员)组织起来,发挥集体力量,利用集体智慧方能达到预订的目标。组织的方法有多种,在项目建设中,把价值工程活动同质量管理活动结合起来进行,不失为一种值得推荐的方法。

5.4.3 价值工程的工作程序

根据价值工程的工作标准,结合项目施工的特点,施工项目的价值工程工作程序可分以下四个阶段实施:

1. 准备阶段

(1) 对象选择 价值工程的应用对象和需要分析的问题,应根据项目的具体情况来确定,一般可从下列三方面来考虑:

1) 设计方面。如设计标准是否过高,设计内容中有无不必要的功能等。

2) 施工方面。施工方面主要是寻找实现设计要求的最佳施工方案,如分析施工方法、流水作业、机械设备等有无不必要的功能(即不切实际的过高要求)。

3) 成本方面。成本方面主要是寻找在满足质量要求的前提下降低成本的途径,应选择价值大的工程进行重点分析。

(2) 组织价值工程小组 价值工程小组的建立,要根据选定的对象来组织。可在项目经理部组织,也可在班组中组织,还可上下结合起来组织。

(3) 制订工作计划 价值工程的工作计划,其主要内容应该包括:预期目标、小组成员及分工、开展活动的方法和步骤等。

2. 分析阶段

(1) 收集资料

1) 基础资料。基础资料是指本项目及企业的基本情况,如企业的技术素质和施工能力,以及本项目的建设规模、工程特点和施工组织设计等。

2) 技术资料。技术资料包括项目的设计文件、地质勘探资料以及用料的规格和质量等。

3)经济资料。经济资料包括项目的施工图预算、施工预算、成本计划和工、料、机费用的价格等。

4)业主单位意见。如业主单位对项目建设的使用要求等。

(2)功能分析　功能分析即对项目实体进行系统的功能分析,如分析项目的每个部位、每个分项工程,甚至每道工序在项目施工中的作用。

(3)功能评价　功能评价即对工序、分项工程、部位进行功能评价,求出其成本和价值。

3. 方案创新和评价阶段

(1)提出改进方案　其目的是寻找有无其他方法能实现这项功能,如混凝土工程有无新的配合比或掺用附加剂,深基础工程有无不同的开挖方法等。

(2)评价改进方案　评价改进方案主要是对提出的改进方案,从功能和成本两方面来进行评价,具体计算新方案的成本和功能值。

(3)选择最优方案　选择最优方案即根据改进方案的评价,从中优选最佳方案。

4. 实验与验收阶段

1)提出新方案,报送项目经理审批,有的还要得到监理工程师、设计单位甚至业主的认可。

2)实施新方案,并对新方案的实施进行跟踪检查。

3)进行成果验收和总结。

5.4.4　价值工程在施工项目成本控制中的应用

由于价值工程扩大了成本控制的工作范围,从控制项目的寿命周期费用出发,应结合施工,研究工程设计的技术经济的合理性,探索有无改进的可能性。具体地说,就是应用价值工程,分析功能与成本的关系,以提高项目的价值系数;同时,通过价值分析来发现并消除工程设计中的不必要功能,达到降低成本、降低投资的目的。

1. 对工程设计进行价值分析的必要性

1)通过对工程设计进行价值工程分析,可以更加明确业主单位的要求,更加熟悉设计要求、结构特点和项目所在地的自然地理条件,从而更利于施工方案的制订,更能得心应手地组织和控制项目施工。

2)通过价值工程活动,可以在保证质量的前提下,为用户节约投资,提高功能,降低寿命周期成本,从而赢得业主的信任。大大有利于甲乙双方关系的和谐与协作;同时,还能提高自身的社会知名度,增强市场竞争能力。

3)通过对工程设计进行价值工程分析,对提高项目组织的素质,改善内部组织管理,降低不合理消耗等,也有积极的直接影响。

2. 确定价值工程活动对象

结合价值工程活动,制订技术先进、经济合理的施工方案,实现施工项目成本控制。

1)通过价值工程活动,进行技术经济分析,确定最佳施工方法。

2)结合施工方法,进行材料使用的比选,在满足功能要求的前提下,通过代用、改变配合比、使用添加剂等方法降低材料消耗。

3)结合施工方法,进行机械设备选型,确定最合适的机械设备的使用方案。如机械要选择功能相同、台班费最低或台班费相同、功能最高的机械；对于模板的选择，要根据结构特点，在组合钢模、大钢模、滑模中选择最合适的一种。

4）通过价值工程活动，结合项目的施工组织设计和所在地的自然地理条件，对降低材料的库存成本和运输成本进行分析，以确定最节约的材料采购方案和运输方案以及最合理的材料储备。

3. 实施过程

某施工项目的价值工程活动及其成果如下：

1）制订提高价值的方案。根据用户对项目建设的要求，应用价值工程原理，制订提高价值的最佳方案，即在满足必要功能的前提下降低工程成本。

2）绘制功能系统图。根据本项目的特点，确定功能目标，绘制功能系统图。

3）计算功能比重因子。根据上述功能在分部工程中所起作用的大小（原始数据由技术部门提供），计算各种功能在分部工程中的比重。

4）修正功能比重。

5）计算功能系数：

$$功能系数 = 分部工程得分数/施工项目得分总数$$

根据分部工程功能作用分析表和功能作用修正表提供的数据，计算各分部工程的功能系数。

6）计算成本系数和价值系数。根据上述资料和财务部门可提供的预算成本及目标成本，计算各分部工程的成本系数和价值系数。

$$成本系数 = 分部工程预算成本/总成本$$
$$价值系数 = 分部工程功能系数/分部工程成本系数$$

7）确定价值分析的对象，制定改进措施。凡价值系数小于1者，均可作为价值改进对象，诊断存在问题，制定改进措施。

8）成果验收和总结。价值工程活动所取得的成果如下：

① 不仅实现了工程项目达到功能要求以及降低成本、提高价值的目的，而且促进了所有分部工程的技术和经济管理，使施工项目的管理水平从总体上提高了一步。

② 促进了技术进步。

③ 提高了经济效益。根据该施工项目的竣工成本分析，与施工图预算对比，节约了原材料，降低了成本。

④ 赢得了社会信誉。

5.5 项目成本控制的输出结果

项目成本控制的结果是实施成本控制后的项目所发生的变化，包括修正后的成本估算、预算更新、纠正措施、完成估算、经验与教训等，成本控制的结果往往反映了项目实施的成功与否。

5.5.1 修正后的成本估算

修正后的成本估算就是对用于管理项目的成本信息所做的修正。必要时，需通知有关的项目干系人。修正后的费用成本估算可能要求对整体项目计划的其他方面进行调整。

修正成本估算是为了管理项目的需要而修改费用信息。由于成本控制反馈出一些有关促进费用重新估算的更为有效的信息，如在成本控制中发现成本基准的某些异常情况或者不适于目前项目进展要求的情况，那么就需要项目管理人员在不改变项目计划方向的前提下重新对成本估算进行完善。

5.5.2 预算更新

预算更新是一种特殊的修改估算。预算更新就是对已经批准的费用计划的修改。这些数字一般只在反映项目范围的变化时才做相应的修改。在某些情况下，成本偏差可能非常严重，需要重新确定费用计划，才能提供测量成本控制情况所需的真实数据。

预算更新是一个更为激进的项目控制反馈活动后，它的前提是发现了项目前期工作的重大失误，从而要对既定的费用基线进行更改（不包括项目干系人对项目的影响）。发生此类活动后，项目组要在不影响项目进展的情况下，按照正规的报告、审批和执行程序进行预算更新，并且给出严密的书面报告，及时按程序通知有关单位。

5.5.3 纠正措施

纠正措施是指为了将项目未来预期的成本控制在项目计划范围内而采取的所有行动的统称。在实施项目成本控制时，由于项目实施不可避免地要遇到各种问题，包括产品市场变化、设备及原材料价格变化、相关政策变化、资金来源和渠道变化、各种物资运输及项目内部建设和管理出现的各种问题等，都要影响到项目成本控制计划的正常实施。对于这些出现的问题，需要我们采取大量的措施予以纠正，并在需要时重新制订成本计划。因此，在任何一个项目中，如何采取纠正措施解决项目出现的各种问题往往是项目管理中最重要的问题。

5.5.4 完成估算

完成估算 EAC（Estimate at Completion）是根据项目执行情况对项目总成本的预测。按照项目完成情况估计在目前状态下完成项目所需要的费用，EAC 主要有三种情况：

1）EAC = 实际支出 + 按目前情况对剩余预算所做的修改。此类情况通常用在认为项目将来的情况不会与目前情况有很大出入时。

2）EAC = 实际支出 + 对未来剩余工作的重新估算。当目前的项目执行情况表明以往的费用估算假设基本失效，或者由于目前条件的改变使原有的假设不再成立时，可以使用该方法。

3）EAC = 实际支出 + 剩余的预算。当项目管理者认为目前情况仅仅是一种特殊情况，不必对项目预算进行变动时，可以使用此方法。

5.5.5 项目计划的变更

虽然费用使用计划是控制费用的标准性依据，但在实际执行时，还有一些出入，这就造成项目费用模型的变化。当变化幅度很大时，就需要产生更适合实际的费用管理计划。新计划产生必须与原计划的产生程序一致，只不过是更加适合于变化了的环境。新计划的出台必须及时、准确。为了保持项目的连续性，原计划、新计划乃至实际费用都要在结构、内容和范围上保持高度的一致。

5.5.6 经验与教训

偏差的原因、所选纠正措施的理由及从成本控制角度汲取的其他类型的教训都应编成文档，以作为本项目以及执行组织的其他项目可利用的历史数据库的组成部分。在项目实施过程中，进行成本控制的目的就是最大可能地降低工程成本。在寻找成本控制方法的过程中，有许多经验和诀窍是可以应用的。但是对于许多工程，特别是较大的工程项目，对所有项目作业的成本及成本控制情况进行研究，显然是不合适的，也是不可能的。这时可选择对工程中影响较大的细分项目进行研究，往往能达到实现项目整个目标成本控制的目的。如在选择细分项目时，选择数量多的工种、重复作业的工种、费用高的工种、危险性大的工种等，获得整体成本控制的效果往往较好。另外，我们在进行成本控制时，还可以通过在有可能实现节约的环节上加强管理，实现费用的节约。如在材料费、人工费、转包费、机械费、临时设施费等环节的管理上，往往可以通过优化管理使项目在正常进行的同时，成本大大减少。从这些实现成本控制的各种方法中可以看出，实际上成本控制的程度如何，往往带有一定的弹性，在这里，起重要作用的就是规范的管理制度和较高素质的管理人员。因此，对每一个项目而言，及时总结并采取措施在相关项目中推广好的经验和防范教训是非常必要的。因为它既可以使项目的内在管理更加规范，也可以提高管理人员的管理水平，更为重要的是，它可以从成本控制上降低项目的风险，并保证项目实施的成功。

5.6 项目成本控制应注意的几个问题

在市场经济中，项目的成本控制不仅在项目控制中，而且在整个项目管理以至于整个企业管理中都有着重要的地位。人们追求企业和项目的经济效益，企业的成就通常通过项目成就来实现。而项目的经济效益通常通过盈利的最大化和成本的最小化来实现。

特别是当承包商通过投标竞争取得项目，签订合同，同时确定了合同价格时，项目经济目标（盈利性）完全是通过成本控制来实现的。

5.6.1 实施中的计划变更问题

虽然原成本计划（预算）指标是控制的依据，但在实际工程中原计划和设计经常会有许多修改，这造成项目计划成本模型的变化。即使通过招标投标，双方签订合同，确定了价格，但一般合同中，也还有许多价格调整的条款，例如，FIDIC 合同中有：

1）实际已完成的工程量与计划工作量的差异，工程按实际工程量和合同单价付款。

2）增加合同工程量表中未包括的分项，即附加新的工程项目。

3）图样错误。变更造成工程量变化及工程停工、返工、发生业主风险范围内的事件造成损失。

4）业主指令工程实施顺序变化。

5）由于业主或其他方面干扰造成工程停工、低效率损失等。

这些变化产生了一种新的计划。它既不同于原来的计划成本（初始的计划），也不同于实际成本（完全的实际开支）。在项目实施过程中，只有这种新的计划成本和实际成本相比较，才更有实际意义，才有可信度，才能获得项目收益的真正信息。而这个新计划版本在项目过程中是一直变动的，所以成本控制必须一直跟踪最新的计划。

新计划的依据是项目任务书或合同，以及相应的变化。对于承包商的项目，按照合同可以进行费用索赔（业主应追加费用）的各种因素都应作为对原计划的变更而纳入到新计划中。例如,对于分项工程的成本,新计划应按已完成的实际工作量和相应合同单价中的成本份额计算新的计划成本(即可以从业主处获得的成本份额),并将它与实际成本比较才有意义,才能反映出承包商的实际施工成果。但对承包商(或项目管理者)合同风险范围内的事件处理比较困难,一般可有两种处理方式:

1)对整个项目进行核算时,风险损失首先用风险准备金补偿。若不够,再用利润补偿。这种风险常常不能归为项目承担者的责任。

2)对下层次实施者,这种风险也不应由他承担,风险损失不应作为他的成本负担。所以对他来说,新计划应包括已发生的风险的影响。

为了保持可比性,原计划、新计划、实际成本在成本结构、内容和范围上应保持一致。

5.6.2 实际成本核算

1. 会计成本核算的问题

为了及时进行成本控制,必须不断地掌握实际成本的支出情况,所以首先必须进行成本核算。对此人们必然首先想到企业的会计核算系统。它包括项目的成本核算,这个成本核算反映项目的实际支付,对企业中项目成本的宏观控制是十分有用的。项目的成本核算必须与企业会计的成本核算相结合,形成一个集成系统。但如果将企业会计核算用于工程的成本控制中,则会有如下问题:

1)会计作为企业经济核算的职能部门,他们不参与直接项目的控制过程,他们没有项目成本控制责任,即使下达这类任务,也不可能积极参与,并提供信息处理。

2)会计所进行的成本核算资料,只有在报告期结束(如月末)时,才形成信息,待到项目管理者手中时,一般已有4~6周的滞后,这对项目控制来说时间太长,几乎没有控制的可能。而成本控制,需要短期情况分析和诊断,它的数据更有现实性和实用价值。

会计核算是静态的核算,反映计划期的各项开支,而成本控制是动态的、跟踪的过程,根据目标变化,不断地进行成本分析、诊断、预测结束期成本状态,分析变化的影响因素。

3)企业的会计核算,一般科目的设立仅能达到项目,即以项目作为一个成本核算的科目,有时还可分到成本项目,这对项目成本控制来说是远远不够的。而且项目成本控制,有自己的成本分项规则,必须按成本计划多角度进行分析和控制,例如,工作包、合同报价、工程分项、各责任单位(或委托单位)等。实际成本需要与网络有较好的相容性,可将成本引入工程活动中。

4)对于工程项目而言,成本管理必须分散到施工现场的各个地方,进行现场的已完工程的界定,以及工时、材料和设备的记录和分摊。所以,工程项目,特别是大的工程项目需要现场的成本核算系统。当然工地成本核算与企业的会计核算有多方面的沟通,以达到信息共享。这里应当防止信息的冗余和重复的处理过程。通过有效的编码系统可以保证简单而迅速地、可变地分类统计、分析并提供成本信息报告。

2. 实际成本核算过程(以工程项目为例)

1)记录各分项工程中消耗的人工、材料、机械台班及费用的数量,这是成本控制的基础工作。有时还要对已领用但未用完的材料进行估算。

2) 本期内工程完成状况的量度。在这里已完工程的量度比较简单，困难的是跨期的分项工程，即已开始但尚未结束的工程。由于实际工程进度是作为成本花费所获得的已完产品，它的量度的准确性直接关系到成本核算、成本分析和预测剩余成本估算的准确性。在实际工程中人为的影响较大，处理不好会造成项目成本的大起大落。

3) 工程工地管理费及总部管理费开支的汇总、核算和分摊。

4) 各分项工程以及总工程的各个费用项目核算及盈亏核算，提出工程成本核算报表。

在上面的各项核算中，许多费用开支是经过分摊进入分项工程成本或工程总成本的，例如，周转材料、工地管理费和总部管理费等。

分摊是选择一定的经济指标，按比例核算的。例如，企业管理费按企业同期所有工程总成本（或人工费）分摊进入各个工程；工地管理费按本工程各分项工程直接费总成本分摊进入各个分项工程，有时周转材料和设备费用也必须采用分摊的方法核算。由于分摊是平均计算的，所以不能完全反映实际情况。分摊的核算和经济指标的选取受人为的影响较大，常常会影响成本核算的准确性和成本评价的公正性。所以，对能直接核算到分项工程的费用应尽量采取直接核算的办法，尽可能减少分摊费用值及分摊范围。

3. 成本开支的监督

成本控制一定要着眼于成本开支之前和开支过程中，因为当发现成本超支时，损失已成为现实，很难甚至无法挽回。人们经常企图通过在其他工作包上的节约来解决成本超支的问题。这是十分困难的，因为这部分工作包要想压缩成本必然会损害工期和质量。反之如果不发生损害，则说明原成本计划没有优化。

1) 落实成本目标，不仅是一般的分项工程及项目单元的成本目标，而且要落实资源的消耗和工作效率指标。例如，下达与工作量相应的用工定额、用料定额、费用指标，如果需要追加，应有一定的手续。对于各职能部门，管理部门要把落实费用指标作为控制对象。

2) 开支的审查和批准，特别是各种费用开支，即使已经制订了计划，仍需加强事前批准、事中监督和事后审查。对于超支或超量使用的必须特别审批，追查原因，落实责任。

3) 签订各种外包合同（如劳务供应、工程分包、材料供应、设备租赁等）时，一定要在合同价格方面进行严格控制，包括价格水准、付款方式和付款期、价格补偿条件和范围等。在实际施工中还应严格控制各款项的支付。

5.6.3 有关项目成本控制的其他工作

有关成本控制其他方面的工作包括：

1) 与相关部门（职能人员）合作，提供分析、咨询和协调工作，例如，提供由于技术变更、方案变化引起的成本变化，使各方面做决策或调整项目时考虑成本因素。

2) 用技术经济的方法分析超支原因，分析节约的可能性，从总成本最优的目标出发，进行技术、质量、工期、进度的综合优化。

3) 通过详细的成本比较、趋势分析获得一个顾及合同、技术、组织影响的项目最终成本状况的定量诊断。这是为制定调控措施服务的。

4) 组织信息，向各个方面特别是决策者提供成本信息，保证信息的质量，为各方面的决策提供问题解决的建议和意见。在项目管理中成本的信息量最大。

5) 对项目形象的变化，如环境的变化、目标的变化等所造成的成本影响进行测算分析，并调整成本计划，协助解决费用补偿问题（即索赔和反索赔）。

成本控制必须加强对项目变更和合同执行情况的处理。这是针对成本超支最好的战略。

成本控制是十分广泛的任务，它需要各种人员（如技术、采购、合同、信息管理人员）的介入，必须纳入项目的组织责任体系中。

5.6.4 项目成本控制案例分析

某项目共有 10 项任务，在第 20 周结束时有一个检查点。项目经理在该点对项目实施检查时发现，一些任务已经完成，一些任务正在实施，另外一些任务还没有开工，如图 5-11 所示（图中的百分数表示任务的完成程度）。各项任务已完成工作量的实际耗费成本在表 5-19 中的第 3 列给出，假设项目未来情况不会有大的变化，请计算该检查点的 BCWP、BCWS 和 EAC，并判断项目在此时的费用使用和进度情况。

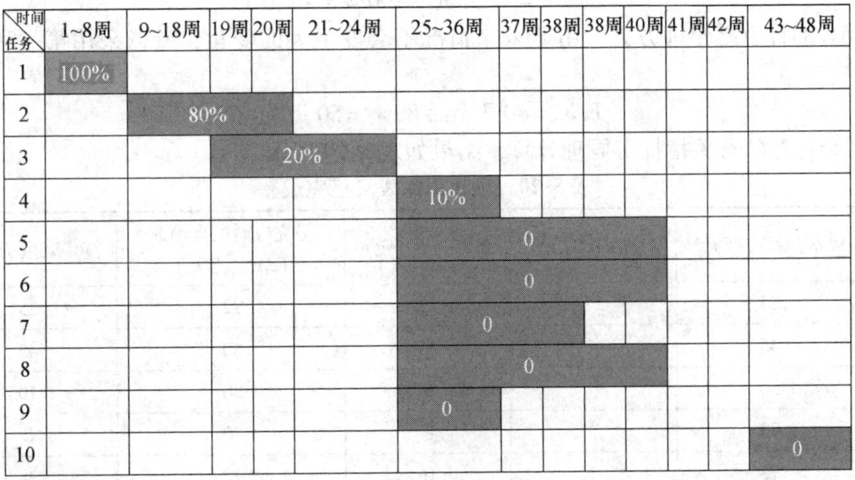

时间\任务	1~8周	9~18周	19周	20周	21~24周	25~36周	37周	38周	40周	41周	42周	43~48周
1	100%											
2		80%										
3				20%								
4						10%						
5						0						
6						0						
7						0						
8						0						
9					0							
10										0		

图 5-11 项目在第 20 周时的进度示意图

表 5-19 项目跟踪表（未完成）

序号	成本预算（万元）	ACWP（万元）	BCWP（万元）	任务完成时的预测成本 EAC（万元）	BCWS（万元）
1	25	22			
2	45	40			
3	30	6			
4	80	7			
5	75	0			
6	170	0			
7	40	0			
8	80	0			

(续)

序号	成本预算（万元）	ACWP（万元）	BCWP（万元）	任务完成时的预测成本 EAC（万元）	BCWS（万元）
9	25	0			
10	30	0			
合计	600	75			

分析如下：

在利用挣值法分析项目实施状况时，一定要紧扣有关概念。概念清楚，计算思路才会清晰。以任务 2 为例，计算如下。

BCWP（已完成工作的预算费用）= 工作预算费用 × 当前已完成工作量
= 45 万元 × 80% = 36 万元

BCWS（已安排工作的预算费用）= 工作预算费用 × 当前预计完成工作量
= 45 万元 × 100% = 45 万元

EAC 的计算有多种方式，由于未来情况不会发生大的变化，所以采用第一种计算方式。

EAC = 40 万元 ÷ 80% = 50 万元

其余任务的有关指标可同理计算，结果如表 5-20 所示。

表 5-20 项目跟踪表（已完成）

序号	成本预算（万元）	ACWP（万元）	BCWP（万元）	任务完成时的预测成本 EAC（万元）	BCWS（万元）
1	25	22	25	22	25
2	45	40	36	50	45
3	30	6	6	30	10
4	80	7	8	70	0
5	75	0	0	75	0
6	170	0	0	170	0
7	40	0	0	40	0
8	80	0	0	80	0
9	25	0	0	25	0
10	30	0	0	30	0
合计	600	75	75	592	80

CV = BCWP − ACWP = 75 万元 − 75 万元 = 0，故项目既没有超支也没有节约。
SV = BCWP − BCWS = 75 万元 − 80 万元 = −5 万元 < 0，故项目进度落后了。

相关阅读

项目全生命周期成本管理

1. 项目全生命周期成本管理的产生与发展

全生命周期成本管理主要是由英美的一些造价工程界的学者和实际工作者于20世纪70年代末80年代初提出的，后来在英国皇家测量师协会的直接组织和大力推动下，得到了广泛深入的研究和推广，逐步成为较完整的理论和方法体系。应该说，全生命周期工程造价管理在很大程度上是由英国的工程造价管理学会和学者以及实际工作者提出、创立和推广的一种现代化工程造价管理的思想理论方法，目前在发达国家已经被普遍采用。全生命周期工程造价管理按其产生和发展大致可分为以下三个阶段。

第一阶段：1974—1977年，是全生命周期工程造价管理理论概念和思想的萌芽时期。现在能够找到的最早使用"全生命周期造价管理"这一名词的文献，是英国的阿尔戈登（AlGordon）于1974年6月在英国皇家特许测量师协会《建筑与工料测量》季刊上发表的"3L概念的经济学"一文以及1977年由美国建筑师协会发表的《全生命周期造价分析——建筑师指南》一书，给出了初步的概念和思想，指出了开展研究的方向和分析方法。

第二阶段：1977—1980年，是全生命周期工程造价管理理论与方法基本形成体系并获得实际应用取得阶段性成果的时期。在这一阶段，英国皇家特许测量师协会投入了很大的力量去推动全生命周期工程造价管理的广泛而深入的研究和全面的推广。他们不仅在各种测量师和建筑师协会的专业刊物上刊登发表了大量有关生命周期工程造价管理方面的研究论文，而且还先后出版了《全生命周期造价管理：一个能够使用的范例》《建筑师全生命周期造价核算与初略设计手册》《建筑全生命周期造价管理指南》等一系列行业专著和指南以及许许多多有关生命周期工程造价管理的文件和报告。

第三阶段：自20世纪80年代后期开始，全生命周期工程造价管理理论与方法进入全面丰富与创新发展的完善时期，先后出现了造价管理的模型化和数字化，应用计算机管理支持系统和仿真系统，创新思考追求和满足全社会效益最大化的思想和方法。

从上述全生命周期工程造价管理理论和方法的发展脉络可以看到，每个阶段都有其发展的重点与核心内容，从思想、概念到理论框架、内容，再到具体的模型与方法及进一步高层次的发展完善，已逐步形成一整套系统、完备、先进的工程造价管理系统。

我国的一些学者和工程技术人员已经意识到全生命周期工程造价管理的重要性，近年来已逐步开始对全生命周期工程造价管理做了一些初步有益的探索和研究，介绍了一些全生命周期工程造价管理的基本思想和基础方法，结合我国国情研究了在我国实施全生命周期工程造价管理的可行性，并从城市水利项目这一方面做了实验性研究，取得了初步研究成果。

2. 项目全生命周期成本管理的应用知要

建设项目从决策到竣工交付使用，其建设程序大体包括以下几个阶段：项目建议书阶段、可行性研究阶段、设计阶段、建设准备阶段、施工阶段、竣工阶段以及后评价阶段。为了适应工程建设过程中各方经济关系的建立，适应项目管理和成本控制的要求，需要按照建设阶段多次进行计价：在项目建议书和可行性研究阶段编制投资估算；初步设计阶段编制设计概算；施工图设计阶段编制施工图预算；招投标阶段确定承包合同价；合同实施阶段确定结算价；竣工验收阶段编制竣工决算，如实体现该建设工程的实际成本。整个计价过程由粗到细、由浅到深，最后确定工程实际造价。"四算两价"环环相扣，前者制约后者，后者补充前者。

项目成本的全过程控制，就是在优化建设方案、设计方案的基础上，在建设程序的各阶段采用一定的方法和措施把项目成本控制在合理的范围和批准的限额内，以求合理使用物力和财力，取得较好的投资效益和社会效益。它贯穿于项目建设全过程，一般分为事前控制、事中控制、事后控制，具体地说即防止决算超预算、预算超概算、概算超估算。实施中可从以下几个阶段进行成本控制。

（1）投资决策阶段　科学编制投资估算，投资估算是一个项目投资决策阶段主要的成本费用文件，它也是项目建议书和可行性研究报告的组成部分，投资估算对于项目的决策及成败十分重要。投资估算应考虑充分、估算合理，充分估算出项目建设过程中及建成后的收益与风险，并提出应对及防范措施，但也要防止过分高估，尽可能做到全面、准确、合理。一个项目若出现前期决策失误，不管后期建设实施阶段如何努力，也无法弥补其损失。

（2）设计阶段　在项目做出投资决策后，控制工程成本的关键就在于设计。据西方一些国家分析，设计费一般只相当于建设工程全寿命周期费用的1%以下，而这1%以下的费用对工程造价的影响却占75%以上。由此可见，设计质量对整个工程建设的效益是至关重要的。

按照投资估算进行初步设计，合理地编制设计概算，设计概算一经批准，不得任意突破，以确保国家固定资产投资计划的严格执行；在批准概算的基础上完成施工图设计，准确地编制施工图预算。力求概算不超过估算，预算不超过概算。要明确规定设计单位逐级控制工程造价的责任制，并辅以必要的奖惩制。

在设计一开始就将控制投资的思想根植于设计人员的头脑中，通过在设计阶段开展限额设计、进行设计招标和设计方案竞选、推广标准设计及运用价值工程原理等优化设计方案，提高设计质量，做到技术与经济的统一。工程成本费用管理人员在设计过程中与设计人员要密切配合，及时对项目投资进行分析对比，反馈造价信息，能动地影响设计，优化设计，以保证有效地控制投资。

（3）招投标和施工阶段　通过投标竞争，业主择优选定承包商，有利于降低工程造价，是成本控制的一个重要手段。成本管理人员应根据现行规范、定额和取费标准、施工图样、现场因素、工期等认真编制标底，并使标底控制在概算或预算内。合理的标底造价是工程质量的保证。高价承包使业主蒙受损失；低价承包会造成承包商不规范施工、安全没保障、延误工期、施工质量隐患重重，增加工程项目的全寿命后期维修费用。

施工阶段既是把设计变成具有使用价值的实体的过程，也是实现工程成本有效控制、为合理确定工程成本提供原始依据的过程。业主可建立项目成本控制责任人制度，由工程咨询单位的专业人员对项目成本控制负责。严把签证关，严格控制工程变更，尽量减少变更费用，审核评估相关索赔等。没有项目成本控制责任人签名的签证不得结算工程款，同时对工程付款进度进行控制，防止工程款超付。

（4）竣工验收及后评价阶段　工程竣工结算是工程造价合理确定的重要依据，无论施工单位还是业主都十分重视工程价款的设计结果。工程结算书由施工单位编制，经业主委托有资格的中介机构进行审查。编制工程结算不仅直接关系到建设方与施工方之间的利益关系，还关系到项目工程造价的实际结果。工程结算要按照国家有关政策和规定，实事求是进行编制。实践证明，通过对工程项目结算的审查，一般情况下，经审查的工程结算较编制的工程结算价款相差10%左右，有的高达20%，对控制投入节约资金起重要的作用。

后评价作为对整个建设项目的一次综合性评价，也是对该项目工程造价的总结。一方面总结在整个项目建设期有效控制、全面管理造价的经验，另一方面分析在控制造价方面的不足，尽可能找出影响全过程造价管理的主观因素，并加以克服。总之，通过建设项目的后评价，可以达到肯定成绩、总结经验、研究问题、吸取教训、提出建议、改进工作、不断提高项目决策水平和投资效果的目的，也使我们的造价控制工作有始有终。

总之，对项目成本进行全过程控制是项目成本管理发展的必然趋势。要有效地控制项目成本，就要把控制重点转移到建设前期的投资决策和设计阶段，尤其应抓住设计这个关键阶段，以取得事半功倍的效果。同时要对项目成本的估算、概算、预算、承包合同价、结算价、竣工决算实行"一体化"管理，加强对项目成本的主动控制，强化全过程的动态管理和监督，对进一步提高建设工程项目投资效益具有很重要的意义。只有这样才能在激烈的国际、国内竞争中立于不败之地，更好地适应我国社会主义市场经济发展的需要。

公路施工项目成本管理的案例分析

1. 工程概况

a项目是××集团公司××施工处所属的一个项目。××集团公司具有工程施工总承包一级资质，是大型国有施工企业，其下属各施工处也具备工程施工总承包一级资质，资金、技术实力雄厚，尤其是在公路工程项目成本管理方面更是在国内处于领先地位，得到了业内外人士的充分认可。

a项目作为××路的一个标段，主要承建大桥和与之相接的路基工程，全长2.5km，工程量总计1.2亿元，其中土方工程3580万元。

2. 项目成本管理的实施

（1）重视成本管理意识的培养　a项目立项之后，组建了精简高效的领导班子，但项目职工对成本管理的认识不尽相同，有深有浅。因此，项目领导很注重对各管理层人员进行成本管理意识的培养，让成本管理的观念深入到每个职工的脑海里，并将其贯彻到具体的工作中去。同时培养职工具备先进的成本管理理念，包括战略观、人本观、系统观、效益观和科技观，并运用科学有效的成本管理方法。

（2）建立了完善的成本管理保障体系

1）建立完整高效的组织机构。项目立项之后，即建立了以项目经理为核心的组织机构，形成了一个高效的组织管理系统。规范各部门的工作并加强部门间的协作关系，使成本管理能较好地实施。

2）明确各部门、各职员的职责分工。

① 公司项目成本管理领导小组——管理小组及项目成本管理体系，对项目最终经营结果进行评审、考核并实行奖惩。

② 工程管理部门——项目责任成本预测，提供施工组织设计，安排项目施工生产计划。

③ 合同预算报价部门——审核和签订分包合同，落实分包成本，编制施工图预算和工料机分析；计算、分析、落实和审核项目责任成本和各期项目成本收入。

④ 人财部——管理和财务管理。

⑤ 主管工程师——负责施工项目组织设计，优化施工设计，协助编制用料计划。

3. 成本管理实施

在施工项目成本管理实施的过程中，a 项目充分考虑了项目成本的各影响因素，制定相应的对策和办法，将现代成本管理理念融入其中，同时，a 项目还根据项目自身的特点，穿插使用目标成本法，取得了良好的效果。

（1）目标成本的确定 在 a 项目中标之后，施工企业根据施工组织设计和中标后预算以及企业的整体情况，下达了一个目标利润，即要求 a 项目实现利润的最低限。但是，a 项目并未根据这个目标利润制定目标成本，而是在考虑了当前市场状况和项目综合实力的基础上，重新确定成本目标。

1）结合项目的实际状况和当前的市场价格，重新做出施工预算，确定施工项目的预算成本。

2）在综合考虑了项目整体施工进度和施工质量之后，对施工预算成本中各分部分项工程及重要工序再次进行分析，找出能够降低成本的关键点，进行资源配置的合理优化，并据其重新确定目标成本。如表 5-21 和表 5-22 所示。

表 5-21 A 项目目标成本表　　　　　　　　（单位：万元）

工程项目	工程量总计	企业下达10%的利润	企业成本目标	施工预算成本	项目目标成本
路基土方	3583	358.3	3224.7	2973.9	2809.2
总计	12012	1201.2	10810.8	10367.4	10126.6

表 5-22 预算成本与目标成本比较　　　　　　（单位：万元）

工程项目		预算成本	目标成本	目标成本比预算成本降低额
路基工程	人工费	104.8	99.8	5
	材料费	1873.7	1797.2	76.5
	机械费	535.3	471.9	63.4
	其他费用	460.1	440.3	19.8
	小计	2973.9	2809.2	164.7

（2）成本目标的分解 成本目标的分解必须是在对部门、岗位、班组及其作业进行综合分析的基础上进行的。

1）按各分部分项工程进行成本目标分解。整个工程项目是由各个分部分项工程组成的，确定了项目的总体成本目标之后，要根据施工预算和施工组织设计，对各分部分项工程进行费用的归集，并在对各分部分项工程进行分析、剔除不必要的作业的基础上，确定每个结构工程的成本目标，如表 5-23 所示。

表 5-23　分项工程目标成本表　　　　　　　　　（单位：万元）

工程名称		人工费	材料费	机械费	其他成本	总目标成本	备注
路基工程	清表	3.2		6.7	2.3	12.2	
	路基填筑	42.8	1194.3	313.1	337.9	1888.1	
	路基开挖	5.6		51.6	10.8	67.5	
	软基处理	48.2	602.9	100.5	89.8	841.4	
	小计	99.8	1797.2	471.2	440.3	2809.2	

2) 按工程进度进行阶段成本目标分解。a 项目的合同工期是 18 个月，在项目中标之后，必须尽快做好工程进度总体规划，排出进度计划。确定成本目标之后，就可以结合工程进度计划，将成本目标按照年、季、月进行分解。

(3) 成本目标的阶段控制与分析　目标成本的确定与分解是对公司成本管理的总体规划，而要想真正使目标成本指标在各层次和个人都具有约束力，并准确及时地予以反馈和控制，就必须实现成本全过程的动态管理。下面以 a 项目基础工程为例进行分析，如表 5-24 所示。

表 5-24　基础工程实际成本与目标成本对比　　　　（单位：万元）

成本项目	目标成本	实际成本	实际成本降低额	实际成本降低率（％）	备注
人工费	138.9	147.5	-8.6	-6.2	
材料费	1474.5	1419.9	54.6	3.7	
机械费	317.9	292.8	25.1	7.9	
其他费用	205.8	211.3	-5.5	-2.7	
合计	2137.1	2 071.5	65.6	3.07	

基础工程施工成本分析：基础工程的实际成本比目标成本降低了 65.6 万元，达到 3.07 个百分点。在基础工程的施工中，人工费超过目标成本较多，主要是由于天气原因，影响了施工的进度。a 项目为了保证基础工程能按进度计划完成，不影响整体工程的进度，不得不加班赶工，工人加班费用上升，导致人工费成本超支。a 项目材料费的节约有两个原因：一方面是由于对材料实行了严格的控制，对材料采购、保管、发放以及仓储都有严格的制度。另一方面是 a 项目与供应商签订了长期合作的协议，在价格方面享受了很多优惠。机械费的节约主要是因为项目对机械的配置结构进行了优化，从配合使用的角度进行综合考虑，提高了机械的使用效率，降低了机械费用。其他费用的增加是由于赶工造成的，同时增加了管理费用。

另外，在成本管理的过程中，每月按费用进行成本归集，并将其与目标进行比较，分析原因，采取相应的改进措施。如上例，a 项目 × 月工程实际成本与目标成本相比较，总成本降低了，但就各分项成本来看，人工费、机械费以及间接费用均超过了目标成本，而材料费、其他直接费则略有降低。a 项目就每项成本的节超进行了分析，找出了原因，并针对原因采取了相应的措施，对成本项目及其因素进行综合分析，不断改进和完善，使其更具有可控性。

(4) 项目实际成本核算与分析　a 项目实际成本汇总表如表 5-25 所示。由表 5-25

可以看出，a 项目的总成本比预算成本降低了 320.9 万元，比目标成本降低了 80.1 万元。人工费比目标成本超支 23.2 万元，主要原因有以下两个：一方面是因为物价上涨引起人工费单价差，在制定目标成本时，对物价上涨的影响考虑得不到位；另一方面是因为赶工期间的人工加班工资要比平时高，而且对一些临时用工的控制仍然不够严格。

表 5-25 A 项目实际成本汇总表　　　　　　　　　　（单位：万元）

成本目标	预算成本	目标成本	实际成本	实际与预算	实际与目标	备注
人工费	607.6	575.4	598.6	9	-23.2	
材料费	6 903.5	6 846.3	6 755.9	147.6	90.4	
机械费	1 657.9	1 561.5	1 532.2	125.7	29.3	
其他费用	1 198.4	1 143.4	1 159.8	38.6	-16.4	
合计	10 367.4	10 126.6	10 046.5	320.9	80.1	

材料费比目标成本降低了 90.4 万元，主要原因是与主材料供应商达成长期合作的协议，使材料的价格上涨幅度比计划的要小得多；同时，a 项目对材料的管理也做得较好，避免了许多不必要的浪费，在很大程度上节约了材料费用；另外，a 项目还重视对新型材料的应用，在功能不变的情况下，用量相对减少，使得材料费用相应减少。机械费比目标成本降低了 29.3 万元，在燃油费上涨的条件下，机械费仍然降低的原因，主要是项目部加强了对机械的管理，尤其是对机械配置结构的优化，提高了机械的利用率，降低了机械成本。其他费用比目标成本超支了 16.4 万元，主要是受到物价的影响，现场经费有所增加，同时项目部管理费用也出现超支。在项目经理部全体管理人员的共同努力下，采取的成本管理方法和手段得到了有效实施。a 项目发生的工程实际成本为 10 046.5 万元，比预算成本 10 367.4 万元降低了 320.9 万元，比项目目标成本 10 126.6 万元降低了 80.1 万元，实现了总体成本降低的目的。

在对 a 项目成本的分析过程中，可以看出分项工程是成本发生、也是成本分析的基本要素，对施工项目成本的管理也应以分项工程为基本单位，针对分项工程，也就是每一项基本工作，确定其实施过程的人工费、材料费、机械费以及其他费用的消耗标准，制定成本目标。在实施过程中，随时跟踪，发现偏差，并及时纠正偏差。只有这样，才能保证项目成本管理目标的顺利实现。

鉴于以上论述，笔者认为应从以下方面搞好成本控制：要建立一个完善的成本管理组织机构，建立以项目经理为主的成本控制体系。成本控制工作不仅要从技术上下功夫，更要建立以项目经理为主的统一领导的机制。作为项目经理，首先要全面了解、掌握各专业的工序及设计的要求。由专人统一指挥，做好各施工班组的协调工作，这样才有可能统筹各专业的施工班组，保证施工的每一个环节实施成本最低化且有序到位，以达到可能实现最低的目标成本的要求。制定和完善成本管理责任制，制定一系列规章制度，使成本控制的责任落实到施工管理的每个角落和每一个人。

【主要参考文献】

[1] 李广. 公路工程施工中的成本控制与管理 [J]. 科技情报开发与经济, 2008 (02)：223-224.

[2] 黎柏青. 公路工程施工过程中有效控制成本的方法 [J]. 吉林交通科技,

2006（01）．

［3］李春森．公路工程项目施工全过程成本控制［J］．交通企业管理，2008（01）：55-57．

［4］赵忠，常青．公路工程项目成本管理的研究［J］．山西建筑，2007（36）：251-252．

［5］赵海元．对公路施工企业项目成本管理的思考［J］．科学之友（B 版），2007（11）：62-63．

［6］蒋毅涛，解恒顺．公路工程施工项目成本控制研究［J］．科技经济市场，2007（10）：24．

BIM 技术在施工阶段成本控制中的应用研究○

1. 引言

随着我国经济发展逐渐步入新常态，工程建设从飞速发展向稳步增长转变，传统的建造模式已经不符合建筑业发展的潮流。施工阶段成本控制中存在成本控制理念和意识薄弱，成本数据获取不及时，成本控制的方法和手段落后等问题，因此不能满足经济新常态下施工企业的发展要求，需要进一步挖掘利润增长点。因此，运用 BIM 等先进技术来提高成本控制水平，是施工企业当前的重要课题。本文依据 BIM 技术的特点，分析其在施工阶段成本控制中的应用与成效。

2. 施工阶段成本控制 BIM 技术的引入

在经济发展新常态下，只有运用新技术来提升成本控制水平，降低成本，优化配置，引领企业转型升级，才能迎合发展潮流。推广和使用 BIM 技术，是施工企业适应经济新常态的必由之路。

（1）BIM 在成本控制中应用的价值　应用 BIM 模型的三维动画功能，进行有效的施工模拟，提高施工水平和效率。基于 BIM 的施工阶段成本控制，由传统成本控制重视事后控制转变为全过程控制；由静态控制转变为实时动态控制；由个别业务部门的责任转变为全员、全过程、全方位参与；由各部门独立行事形成的信息孤岛转变为通过平台信息共享，显示其优势与应用价值。美国斯坦福大学整合设施工程中心（CIFE）根据 32 个项目总结了使用 BIM 的效果：一是消除 40% 预算外变更；二是造价估算耗费时间缩短 80%；三是项目工期缩短 7%，及早实现了投资回报；四是通过发现和解决冲突，合同价格降低 10%。这些效果都有利于施工企业的成本控制。

（2）基于 BIM 成本控制流程　施工阶段的成本控制是一种动态管理行为，为了加强施工阶段的成本控制水平，有必要构建基于 BIM 的动态控制流程。

1）事前成本预防。以三维模型为基础，融入时间进度信息和成本造价信息，为施工过程中的成本控制提供统一的数据模型。结合模型的可视化，提前发现图纸中存在的问题并进行记录，不断地对模型修改和完善；运用施工模拟，调整专业间的冲突，优化设计，将问题解决在施工前，提高效率，降低变更成本。

2）事中成本控制。通过成本数据与三维工程实体的动态结合，实现工程进度、物资、工程计量等的过程控制。根据工程施工进度自动汇总计算出不同部位、不同时间的材料需用量，保证材料的供应与现场进度一致；跟踪项目安全、质量、进度，有利于管

○ 本文摘自《建筑经济》2016 年 12 月，拾秋月，王军，方继涛．

理者远程控制、动态控制、实时控制。

3) 事后成本分析。基于 5D 模型快速及时统计和汇总实际成本,与预算成本和收入进行三算对比分析,从而做出项目盈亏分析和成本节超分析,找出成本偏差的根本原因,并采取有效措施加以纠正,为后续成本控制提供指导。

3. 基于 BIM 的施工阶段成本控制应用案例

镇江市孟家湾安置房工程由 5 栋高层住宅、地下车库、调压站及商业用房、市政配套等工程组成。总建筑面积 120 118.78m^2,地上总建筑面积 96 733.78m^2,地下建筑面积 23 385m^2。高层层数为 26~31 层。各单体建筑均为剪力墙结构,商业用房为框架结构。

(1) 事前控制 在项目开始施工前,通过图纸深化、施工模拟等前期工作,对各种技术方案、措施可能产生的经济效果进行评价。

1) 图纸深化。BIM 技术在碰撞检测环节得到应用,将各专业的 BIM 模型导入碰撞检测软件中,提前发现管线碰撞问题。BIM 建模人员根据所掌握的专业知识和收集到的资料信息,提出图纸优化建议和意见,形成报告,与碰撞检查结果一同交给建设单位与设计单位,以供其及时修改、纠正。待设计单位修改完成后,建模人员根据修改后的内容对 BIM 模型进行修改,保证模型信息的准确性和完备性。本工程利用 BIM 技术对管线进行深化与综合优化,解决管线碰撞 426 处,并形成碰撞检查报告,避免因此而引起返工所造成的成本浪费与工期延误。

2) 施工模拟。基于 BIM 技术的施工模拟是 BIM 技术与传统项目管理的结合,通过模拟(工艺模拟、4D 施工模拟、工作面模拟),划分不同的分包单位和协作队伍的施工面,明确各自的工作内容和职责;基于 BIM 的可视化交底,施工人员明确各自施工内容、部位,以及具体的操作过程及注意事项,包括复杂节点的处理、施工流程等。

(2) 事中控制 事中控制是成本控制的关键,包括物资管理、进度管理等。在施工过程中,根据施工进度确定物资需求计划,指导材料采购;按照制订的技术方案,严格按成本计划实施和控制。

1) 工程计量。工程计量贯穿施工阶段成本控制的始终,从事前的成本预算到事后的成本核算,从物资管理到动态成本分析,都以工程计量为基础。通过 BIM 三维模型,系统识别模型中的不同构件,自动提取构件的清单类型和工程量等信息,自动计算构件的成本,通过关联时间维度,快速汇总某一时段、某一工作面、某一构件的工程量信息。

2) 物资管理。BIM 技术应用与物资的管理具有很大优势。利用 BIM 的参数性,根据工程进度精确核算工程量,了解资源消耗情况,及时预测材料需求量,编制相应物资需求计划和资金计划,进行材料的采购和分配,避免了在施工过程中进料过多造成不必要的材料浪费和增加成本,或因材料到场不及时造成工期延误,同时对公司和项目整体资金的合理安排提供保障。案例工程利用 BIM5D 软件,分别按流水段和形象进度提取工程量,进行物资核算、材料采购;通过设置砌筑的参数信息,实现一键排砖并同时计算砌筑工程所用物资材料,指导不同规格砌体砖的采购,不再进行现场切割,解决了高层建筑在二次结构砌体施工中二次搬运和材料浪费的问题,减少垃圾清理的工作量,提高施工效率。

3) 进度管理。施工阶段的成本控制,工期也是非常重要的影响因素。工程建设过程中，物资、机械、劳动力等资源都是根据进度计划投入的，成本也随之发生。进度与成本控制密不可分，两者既相辅相成又相互制约。只有将两者有效地结合在一起，统筹分析，才能提高项目管理水平，获取更多效益。案例工程利用广联达 BIM5D 平台，将进度与成本有效关联，准确获取施工进度，掌握实施动态进度成本，检查计划的执行情况，调整资源投入，保证资源合理配置，确保工程顺利进行。

（3）事后控制　事后控制是成本控制工作的继续，通过 BIM 的成本分析，能够根据实际完成进度，在快速统计合同成本、预算成本和实际成本的基础上，进行多维度多算对比分析。将分析对象细化到楼层级、构建级，以便发现具体成本超支情况，找出成本管理的薄弱环节，避免出现项目整体效益良好而分项工程超支的情况。有效实现成本动态控制和成本风险管控，有助于企业及时了解项目资金情况，加强项目的成本管理。案例工程在进行多算对比时发现已完成的实际值比预算值大，对比材料统计，主要是由于混凝土浇筑过程中，墙柱和梁板标号不同时，高标号混凝土用量增加，导致材料费增加。

4. 结语

我国建筑业面临创新发展的重大考验，这就要求施工企业不断改革创新管理方式，特别是施工阶段成本控制手段的创新与应用，而 BIM 技术正是当前施工管理创新的重要手段。在孟家湾安置房项目的施工管理中，很好地应用 BIM 技术，发挥了 BIM 技术信息化的突出优势，解决了传统成本控制中的信息孤岛、管理滞后等弊端，实现了项目的参数化、可视化和全过程实时管控，取得了良好的成效，可为我国施工企业成本控制中 BIM 的应用提供有益参考。

复习思考题

1. 什么是项目成本分析？项目成本分析的内容是什么？
2. 项目成本分析的基本方法有哪些？
3. 综合成本的分析方法包括哪些内容？
4. 目标成本差异分析方法包括哪些内容？
5. 简述项目成本控制的主要内容和步骤。
6. 项目成本控制的依据有哪些？
7. 简述成本累计曲线法及其在项目成本控制中的应用。
8. 什么是挣得值法？它的三个基本值是什么？请加以简述。怎样运用挣得值法进行成本控制？
9. 简述价值工程及其在项目成本控制中的工作程序、应用过程。
10. 项目成本控制的输出结果有哪些？
11. 练习用因素分析法进行因素分析的计算，求出产量、单价、损耗率等因素的变动对实际成本的影响程度，如表 5-26 和表 5-27 所示。
12. 案例分析题

（1）挣值管理　阅读以下关于信息系统项目管理过程中挣值管理和项目成本管理方面问题的叙述，回答问题 1~问题 4。

案例场景

财政基本建设管理信息系统是一套能够为财政服务，提供财政基本建设资金管理，财务监督、审核，为财政的基建科、预算科和国库科等相关部门提供数据互享的工程项目管理的应用系统。该系统充分地体现了财政部门对基本建设项目的管理，对国家预算安排的基本建设资金的使用管理，反映了财政部门对基本建设项目的管理，更好地实现了财政的管理监督的职能作用。

表 5-26　商品混凝土计划成本与实际成本对比表

项　　目	单　　位	计　　划	实　　际	差　　额
产量	m²	500	520	
单价	元	700	720	
损耗率（%）	—	4	2.5	
成本	元			

表 5-27　商品混凝土计划成本与实际成本对比表

顺　　序	连环替代计算	差　　异	因素分析
计划数			
第一次替代			
第二次替代			
第三次替代			
合计			

张工是某信息技术有限公司的项目经理，目前正作为项目经理负责该公司与某地财政局开发的基本建设管理信息系统项目，项目组成员包括项目经理 1 人、系统分析师 1 人、高级程序员 3 人、程序员 3 人、软件界面美工 1 人、测试人员 2 人、客户方技术人员 2 人。由于财政年度等因素，项目的计划工期为 40 周，预算成本为 50 万元。根据该项目的需求和进度等要求，项目具有工期紧、技术要求高、业务复杂等特点。为顺利实现项目进度和质量等目标，该公司项目管理部门和高层领导对该项目格外重视，要求项目组每周汇报进度状态。

在项目的实施过程中，第 19 周时张工向公司经理报告项目的进展状态，在状态报告中经理列出了第 18 周（包含第 18 周）的项目状态数据，详细情况如下：

1）截至项目状态日期，项目实际已完成的工作量为 50%。
2）截至项目状态日期，项目已完成工作量的实际成本（AC）为 28 万元。
3）截至项目状态日期，项目的计划成本（PV）为 26 万元。

【问题 1】
试确定项目截至项目状态日期已完成工作量的挣值 EV。
【问题 2】
预测项目结束时的总成本 EAC。
【问题 3】
请对该项目在费用控制方面的执行状况进行分析。

【问题4】
项目经理在检查经费超支时发现，有一项任务F还没有开始实施，但为F任务购买设备的支票已经支付，费用为4万元。另外，还有一张已经支付的支票，费用为3万元。作为整个H任务的硬件费用，但H任务在状态日期完成的工作量为40%。根据这一信息再对项目结束时的总成本进行预测。

（2）成本控制　阅读以下关于信息系统项目管理过程中成本控制方面问题的叙述，回答问题1~问题3。

案例场景

A单位的电力信息应用系统（简称A系统）建设总投资1100万元，其中主机采购、存储系统采购、网络设备采购、配件采购等花费500万元，应用软件开发600万元。2015年4月工程双方签订项目开发合同，由B公司负责承建。项目总工期为25周，计划从2015年5月1日启动，至2015年10月22日全部完工。

B公司是一家民营高科技信息系统集成企业，有高级工程师2人，软件、硬件、网络工程师共36人。B公司安排高级工程师李工负责A系统的建设工作。B公司的绩效考核制度是非常严格的，项目开工前要制订项目实施计划，项目完工后要对项目计划的执行情况进行考核，项目的进度、质量、成本三大目标都要控制在计划范围内。

李工于项目正式启动之前两周开始进行项目建设的准备工作，对工程项目进行了工作分解，在工作分解的基础上，编制了项目资源计划、人员计划、项目质量保障计划、进度计划、项目成本预算和成本控制计划等。李工编制完项目资源计划后，报告公司审批，包括项目小组组建的计划在内的项目资源计划顺利地通过了公司审批。在2015年5月1日项目正式启动时，项目小组也组建完成。李工所组建的项目小组为12人，包括软件设计、编码工程师8人，软件测试工程师4人。

由于软件项目开发的主要成本为人力资源成本，为此，李工制订了详细的人力资源成本控制计划，人力资源计划成本 = 12人 × 25周 × 平均人周成本（1500元）= 450 000元。为了将软件开发人力资源费用控制在45万元内，李工制订了详细的工程成本管理计划。

李工所进行的项目工作分解，得到共24个系统功能模块，编号分别为M01、M02、…、M24，并分别为每个功能模块制定了工期和成本预算。如表5-28所示。

表5-28　工期和成本预算表

模块	单价（万元）	工期（周）	模块	单价（万元）	工期（周）
M01	30	4	M13	20	4
M02	20	2	M14	20	3
M03	15	2	M15	15	3
M04	25	4	M16	35	5
M05	45	5	M17	35	5
M06	50	6	M18	40	5
M07	6	2	M19	4	1
M08	20	3	M20	25	3
M09	35	3	M21	20	3
M10	12	3	M22	18	2
M11	30	4	M23	20	4
M12	35	5	M24	25	5

在项目开发的过程中，李工随时跟踪统计项目的开支情况。李工要求每位软件工程师每周报告一次工作进度，如某模块完成工作量30%，李工据此来估算项目的进度和成本绩效，如表5-29所示。李工根据表5-29的统计数据计算累积完工的工程价值，计算公式为：

$$累积完工工程价值 = \sum_{i=1}^{24} 模块单价_i \times 完成率_i$$

【问题1】

请以200字左右回答，李工的成本预算存在哪些问题？李工所采取的成本跟踪管理的方法是什么？应用软件系统开发项目中，使用此方法时应注意什么？

【问题2】

请以200字左右回答，衡量软件开发实际累积人力资源成本的计算公式是什么？怎样改进上述方法才能控制好人力资源成本？怎样才能得到软件企业实际消耗的人力资源成本？

【问题3】

请以300字内回答，李工采用此方法的具体措施是否存在不足之处？若存在，请指出不足并说明理由，请给出你的改进意见。

表5-29 模块完成百分率

模块	延续时间（周）	完成率（%）	模块	延续时间（周）	完成率（%）
M01	4.5	100	M13	0	0
M02	2	90	M14	0	0
M03	1	60	M15	0	0
M04	3	75	M16	2	30
M05	2	40	M17	0	0
M06	5	80	M18	0	0
M07	3	100	M19	0	0
M08	3	90	M20	0	0
M09	1	30	M21	0	0
M10	1	30	M22	0	0
M11	2	60	M23	0	0
M12	3	60	M24	0	0

13. 练习用差额计算法分析预算成本和成本降低率对成本降低额的影响程度。

降低成本计划与实际对比表如表5-30所示。

表5-30 降低成本计划与实际对比表

项目	单位	计划	实际	差异
预算成本	万元	300	320	
成本降低率（%）	—	4	4.5	
成本降低额	万元			

14. 某施工性项目需要定型钢模，考虑周转利用率85%，改为租用钢模4500m²，月租金5元/m²，由于加快施工进度，实际周转利用率90%，试用差额计算法分析计算周转利用率的提高对节约周转材料使用费的影响程度。

15. 利用下面的信息如表5-31所示，绘制一条S曲线，表示项目的期望累计预算。

表5-31　活动成本预算表　　　（单位：万元）

历时（天）	10	20	30	40	50	60	70	80
活动成本	4	8	12	20	10	8	6	2
累积成本	4	12	24	44	54	62	68	70

16. 利用下面的数据如表5-32所示，计算到6月底，每个月的计划和实际预算支出。假定项目计划历时12个月，预算成本为250万元。

表5-32　预算成本表　　　（单位：万元）

活动	1月	2月	3月	4月	5月	6月	计划值	完成百分比（%）
A	8	7					15	100
B		4	6				10	100
C			2	8			10	70
D				3	8	10	21	67
E					2	30	32	25
F						10	10	0
月计划值								
计划累计								
月实际值	10	15	6	14	9	40		
实际累计								

17. 利用题15数据，计算：
（1）进度偏差、进度绩效指数、完工估算时间。
（2）成本偏差、成本绩效指数、完工估算成本。

主要内容
➢ 项目成本决算概述
➢ 项目成本决算的编制
➢ 项目成本决算的管理
➢ 项目审计

第 6 章

项目成本决算与项目审计

6.1 项目成本决算概述

6.1.1 项目成本决算的概念

项目成本决算是指项目从启动到项目结束为止的全部费用的确定。在项目的收尾阶段有必要对项目实施的所有支出进行核算,以便确定项目的最终实际支出及项目实际成本是否超出项目成本预算。

对工程项目而言,成本决算分为承包商编制的项目成本决算和业主编制的成本决算。

承包商编制的项目成本决算是以单位工程为对象,以工程竣工后的工程结算为依据,通过实际工程成本分析,为核算一个单位工程的预算成本、实际成本和成本降低额而编制的单位工程竣工成本决算。企业通过内部成本决算,进行实际成本分析,评价经营效果,以利于总结经验,不断提高企业经营管理水平。

业主编制的成本决算也可以称为竣工决算或基本建设项目竣工决算,是在建设项目全部完工并经竣工验收合格后,由项目业主编制的反映项目财务状况和建设成果的总结性文件,是对建设项目的实际造价和投资效益的总结,是建设项目竣工验收报告的重要组成部分。由业主在整个建设项目竣工后,以业主自身开支和自营工程决算及承包商在每项单位工程完工后向业主办理工程结算的资料为依据进行编制,反映整个建设项目从筹建到竣工验收投产全部实际支出费用,即建筑工程费用、安装工程费用、设备和工器具购置费用及其他费用等。竣工决算以实物量和货币为单位,综合反映项目实际投入和投资效益,核定交付使用财产和固定资产价值的文件,是项目的财务总结,是竣工验收报告的重要组成部分。基本建设竣工决算是基本建设经济效果的全面反映,是核定新增固定资产和流动资产价值、办理交付使用的依据。通过编制竣工决算,可以全面清理基本建设财务,做到工完账清,便于及时总结基本建设经验,积累各项技术经济资料,提高基建管理水平和投资效果。

6.1.2 项目成本决算的内容及结果

项目决算的内容包括项目生命周期各个阶段支付的全部成本。项目成本决算的结果形成项目决算书，经项目各参与方共同签字后成为项目验收的核心文件。

决算书由两部分组成，即文字说明和决算报表。

文字说明主要包括工程概况、设计概算、实施计划和执行情况、各项技术经济指标的完成情况、项目的成本和投资效益分析、项目实施过程中的主要经验、存在的问题、解决问题的建议等。

决算报表分大中型项目和小型项目两种，大中型项目的决算报表包括竣工项目概况表、财务决算表、交付使用财产总表、交付使用财产明细表。

1. 工程项目竣工财务决算说明书

竣工决算说明书从总的方面反映竣工项目的建设成果和经验以及遗留问题的处理等，是全面分析工程投资与造价的书面总结，是竣工决算的重要组成部分。其内容主要是：

1）从项目的进度、质量、造价和安全四大方面对工程进行总的评价。

2）各项财务和技术经济指标的分析，包括概预算执行情况分析、新增生产能力的效益分析，以及交付使用财产占总投资额的比例和财务分析。

3）项目建设的经验、教训及有待解决的问题，包括结余设备、材料的处理意见和收尾工程的解决办法等。

项目竣工决算由建设单位汇总编制，其中有关施工部分的决算，由施工单位向建设单位提供。竣工决算编制完成之后，应报主管部门审查，同时抄送各有关部门并送开户投资银行签证。

2. 工程项目竣工财务决算报表

工程项目竣工财务决算报表按大、中型建设项目和小型建设项目分别制定。

大、中型建设项目竣工财务决算报表包括：建设项目竣工财务决算审批表（见附表1）、大中型建设项目概况表（见附表2）、大中型建设项目竣工财务决算表（见附表3）、大中型建设项目交付使用资产总表（见附表4）及建设项目交付使用资产明细表（见附表5）。

小型建设项目竣工财务决算报表包括：建设项目竣工财务决算审批表（同附表1）、小型建设项目竣工财务决算总表（见附表6）及建设项目交付使用资产明细表（同附表5）。

6.1.3 项目成本决算的意义和作用

项目成本决算依据项目合同和合同的变更，确定项目全生命周期各个阶段所发生的全部支出，然后形成项目决算书，为最后项目的验收提供依据。

对业主而言，通过竣工决算的编制，才能了解基本建设计划和设计概预算的执行情况，才能分析工程的实际成本与预算成本差异的原因，总结经验、吸取教训，为有关部门制订类似项目的建设计划和修订概预算定额提供有益的资料和经验。竣工决算是核定新增固定资产和流动资产，办理其交付使用的依据，是对建设项目实际造价和投资效益的总结，是对建设项目进行财务监督的手段。因此，要求竣工决算必须内容完整、核对准确、真实可靠。

项目竣工决算的作用具体表现在以下几个方面：

1）正确校核固定资产的价值，考核并分析投资效果。

2）及时办理竣工决算，并依此办理新增固定资产移交转账手续，可以缩短建设周期，节约基建投资。若不及时办理移交手续，不仅不能提取固定资产折旧，而且所发生的维修费用、职工工资都要在基建投资中支出。

3）办理竣工决算后，工业项目可以正确计算投入的固定资产折旧费，合理计算生产成本和企业利润。

4）通过办理竣工决算，可以全面清理基本建设财务，便于及时总结经验，积累各项技术经济资料。

5）正确编制竣工决算，有利于正确进行设计概算、施工预算、竣工决算之间的"三算"对比。

6.2 项目成本决算的编制

此处以工程项目的竣工决算为例，说明成本决算的编制。

6.2.1 工程项目竣工决算的依据

工程项目竣工决算的主要依据包括：

1）经批准的可行性研究报告及其投资估算书。
2）经批准的初步设计或扩大初步设计及其概算或修正概算书。
3）经批准的施工图设计及其施工图预算书。
4）设计交底或图样会审会议纪要。
5）招投标的标底、承包合同、工程结算资料。
6）施工记录或施工签证单及其他施工发生的费用记录，如索赔报告与记录、停（交）工报告等。
7）竣工图及各种竣工验收资料。
8）历年基建资料、历年财务决算及批复文件。
9）设备、材料调价文件和调价记录。
10）有关财务核算制度、办法和其他有关资料文件等。

6.2.2 竣工决算的编制步骤

1）收集、整理、分析原始资料。从工程开始就按编制依据的要求，收集、清点、整理有关资料，主要包括建设项目档案资料，如设计文件、施工记录、上级批文、概（预）算文件、工程结算的归集整理，财务处理、财产物资的盘点核实及债权债务的清偿，做到账账、账证、账实、账表相符。对各种设备、材料、工具、器具等要逐项盘点核实并填列清单，妥善保管，或按照国家有关规定处理，不准任意侵占和挪用。

2）工程对照、核实工程变动情况，重新核实各单位工程、单项工程造价。将竣工资料与原设计图进行查对、核实，必要时可实地测量，确认实际变更情况；根据经审定的施工单位竣工结算等原始资料，按照有关规定对原概（预）算进行增减调整，重新核定工程造价。

3）投资支出严格按要求列支。经审定的待摊投资、其他投资、待核销基建支出和非经营项目的转出投资，按照国家有关部门的要求，严格划分和核定后，分别计入相应的基建支出（占用）栏目内。

4）编制竣工财务决算说明书。按前面已述要求编制，力求内容全面、简明扼要、文字流畅、说明问题。

5）认真填报竣工财务决算报表。

6）认真做好工程造价对比分析。

7）清理、装订好竣工图。

8）按国家规定上报审批，存档。

6.2.3 项目成本决算编制实例

某冶炼厂年产锌 1 万 t（小型建设项目），竣工财务决算如表 6-1 所示（其他表格略）。通过竣工成本决算，核定了企业新增固定资产和流动资产，其结果是企业办理交

表 6-1 小型基本建设项目竣工财务决算总表

建设项目名称：××冶炼厂				建设地址：××县城东南			
初步设计概算批准文号	××省色基字××号						
占地面积	计划	12.8ha (192亩)	实际	12.8ha (192亩)			
总投资（万元）	计划	固定资产 3 000	流动资产 500	实际	固定资产 320.8	流动资产 453.5	
新增生产能力(效益)名称	设计	1万t/年	实际	1万t/年			
建设起止时间	从 1997 年 5 月开工至 1998 年 7 月竣工			从 1997 年 5 月开工至 1998 年 10 月竣工			

基建支出	项目	概算（万元）	实际（万元）	资金来源 项目	金额（万元）	资金运用 项目	金额（万元）
基建支出	建筑安装工程	1 587.80	2 013.78	一、基建拨款	270	一、交付使用资产	4 140.4
	设备工具器具	1 205.70	1 221.11	其中：预算拨款	100	其中：固定资产	3 604.75
	待摊投资	666.00	1 039.55	二、项目资本	1 050	二、待核销基建支出	
	其中，建设单位管理费	117.50	117.50	三、项目资本公积		三、非经营项目转出投资	
	其他投资	50.00		四、基建借款	1 400	四、应收生产单位投资	
	待核销基建支出			五、上级拨入借款	1 050	五、拨付所属投资借款	10.00
	非经营性项目转出投资			六、企业债券资金		六、器材	15.60
				七、待冲基建支出		七、货币资金	50.00
				八、应付款		八、预付及应收款	54.00
				九、未交款		九、有价证券	
				其中：未交基建收入		十、原有固定资产	
				未交包干结余			
				十、上级拨入资金	450		
				十一、留成收入			
	合计	3 509.50	4 274.44	合计	4 270	合计	4 270

付使用的依据，同时对建设项目实际造价和投资效益也进行了总结。项目成本决算是对建设项目进行财务监督的有效手段。

6.3 项目成本决算的管理

6.3.1 项目财务经理的职责

项目成本决算工作中，项目财务经理起着举足轻重的作用。项目财务经理，应该负责组织管理合同项目的财务、会计业务，通常由公司财务部派出，其主要职责如下：

1）参加项目的经济决策和预测。
2）组织编制项目财务资金计划，包括年度、季度、月度财务资金计划。
3）负责实现企业或组织对项目的筹资计划，并按合同和计划向业主催收各种款项。
4）建立会计业务和账目，组织项目现金管理和成本核算。
5）办理设备、散装材料付款和施工工程付款。
6）处理工程欠款、拒付、索赔等事项。
7）根据规定和需要办理各种保险，缴纳各种税款。
8）定期进行财务结算，项目竣工时办理竣工决算。
9）定期提出项目财务报告。
10）项目结束时，对参加本项目财务、会计工作的人员提出考核意见。
11）组织对项目有关的财务、会计账目和资料整理归档。
12）对项目财务工作进行总结。

6.3.2 项目成本分析

项目经批准的概算和预算是考核实际建设项目造价的依据，在分析时，可将决算报表中所提供的实际数据和相关资料与批准的概算和预算指标进行对比，以反映出竣工项目总造价和单方造价是节约还是超支，在比较的基础上，总结经验教训，找出不足，以利改进。

在考核概算和预算执行情况，正确核实建设项目造价时，财务部门首先应积累概算和预算动态变化资料，如设备材料价差、人工价差和费率价差及设计变更资料等。其次，考查竣工项目实际造价节约或超支的数额。为了便于进行比较分析，可先对比整个项目的总概算，然后对比单项工程的综合概算和其他工程费用概算，最后对比分析单位工程概算，并分别将建筑安装工程费、设备工器具费和其他工程费用逐一与竣工决算的实际工程造价对比分析，找出节约和超支的具体内容和原因。在实际工作中，侧重分析以下内容：

（1）主要实物工程量 概算和预算编制的主要实物工程量的增减必然使工程概算和预算造价和竣工决算实际工程造价随之增减。因此，要认真对比分析和审查建设项目的建设规模、结构、标准、工程范围等是否遵循批准的设计文件规定，其中有关变更是否按照规定的程序办理，它们对造价的影响如何。对实物工程量出入较大的项目，还必须查明原因。

（2）主要材料消耗量 在建筑安装工程投资中，材料费一般占直接工程费的70%以上，因此考核材料费的消耗是重点。在考核主要材料消耗量时，要按照竣工决算表中所列三大材料实际超概算的消耗量,查清是在哪一个环节超出量最大,并查明超额消耗的原因。

(3) 建设单位管理费、建筑安装工程其他直接费、现场经费和间接费 要根据竣工决算报表中所列的建设单位管理费与概算和预算所列的建设单位管理费数额进行比较,确定其节约或超支数额,并查明原因。对于建筑安装工程其他直接费、现场经费和间接费的费用项目的收费标准,国家和各地均有统一的规定,要按照有关规定查明是否多列或少列费用项目,有无重计、漏计、多计的现象,以及增减的原因。

以上所列内容是项目成本对比分析的重点,应侧重分析。但对具体项目应进行具体分析,究竟选择哪些内容作为考核、分析重点,还得因地制宜,视项目的具体情况而定。

6.4 项目审计

6.4.1 项目审计的概念

项目审计是整个项目管理系统的一个组成部分。它是指国家或企业的审计机构依据国家的法令和财务制度以及企业的经营方针、管理标准和规章制度,对项目的全部或部分建设活动,用科学的方法和程序进行审核检查,判定其是否合法、合理和有效,借以发现错误、纠正弊端、防止舞弊、改善管理,保证投资目标顺利实现的一种活动。

项目审计独立于项目组织之外,其工作不受项目管理人员的制约,审计人员与项目无任何直接的行政或经济关系。审计人员的权力由国家或企业授予,代表国家或企业对项目建设实施监督并评价其经济责任,客观地向国家或企业报告审计结果。项目审计具有高度的权威性,其依据是法规和标准。法规是指法律、法令、条例、规章制度以及方针、政策等。标准则是指各种技术标准和管理标准,不代表任何个体的主观意志,因而审计结果具有很高的权威性。

对项目建设实行审计制度可以有效地监督项目实施活动,防止不符合国家法规、企业标准的行为发生;可以对项目的计划、实施工作进行科学评价;可以对项目有关资料的真实性和正确性予以权威性的鉴定;可以为项目组织提供有力的支持,帮助其改善管理,提高工作效率,更加有效地利用现有资源,提高项目的经济效益。

审计工作的目的是既要对项目和企业的会计报表,资产、负债及所有者权益整体状况的真实性和合理性进行审计,又要突出项目和企业的内部控制的重点;既要审查项目收入、支出、盈亏的真实性,又要使审计的实施过程能深入项目的各业绩环节,注重对经营管理业绩和经济效益的审查,进而提出改进项目管理的建议和措施。

6.4.2 项目审计的阶段

审计部门对项目进行审计时,从开始到结束需要依据一套程序进行,这一程序主要包括的步骤有:

1. 项目审计启动

在实施审计之前要进行充分周密的准备,这是保证审计工作达到预期目的的前提。项目审计能否发挥应有效用及效用的大小,在很大程度上取决于准备工作。主要包括以下工作:

(1) 选择审计项目,明确审计目的,确定审计范围 进行工作项目审计,首先要确立审计项目,然后组织实施。有时候一个企业在建或拟建的项目很多,每个项目需要审计的范围也各不相同,因而在实行审计之前要对审计的项目和范围进行选择,同时明确审计的目的。这项工作通常在主管领导的指示或支持下进行,所选的项目及其审计领域一般会有明确的范围。这样做可以提高审计效率,做到有的放矢。

在选择审计项目和审计对象时可把握两个基本原则:

1)普遍性原则。要分析影响总体经济效益的基本因素,从具有普遍性和共同性的问题着手,确定审计项目的范围。这可以从年度财务决算对项目成本明细表的审查分析中寻找线索,抓住那些对总体经济效益影响较大的项目,再结合实际具体确定,比如,工作进度控制、质量控制、费用控制等矛盾较突出的项目;由于设计变更从而导致预算变更较大的项目,或通过其他的调查方式寻找和发现线索。

2)重要性原则。由于企业之间经济实力的差别、施工能力的差异等多种因素的存在,致使同等造价的项目在不同的企业中具有不同的地位和意义,因此在确立审计项目时要充分考虑项目对企业的重要程度,选择重要项目进行审计。

(2)建立审计工作组织 项目审计的工作组织应由主管领导和审计机关的领导协商确定,理想的形式是由审计机关的专职人员负责和组织,并根据审计内容的要求增加其他专家。在组建审计组织时,主要应该考虑审计领域对技术和非技术专家及其经验的要求。

(3)了解概况,准备资料 首先,要了解项目的基本状况,包括项目的组织形式、项目目的、参与项目的承包公司等;其次,要熟悉和收集有关项目建设的法规、政策、标准以及被审计项目的各种文件,如项目计划、项目合同。

(4)制订项目审计计划 制订项目审计计划主要是指根据审计的目的和范围,确定日程安排和工作步骤以及提出包括审计重点在内的详细提纲。

2. 建立项目审查基准

审查基准是指能够反映并评估项目实施好坏的具体标准。建立项目审查基准的具体工作包括:

1)划分审计领域。
2)对各领域建立一套评估基准。
3)明确管理层对各个不同领域的绩效期望。
4)建立收集信息的工作规范。

3. 实施项目审计

实施审计是整个审计工作最重要、工作量最大的阶段,它主要包括以下工作:

1)针对确定的审计范围实施常规审查,从中发现常规性的错误和弊端。这项工作内容繁杂,既包括定性的审查,也包括定量的审查,有时还需要进行大量的计算。

2)对可疑的环节或特殊领域进行详细审核和检查。如将贪污盗窃、营私舞弊、严重渎职等行为通过这一工作予以查清,问题较严重时还会涉及内查外调、查账对证、接受群众检举等,因而,搞好这项工作必须掌握政策界限。

3)协同项目管理人员纠正错误和弊端。对于在审计过程中发现的错误和舞弊现象,要帮助或协同项目管理人员及时纠正,避免影响日后的工作。一些重大的违法违纪问题,要在汇报主管领导或部门后再做处理。

4. 准备项目审计报告

审计报告是审计工作组集体工作的最终产品,审计工作的成果和后续行动的效果将取决于报告编写的质量和提出的方式。这个报告要在征求项目管理人员意见的基础上,对所获得的资料进行综合归纳、分析研究,进而对审计事项做出客观、公正和准确的评价。最后,将作为审计结果和结论的报告送交有关部门。

5. 项目审计终结

在审计报告的建议部分,审计人员应当明确采取纠正行动的部门和人员。当这些部门和人员属于项目组织之外的企业支持系统时,企业决策者应迅速做出决策,解决错弊和纠正偏差。审计的后续工作之二是吸取被审项目的教训。项目审计结束之后,相关的人员要认真进行反思,杜绝日后发生类似问题,起到治标、治本的作用。项目审计的最大效益就在于此。最后,作为项目审计的后续工作,应将审计过程中的全部文件,包括审计记录以及各种原始材料整理归档,建立审计档案,以备日后查考和研究。

6.4.3 项目审计的内容

项目审计工作要对项目各个阶段、方方面面的工作进行深入系统的调查和监督。项目审计工作的内容主要有以下几方面:

1) 检查和审核项目的实施现状,是否按照项目计划完成工作。
2) 检查和审核项目建设是否符合相关规章制度的规定。
3) 检查和审核项目建设活动是否符合国家政策、法律、法规和条例规定,有无违法乱纪、营私舞弊等现象。
4) 检查和审核项目建设活动是否合理。
5) 检查和审核建设项目的效益。在项目建设前期主要是对投资效益进行审计;在项目建设期间则是对有效利用资源进行审计。
6) 检查和审核各类项目报告、会计记录和财务报表等反映项目建设和管理状况的资料是否真实和公允,有无弄虚作假或文过饰非的现象,有无只报喜不报忧的问题。
7) 在检查、审核项目建设和管理状况的基础上,提出改进建议,为企业决策者提供决策依据,促使项目组织改善管理工作。
8) 项目审计的局限性。分析制约或影响本次项目审计工作的因素有哪些,以及如何消除。

以上八项任务都要在维护国家和企业的利益,将项目成功、顺利建成的前提之下完成。

此外,项目实施阶段以前和以后的各项工作也是项目审计的工作内容。包括对项目可行性研究工作的审计、对项目计划的审计、校对项目组织(指对项目组织形式、项目经理和项目成员进行的审查)、对项目招投标工作的审计、对项目合同的审计、对项目竣工验收的审计、对项目建设经济效益的审计,以及对项目成员绩效的审计。

为了更好地配合审计小组的工作,发挥审计工作的特殊职能,项目经理应该树立正确的态度,不应该将项目审计小组置于同项目组织完全对立的一面,要消除抵触情绪,积极配合工作。项目经理应该积累好有关的项目资料,及时提交给审计人员。这些资料主要包括:关于项目一般性描述文件、有关项目环境的文件、项目组织机构和成员状况、项目的工作计划、项目目前状态报告、最近一次审查要求解决的问题,以及目前存在的问题和将要采取的措施等。

6.4.4 项目审计的注意事项

进行项目审计,要实现预期的审计目的,起到促进项目部加强管理、提高效益的作用,取得较好的审计成效,要注意以下几点:

1)从亏损项目审计入手,是开展项目审计的有效途径。一般来讲,由于项目亏损,成本控制不严、费用开支过大、管理不善等问题较容易暴露出来,也容易引起领导和职工的关注,从亏损项目着手进行审计能够使审计贴近企业经济生活的"热点"。开展项目审计应以真实性为基础,以检查内部控制为切入点,通过对被审计单位最容易出错的环节进行审计,能较好地抓住亏损的主要原因,对已发生的事实进行符合实际的客观评价;同时对症下药提出的审计意见有较强的针对性及现实意义,能够产生较好的审计效应,增强企业各管理层对审计工作的认识和"加强管理,争创效益"的意识。

2)项目审计要以成本费用为重要审计内容。在项目收入较为确定的情况下,项目经理部若控制住了项目成本,就是抓住了项目管理的核心。对于项目审计也是如此,项目的审查重点应是影响效益的关键因素。

在进行成本费用审计时,一是要重点加强对分包工作的审计监督。有的项目分包工程所占比重较大,若监督不力,效益就很容易因此流失;二是要加强对项目合同的审计,着重审查合同的签订、修改、变更制度是否健全,是否按授权范围及工作程序进行;三是要加强对人工、材料、机械等结算价格的审查,评价其价格信息制度是否完善,能否及时掌握市场价格变动情况。

3)工程项目审计要深入到影响项目业绩的环节。目前审计工作的重点放在内部控制制度上,主要采用符合性测试及实质性测试等方法检测企业及项目部的内部控制制度的完整性、合理性及有效性,但这种测试仅停留在企业内部控制的表面,没有深入到企业生产经营的业绩环节,忽略了企业及项目部的经营风险。有一个好的项目,又有一定的投入,并不一定就能产生好的效益。管理不善或资金使用不当,或施工组织不科学、机械设备及施工设施布局不合理,都可能影响相关项目效益的发挥。因此,进行项目审计就要查明被审项目的所耗和所得,并加以分析对比,评价其是否节约,是否有效利用人力、物力和财力,是否达到预定的目标和预期的效果,从中发现问题,提出提高经济效益的措施,促进项目部改善经营管理。

4)组织相关职能部门人员的联合审计组进行审计是进行项目审计的有效方式。目前内部审计人员结构、素质难以适应对工程项目的全面审计,传统的财务收支审计只是项目审计的一部分,而对影响工程成本的施工组织方案、材料物资供应、施工机械的配置与调度、分包工作成本等重要因素的审计,没有相应的专业人员的参与是很难达到一定深度的,会使审计工作产生较大风险。有鉴于此,组织由工程技术、经营、计划、物资及审计等多部门具有适当学历和工作经验的专业人员组成联合审计组,是进行项目审计的内在需要,同时也是实施项目审计的有效方式。

5)进行项目审计要选择恰当的时机。项目审计的主要目的是促进项目部加强各项管理,促进提高工作项目的盈利水平。管理制度的实施及其改进的效果只有在实际执行后才能体现,工程利润只有通过组织施工,办理工程结算后才能实现,因此施工过程的完结,以及结算(就分包工程而言)工作的办理,标志着项目管理的完成和工程利润的定型。项目审计时机的选择就是要充分考虑时间因素对审计效率的影响,以使审计建议、管理建议等有采纳的时间,所以选择相关项目事中和竣工前进行审计是较为恰当的时机。

6) 工程项目审计风险的防范。工程项目的审计风险存在于工程项目收入的不确定性中。一般来说,施工的工程项目几乎不可能不修改设计方案,施工工程量也会随之变动,因此增加了工程量确认的难度。业主经常要在工程竣工结算前办理概算调整,有时还要考虑多种因素才能最终确定,但施工单位实际费用已结算支付。工程价款收入的这种滞后性为工程项目审计留下了风险。

另外,近年来由于施工规模的扩展,工程量的增大,跨年度施工和分包工程也随之日益增多。由于资金等多种因素的影响,总承包方往往难以及时办理分包结算,这也为项目实际支出的不确定性埋下隐患,审计人如不注意防范,工程项目审计的事中审计风险就较大。如某工程公司某一工程项目,前两年度会计报表一直反映是盈余,后经审计才发现大额的分包工程款未结算完毕,分包工程量未做确认,而分包工程量已由监理签字验收,经审计调整后,最终出现了大额的亏损。如果忽视分包单位的工程结算审计,就会出现审计结论与客观事实相违背的结果,必然导致审计失败,其后果较为严重。

工程项目审计是施工企业内部审计实现从以财务收支审计为主,向以经济效益审计为主转变的一种有效途径和方式,搞好工程项目审计是施工企业内部审计的一项基本功。当前建筑业全面推行"项目法"施工,对工程项目这种一次性的组织机构形式进行经济责任、成本、效益审计更显得十分必要和富有现实意义,在国有施工企业向现代企业制度迈进中,工程项目审计会对"项目法"施工的完善和发展起到极大的促进作用。

相关阅读

影响工程竣工决算报表准确性因素的研究

电力建设单位的基建工程主管部门一般由发展规划部、工程部、财务部三个部门组成。发展规划部主管工程项目的立项及可行性研究等前期工作,并对工程项目进行投资估算;工程部主要落实工程项目的建设,主要工作包括项目设备和材料、项目施工、项目设计、项目施工监理的招标,初步设计图及设计概算、调整设计和调整概算、施工图设计及施工图预算的审查和批复,项目竣工验收等;财务部主要对工程项目的各项费用支出进行分类核算和在工程项目竣工交付使用后编制竣工报表。这三个部门的工作往往因缺乏合理的配合,影响到工程竣工决算报表的编制。影响工程竣工决算报表准确性的主要因素包括工程设计和工程实施两个方面。

1. 工程设计方面的影响

工程设计方面存在的问题是影响工程竣工决算报表编制和准确性的主要原因。在工程项目的设计环节中以下问题较突出。

(1) 费用开列不合理 设计部门在开列费用时未考虑财务部竣工决算报表的编制要求,经常只开设一些无具体实物的费用,这将导致财务部无法进行固定资产的统计。例如,设计部门根据设计图样编制的概算开列了某分项工程的费用,但实际该分项工程费用却是该工程项目的调试费,并非资产;而工程部提供的费用支出凭证只有施工单位的调试费，没有任何符合资产实物形态的发票或领料单。这造成财务部在编制竣工决算报表时只有对应的安装费，却找不到与其对应的设备费。如按设计部门的设计概算和工程部提供的资料编制竣工决算报表，那么就会使交付使用的资产账实不符；如果把此费用分摊到其他分项工程中，就会使该交付使用的资产价值失真，同时也违反了上级主管部门关于竣工决算报表的编制原则。

（2）费用分配不合理　设计部门根据设计图样编制概算开列时，某些分项工程费用的分配不尽合理，有些分项工程费用过多，有些分项工程费用又偏少。工程部在审查设计概算时，对工程费用偏少的分项工程的市场价不了解或审查不到位，致使工程项目在实施过程中要拆东墙补西墙。如果财务部严格按照规定，对超支的分项工程停止支付，那么会严重阻碍工程项目的实施进度，资产的真实性也不能得到保证；如果按照工程部门的处理方法支付，就会使该交付使用的资产价值失真。

（3）设计概算不精确　由于电力建设的基建工程量太大，所以设计部门的设计概算往往只精确到系统，如运动系统、直流充电系统和综合自动化系统等。工程部对工程设备实施招投标时则按照设计要求进行，但财务部的资产管理却要精确到固定的、有独立存在形态的单个设备。如果财务部按设计部门的设计概算和工程部提供的资料编制竣工决算报表，就会使资产管理混乱；如果按现场资产的实物形态编制竣工决算报表，那么由于缺少每个设备采购价格，不能确定每个实物资产的价格，只能将该分项工程费平均分摊到各个实物资产，就会使这些交付使用的资产价值失真。

2. 工程实施方面的影响

（1）材料监管不严　工程项目在实施过程中，由于对材料和设备的监管不力，导致一些材料流失，进而导致本应退回仓库的未使用材料与未安装设备依然申报增资产。例如，由于设计变更，按照原设计图样采购的设备已不能在本工程项目中使用，工程部门却没有督促工程施工单位或工程监理单位将这些设备退回仓库，而是将这些设备留在了工程现场，还把这些设备的领料单和采购发票提供给财务部用以编制竣工决算报表，从而造成交付使用的资产账实不符。又如，设计部门在概算中开列购买的备品、备件，工程部门也没有督促工程施工单位或工程监理单位将这些设备退回仓库，而作为工程竣工交付使用资产的一部分移交给了运行单位。如果财务部按照工程部提供的资料编制竣工决算报表，就会虚增固定资产，造成交付使用的资产账实不符。

（2）费用补开不即时　设计部门在概算中没有开列的费用，工程部在实施过程中却支出了，而设计部分又未即时补开这部分费用，财务部在编制竣工决算报表时，只能把此项额外的费用分摊到其他资产中去，从而造成交付使用的资产价值失真。

资料来源：龙欣飞，侯冰，张雪，供用电，总第26卷第1期，2009年2月。

<h3 style="text-align:center">工程竣工决算审计的思路和方法</h3>

1. 工程竣工结算审计

（1）做好审计前的准备工作

1）收集并熟悉资料。收集与工程相关的所有资料，保证资料真实、齐备。应收集的资料有合同、施工图样、材料设备价格、费用定额、施工组织设计文件、工程结算书、工程变更、施工签证、材料清单、施工单位资质等，然后用一定时间加以熟悉，掌握其来龙去脉。

2）必要的调查研究。对某些必备的参考资料，如市场价格、类似工程技术经济指标（如各种结构的单位建筑面积造价、单位建筑面积"五大材"用量）、现场情况（如供水、供电情况，地下水位，地质条件等）、建筑经济相关政策，应做一定的调查研究，以利于审计工作的全面进行。这也要求审计人员平时要注重资料的收集、归类和整理，这样审计起来才能有的放矢、得心应手。

（2）掌握审计要领　结算书中的数据很多，要想从万千头绪中找出问题，必须掌握审计要领，即由浅入深、由粗到细、大处着眼、掌握规律。

（3）审计思路和方法　工程竣工结算审计一般包括审核工程量、定额的套用和各项取费等方面，应重点关注的项目有：工程实施过程中发生的设计变更和现场签证；工程材料和设备价格的变化情况；工程实施过程中的建筑经济政策变化情况；补充合同的内容。这些方面对工程项目价格产生的影响往往比较大。

2. 竣工结算审计的方法

（1）审阅施工合同　工程施工合同是明确甲乙双方责任、权利与义务的具有法律约束力的文件之一。它直接影响工程结算的编制与审核工作，同时也约束甲乙双方的工程结算。所以进行审计时要首先审阅施工合同，以便对该工程有一个整体概念和印象。组成建设工程施工合同的文件包括：1）施工合同协议书（双方有关工程的洽商、变更等协议或文件视为协议书的组成部分）；2）中标通知书；3）投标书及其附件；4）施工合同专用条款；5）施工合同通用条款；6）标准、规范及有关技术文件；7）图样；8）工程量清单；9）工程报价单或预算书。合同文件一般都能互相解释、互相说明。当合同文件出现不一致时，上面的顺序就是合同的优先解释顺序，这个顺序在确认有关变更工程价款时尤为重要。合同审核时要了解合同中有关工程造价确定方面（如合同总价款、工程内容范围、确定造价的依据、工程价款调整的条件、变更的确认方式等）的具体约定，以此确定审计重点及可审范围。

（2）计算单位造价　根据结算书中提供的总报价和总建筑面积计算单位造价，并与该工程所在地区的平均造价指标相比较，初步判断其合理性，也可以因此决定审计方法，提高审计效率。如果该项目的单位造价与地方的平均造价相接近，则采用抽查审计法；如果该项目的单位造价与地方的平均造价指标出入较大，则采用详细审计法。

（3）审核工程变更　工程变更往往引起工程价款的变化，情况也较复杂，要重点关注。首先，审计变更手续是否齐全，变更内容是否真实。为保证变更的真实性，审计人员必要时需进行现场测量与核实。凡工程变更，都应该有发包人和承包人的盖章及代表人的签字，涉及设计上的变更，还应该由设计单位盖章和有关人员签字后才能生效。其次，审计变更费用的计算是否正确，计算过程是否有误（注意合同规定与可调范围），是否与包干费重复，还要注意增减是否对应。不是所有的工程变更通知书都可以计算工程变更价款。应首先考虑引起变更的原因，如果由于施工单位施工不当或出现错误而导致变更，则不予计算；还应考虑工程变更内容是否符合规定，采用预算定额编制价格的应符合相应的规定，如已包含在定额项目工作内容中的，则不可重复计算；如原编预算已有的项目，则不可重复列项；采用综合单价报价的，重点应放在原报价所包含的工作内容上，否则容易混淆，此外还应结合合同的有关规定。最后注意不允许将变更部分的包干费计算在内。

（4）审核工程量和定额的套用　审计工程量，首先依据图样和定额审计立项（确定工程量的项目顺序和项目内容）是否正确；其次审计工程量数量是否正确。特别关注隐蔽工程的工程量。可以利用每平方米建筑面积各种平均指标和各关系项目之间工程量的合理性，先看看有无偏高、偏低情况，再深入按图样核算具体数量。审计定额的套用，首先审计定额的选用是否正确；其次定额的使用过程是否正确。特别关注定额子项目涵盖的内容、综合的含量。重点审计定额的换算。换算时应注意定额中的含量一般不能改变，换算进和出的价应为预算价，而不是市场价。对于定额缺项的部分，一般按照相近工程的定额换算或按市场报价的方式，以独立费的方式进行结算。

（5）审核价差　价差包括人工价差和材料价差。价差是指人工、材料的实际价与预算价之间的差额。审计人工价差主要关注施工时间与人工单价文件的适用时间是否相吻合。

（6）审核独立费用　独立费是指未含在直接工程费和间接费之内但属于工程造价的一些费用。独立费用主要包括误工费、点工费、包干费和施工配合费等。重点注意这些费用是否发生，发生的原因是否正当，计算的标准是否正确，相关的证明资料是否真实，费用之间是否重复。

（7）审核工程各项按规定的取费　包括其他直接费、现场经费、间接费、利润、规费（上级行业管理费、预算定额编制管理费、劳动定额测定费）、税金。首先根据工程的类别、施工企业的级别及工程性质确定计取标准，然后审核结算取费与地方文件规定的计费基数和取费标准是否一致，同时注意施工时间与费用文件的适用时间是否相吻合。

资料来源：蔡雪梅，审计与理财（学术版），2005年第1期。

财政投资项目竣工财务决算评审需关注的事项

1. 正确理解相关概念，谨慎承接不同类型的评审业务

项目预（概）算是相对容易理解和区分的概念，而项目竣工结算、项目竣工决算、项目竣工财务决算三者之间则是实际工作中容易混淆的概念。项目竣工决算包含项目竣工结算和项目竣工财务决算，项目竣工结算与项目竣工财务决算之间相互独立。

建设项目竣工决算是指反映竣工建设成果和财务状况的总结性文件，包括项目竣工结算和项目竣工财务决算两个不同的阶段和内容。项目竣工结算是确定项目最终建筑安装施工工程造价的竣工结算文件，是项目建设单位（发包方）与各施工单位（承包方）进行工程价款结算的依据，其主要依据是国家有关工程预结算造价文件等方面的规定。项目建筑安装施工工程造价是项目实际造价的最重要的组成部分。项目最终建筑安装施工工程造价确定以后，才能进行项目竣工财务决算的编制工作。项目竣工财务决算是正确核定新增固定资产价值、反映竣工项目建设成果的文件，是办理固定资产交付使用手续的依据。

相应地，项目竣工决算评审分为三个不同的类型：一是通常所讲的项目竣工决算评审，包括项目竣工结算评审和项目竣工财务决算评审；二是单纯进行项目竣工结算评审；三是单纯进行项目竣工财务决算评审。

项目竣工结算评审就是对项目竣工最终建筑安装施工工程造价进行审核和评价。根据《工程造价咨询企业管理办法》（建设部令149号）的规定，对建设项目投资、工程造价的确定与控制提供专业咨询服务的企业应当依法取得工程造价咨询企业资质，并在其资质等级许可的范围内从事工程造价咨询活动。因此，进行项目竣工结算审核应具有相应工程造价咨询资质。

项目竣工财务决算评审就是在已进行项目竣工结算审核基础上对项目竣工财务决算进行审核和评价。主要评审内容包括：项目建设程序、组织管理、资金来源和资金使用情况、财务管理及会计核算情况、概（预）算执行情况、各项投资（建筑安装工程投资、设备投资、待摊投资和其他投资）完成情况和竣工财务决算报表等。在项目竣工财务决算评审过程中，不再对工程结算单独进行评审，需要使用项目建设施工安装造价方面的资料时，以财政部门（委托方）提供的已经审核和评价的项目竣工结算相关资料为依据。

财政部门作为委托方，一般将项目竣工结算连同项目分阶段结算及项目预（概）算作为一个招标项目向具有相应资质的工程造价咨询企业进行招标，将项目竣工财务决算向具有相应执业资格的会计师事务所进行招标，很少将项目竣工决算（包括项目竣工结算和项目竣工财务决算）作为一个招标项目进行招标。

在承接业务时，必须清楚财政部门委托的是项目竣工决算评审还是单纯进行项目竣工结算评审，还是单纯进行项目竣工财务决算评审，并根据本身业务能力承接业务。鉴于国家对工程造价审核有专门规定，需要具有相关资质的注册造价工程师进行审核，而注册会计师相对拥有财务审计专长知识，因此，会计师事务所及注册会计师应谨慎承接需要进行项目竣工结算审核的业务，发挥自身专长承接项目竣工财务决算评审业务。

2. 正确界定被审计单位

根据《基本建设财务管理规定》《财政部关于解释"基本建设财务管理规定"执行中有关问题的通知》和《财政部关于切实加强政府投资项目代建制财政财务管理有关问题的指导意见》等相关文件规定，财政投资项目既可由建设单位进行管理并进行项目核算，也可实行代建制，由建设单位委托代建单位进行管理并进行项目核算。因此，在确定被审计单位时，主要有以下三种情况：①财政投资项目由建设单位进行管理并进行项目核算，则建设单位即是被审计单位。②财政投资项目由代建单位进行管理并进行项目核算，则代建单位即是被审计单位。③财政投资项目由建设单位和代建单位分别管理和核算一段时间，则需根据具体情况确定被审计单位。

财政投资项目由建设单位管理核算一段时间后，再委托代建单位管理核算，并由代建单位合并编报项目竣工决算报表。如果建设单位已将发生的前期费用会计核算账目整理形成书面报告材料，并经财政部门审核后，移交项目代建单位统一核算管理，则被审计单位仅是代建单位；如果建设单位没有按规定将发生的前期费用会计核算账目进行整理、形成书面报告并移送代建单位，或者建设单位除发生项目前期费用外，还发生了部分项目支出，则被审计单位是建设单位和代建单位。

3. 正确界定评审项目财务事项

按照《财政部关于解释<基本建设财务管理规定>执行中有关问题的通知》第四条规定，对财政投资项目应按项目单独建账、单独核算。实际工作中项目财务核算的形式可能多种多样，归纳起来主要有以下三种：一是对项目单独建账、单独核算；二是将该项目与其他项目并为一套账核算；三是将该项目与被审计单位其他财务事项（如经费账等）并为一套账核算。无论项目财务核算采用何种形式，必须明确财政投资项目竣工财务决算评审的项目财务事项应仅限于该项目竣工财务决算报表及其相关资料

（包括项目财务账簿、凭证和报表、项目相关文件等资料），而不涉及该项目以外的被审计单位其他财务事项。

4. 项目资金来源的评审确认

逐笔确定项目资金来源（包括资金渠道、到位时间、到位金额）是项目竣工财务决算评审的一项重点内容，准确确定项目资金来源需要关注以下几个方面：①仔细阅读项目文件资料，掌握项目资金应该从哪些方面筹集。②查阅被审计单位项目财务会计记录，获取资金到位的原始依据。③将实际到位的项目资金与相关文件要求进行核对，确定项目资金来源。建设单位管理项目并进行项目财务核算时，确定项目资金到位时间是指项目资金到达建设单位的时间。实行代建制的项目，项目资金到位时间有三种表现形式：一是项目资金承担单位将项目资金直接拨入建设单位的时间；二是建设单位将项目资金拨入项目代建单位的时间；三是项目资金承担单位直接将项目资金拨入代建单位的时间。具体项目评审时，必须根据实际情况，获取充分适当的审计证据后确定项目资金到位时间，并在评审报告中进行披露。

5. 关注分包、转包及计划外工程情况

1）核对工程中标时间与合同签订时间，如果合同签订时间早于工程中标时间，虽然不能因此否定工程招投标过程的公正性，但是可以说明没有按工程中标通知书的要求签订合同。

2）工程中标单位与合同签订单位、工程款支付单位、竣工验收报告中落款的施工单位按要求应该一致。经核对，如果发现工程中标单位与合同签订单位或竣工验收报告中落款的施工单位不一致，则说明可能存在工程分包、转包现象；如果发现工程中标单位与工程款支付单位不一致，就要分析是否存在转移工程款或存在计划外工程。

6. 关注少用、代用设备情况

项目竣工结算审核所确定的设备清单应与投标设备清单及项目竣工实物清点移交清单进行核对，以确认移交财产明细清册中设备清册的正确性。如果发现不一致，说明项目存在少用、代用设备情况，可能造成项目竣工结算审核存在多计设备造价现象，此时应提请财政部门对项目竣工结算重新进行审核。

7. 认真阅读项目相关文件资料，识别项目特有事项

财政投资项目从酝酿到立项、实施，需要政府多部门的协作和努力，为顺利实施项目，针对项目面临的各种事项发布了很多特定的项目文件和会议纪要等资料。通过阅读这些项目特有的文件资料，了解项目发生发展过程，识别项目特有事项，与项目财务收支记录相核对，核实特有事项是否得到了执行，并在报告中披露相关特有事项。

执行财政投资项目竣工财务决算评审业务，需要拥有足够的基本建设方面的专业知识和技能，熟悉基本建设程序，了解基本建设特点；同时知晓具体工程项目所处领域的相关知识，以及具体项目所涉及的特殊领域相关知识。根据需要设定和执行相关特殊的审计程序，获取充分适当的审计证据，并据此形成鉴证结论。

资料来源：欧甲生，中国注册会计师，2014年4月。

工程项目竣工决算财务标准化管理体系的构建及应用

1. 制定项目竣工决算财务管理规范

（1）梳理优化项目竣工决算财务管理流程　项目竣工决算工作从项目达到可使用状态开始，大致经过项目初步验收（下称初验）、暂估转资、正式竣工验收（下称终验）、决算送审、调整暂估资产价值、决算资料归档等步骤。

项目达到可使用状态后，项目建设部门应组织相关部门进行初步验收。为了保证验收后暂估转资的及时性与准确性，需在验收前检查资产开支的完成情况，并将部分初验后的部分工作移至验收前。具体步骤如下：

1）检查资本开支完成情况。"转资"是将"在建工程"结转至"固定资产"等科目，资本开支未完成或错误列支会导致"在建工程"科目余额数不准确，进而影响资产价值暂估准确性。因此，在项目初验前，项目负责人应确保资本开支正确完成，即设备类合同完成订单接收，非设备类合同完成费用暂估。

2）验收前发布验收通知。投资项目验收存在涉及部门多、沟通协调难度大等问题。验收前发布验收通知是一种有效沟通方式，能将验收信息准确传递到各相关部门。

3）提前编写《初步竣工决算报表》。收到验收通知后业务部门应提前编写《初步竣工决算报表》交财务部门审核，提前准备验收各项工作，从而缩短验收后资产暂估入账处理时间，保障在规定时间内及时转资。

4）组织初验。初验由建设部门、施工单位、设计、监理、维护单位或资产接收部门共同参与，验收后项目建设部门组织初验会议并出具初验文件，并将编写好的《初步竣工决算报表》作为验收文件的附件。

5）资产暂估入账。财务部门根据《初步竣工决算报表》和建设部门提供的其他初验资料进行资产的暂估入账。

6）初步竣工决算资料归档。建设部门打印提交经验收各方签字盖章的纸质版《初步竣工决算报表》至财务部门归档。

整体项目建设完成之后，由项目建设部门组织资产使用部门等相关部门进行项目终验，完成项目正式竣工决算，用以反映投资项目投资支出情况、合同付款及交付资产情况。具体步骤如下：

1）正式验收前应确认各单项工程的结算审计全部完成，并已根据结算审计价对暂估资产进行价值调整。

2）组织项目终验。项目整体完工后，项目建设部门组织资产使用部门等有关部门到现场进行验收。项目建设部门与资产使用部门根据初验与终验期间资产调整情况，核对确认交付资产与资产实物增减数量以及资产名称、数量、目录、规格型号、地点等资产实物信息。现场验收后，项目建设部门应组织终验会议并出具终验报告。

3）各部门配合完成《正式竣工决算报表》与决算说明书。

4）竣工决算审计。将正式竣工决算资料（《正式竣工决算报表》、投资计划、初验和终验资料、决算说明书、审计报告等）提交至内部审计部门，由内部审计部门进行竣工决算审计。

5）根据内部审计部门的审计报告完成对正式竣工决算的修改及相应资产价值调整和相关账务处理。

6）决算资料归档。将签字盖章的《正式竣工决算报表》、决算说明书、正式竣工决算批复文件等提交档案管理部门保存归档。

（2）明确各部门职责分工　项目建设、财务、物资管理、内审、资产使用等部门应各负其责，密切配合，共同做好投资项目财务管理工作。

项目建设部门中的项目建设负责人根据项目建设情况判定资产是否达到使用状态，完成资产标签申请和粘贴，并及时组织资产使用部门、资产专业管理部门、物资管理部门等相关部门参与投资项目的验收工作，办理现场资产交接；组织资产使用部门、物资管理部门等相关部门进行工程剩余物资清点鉴定，并配合物资管理部门做好工程余料、废料处置工作；编制决算报表并提供详细决算资料。

财务部门协助项目建设部门完成竣工决算报表中价值信息填制，审核项目建设部门提交的转资资料和 MIS 系统转资准备信息，完成相关 MIS 系统转资操作；当出现资产价值变动情况时，协助项目建设部门完成后续资产价值调整；项目终验后，组织开展正式竣工决算工作，并提交正式竣工决算审计申请。物资管理部门负责进行物资验收入库，对物资出库、退库等情况进行管理；打印提供固定资产标签；项目暂估转资后对实物资产进行管理；决算时审核交付资产。

内审部门负责对项目进行决算审计，提供决算审计报告。

资产使用部门协助进行工程质量（硬件和软件方面）检查；参与设备实物的清点和接收；参与工程剩余物资的清点鉴定并提出处理意见；判定项目是否达到验收标准；验收完成后对验收结论进行确认。

（3）严格实行时效管控　会计准则规定，新增固定资产当月不计折旧，从下月开始计提折旧。因此新增固定资产的暂估入账不应跨月，否则会影响企业会计信息的准确性。根据国家会计制度及转资及时性的要求，应明确资产达到预定可使用状态后资产暂估入账不得跨月，并制定完成竣工决算的编制、审计及上报等操作的时限要求，以及一系列相应保障措施严格实行时效管控，以降低转资、决算不及时造成的风险。

2. 提供全方位标准化支撑

结合本公司业务特点和项目竣工决算管理的相关要求，制定包括业务与财务等全面的、详细的操作指引，不仅为业务部门提供操作层面的细化支撑，也有助于实现全流程的标准化管理。

（1）规范预定可使用状态的判断标准　项目竣工决算是以资产达到预定可使用状态为起点。规范预定可使用状态的判断标准有助于项目负责人对项目状态进行准确判断，及时进行项目验收。根据企业会计准则，判定工程资产达到预定可使用状态，一般应遵循以下总体原则：所购建资产的整体或部分已具备使用条件或已实际开始使用，设备、施工等主要合同已签订完成，且满足以下条件之一时，则该工程资产的整体或部分应被认定为已达到预定可使用状态，一是资产的实体建造（包括安装）工作已经全部完成或者实质上已经完成；二是所购建的资产与设计要求基本相符，个别与设计不相符的不影响其正常使用。

（2）提供标准化决算报表　投资项目的竣工决算报表（包括《初步竣工决算报表》和《正式竣工决算报表》）是正确核定建设形成固定资产、流动资产、无形资产和长期待摊费用价值，反映竣工项目建设成果的综合性文件，是办理资产入账和交付手续的依据。可通过规范决算报表样式、编写竣工决算报表编写指引、竣工决算报表填写举例等措施使竣工决算报表标准化，提高资产暂估入账准确性及决算准确性。

（3）编制 ERP 系统操作指引　为了实现对资产的精细化管理，许多企业都在 ERP

系统中进行资产信息维护。转资是资产管理的起点，规范转资操作能够提高 ERP 系统中资产信息的准确性。可编制简明易懂的 ERP 系统转资操作指引，并加以培训，提高项目负责人对 ERP 系统的操作能力，规范转资操作。

（4）制定验收文件模板　验收文件中准确反映本次验收所属建设内容涉及的相关项目名称、项目编号、合同名称、合同编号、验收时间、验收是否通过等关键信息，不仅能够提高文件使用效率，而且便于日后查询和归档。因此，可以制定验收文件模板，对验收关键信息加以规范和强调。

3. 搭建高效的沟通平台

（1）建立统一的互动沟通平台，拓宽业财沟通渠道　为了提高财务与其他决算责任部门间的沟通效率，实现决算知识共享，企业应建立统一的业财互动沟通平台和渠道。通过各种即时通信工具或企业自有 ERP 系统，建立项目竣工决算工作沟通群组，人员包括所有责任部门的相关人员。通过该平台可及时讨论或咨询决算过程中出现的问题，达到充分及时的沟通效果；分享决算过程中的优秀经验，及时总结学习；发布决算的标准化支撑材料，实现资源共享。

（2）实行归口集中化管理方式，提升业财沟通效率　集中化机制可有效提高财务管理的效率和质量。各部门应设立项目转资管理员及资产管理员，作为业财的重要纽带，其人员确立和相关技能培养需业务部门和财务部门共同努力；前者应负责确定项目转资管理员和资产管理员，明确其职权范围，尽量保持人员稳定性；后者侧重后续人员培养环节，培训宣传相关制度规范，协助工作的开展。

资料来源：刘静，徐剑锋，郑侨青，财务与会计，2016（2）：第55页~第57页。

复习思考题

1. 项目成本竣工决算与竣工估算的联系与区别是什么？
2. 项目成本竣工决算的作用和意义有哪些？
3. 项目竣工决算编制的依据有哪些？如何编制竣工决算报告？
4. 项目竣工决算包括哪些内容？
5. 项目财务经理在竣工成本决算中的职责有哪些？
6. 如何利用竣工决算来进行项目成本管理？
7. 项目审计的目的有哪些？
8. 项目审计包括哪几个阶段？
9. 进行项目审计应注意哪些问题？

主要内容
➢ 项目成本管理系统
➢ 项目成本管理软件
➢ 项目成本管理网上资源

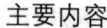

项目成本管理信息系统

在项目管理进程中,成本管理是一个逐渐明晰的过程,在项目构思、可行性研究、计划、设计、实施、最终结算各个阶段中,形成一个不断补充、修正、调整、反馈和控制的过程。成本估算精度是随阶段逐渐提高的。使项目一开始就做出精确的成本估算是很困难的;另外,项目管理者还要有效地使用专门知识和技术去计划和控制项目的成本目标与项目的其他目标之间的关系,比如,与范围、工期、质量、风险、资源、资金、人力、沟通等全部目标之间的协调,从系统的角度去观察和控制这些目标间的相互影响,使它们相互平衡,从而达到项目总体目标。项目成本管理系统(Project Cost Management System,PCMS)正是在这种现实的需要下应运而生的。

7.1 项目成本管理系统

7.1.1 系统纲要

1. 系统描述

这套系统应当由业主的组织来安装运行,或者根据合同将其授权给一家有竞争力的项目管理公司来负责。另外一点,此系统必须能够维护数据、准备报告,能够有效地帮助项目管理人员在管理项目中制定出决策。图7-1通过PCMS数据库功能性链接展示了PCMS数据的广泛影响力。

2. 系统处理过程

项目成本管理系统是从投资者的角度来管理项目的成本。图7-2展示了在项目实施期间项目成本管理涉及的内容,可以看到项目成本管理系统不是单纯的项目成本累加,它体现了成本的信息化过程。PCMS意味着整套复杂的表格、程序、步骤及报告,而这些设计是专门用来获得或给出项目成本的信息。

PCMS明显不同于传统公司的财务信息系统(Financial Information System,FIS)中的财务章程或账目表。在FIS中,账目是各种历史成本累积的永久性的储存所。设置每一个FIS账目的目的就是确定它的类型,例如,各类支付账目、购入资产的分类账目等。这也就是FIS不适用于作为项目管理目的的原因。

第7章 项目成本管理信息系统

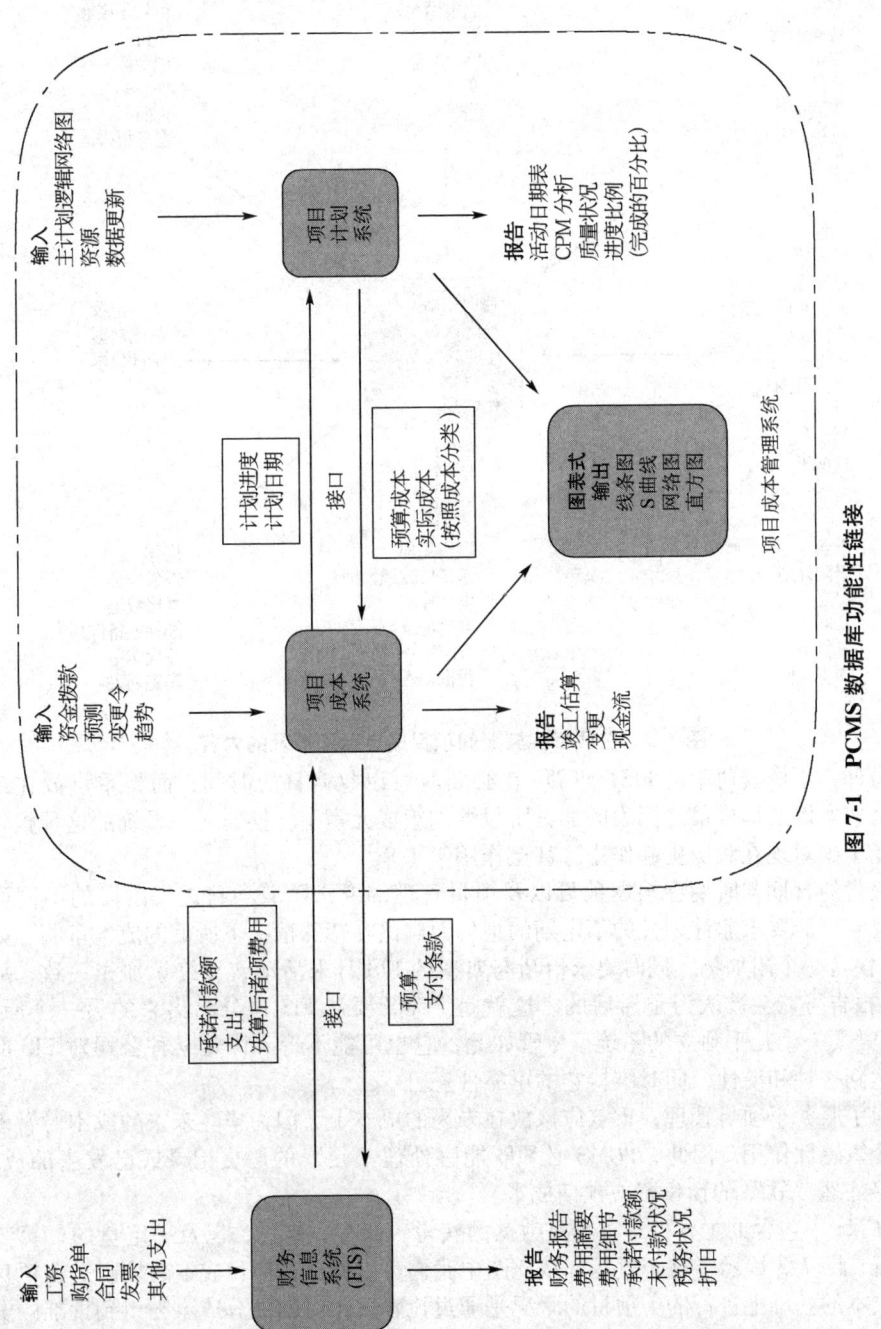

图 7-1 PCMS 数据库功能性链接

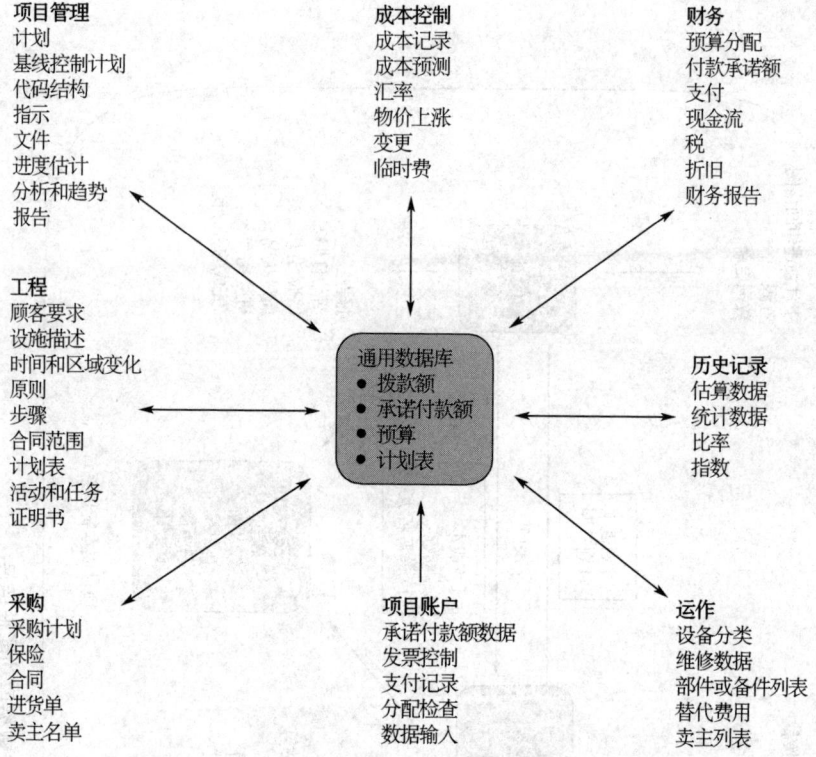

图 7-2 在项目实施期间项目成本管理涉及的内容

另外，不像公司中的 FIS，PCMS 在必要时可以忽略日历时间，而将重点放在最终的项目成本以及形成最终图表的那种阶段性的组成元素上。换言之，系统的这种报告性的功能至少对现在和历史起作用，甚至作用于未来。

报告的日期与时期会根据项目以及项目管理的要求随着项目进展阶段的不同而变化。也有可能要求非计划性的不定期的报告而满足在特殊情况下所需的成本审阅。如果 PCMS 仅是一个附加物，同时要求恰巧与典型的 FIS 月末活动或年终累加相一致，那么 PCMS 报告可能会被认为是滞后的。这就是 PCMS 要从 FIS 中分离出来的另一个原因。PCMS 需要一个几乎独立的系统。尽管如此，它也可能不得不满足某种公司对 FIS 的要求来达到一种和谐性，同时维持它的可靠性。

为了服务于项目管理，重点应该放在未来的成本上，因为毕竟未来的成本对管理控制起着敏感性作用。因此，PCMS 必须既能够处理"硬"的历史记录或已发生的成本，又能够处理"软"的预投资或预期成本。

PCMS 中包含的主要处理过程是数据的获得、储存、修正，以及一定量的计算与数据分析，图 7-3 展示了这个过程。从此图中我们可以看出，项目成本的控制是在项目的预算成本的基础上进行的。项目的状况是通过比较竣工时的决算成本与得到批准的资金拨款决定的，比较结果的不同会影响报告日期的变化，接下来的变化的比较显示出是否应有提高或降低的趋势。

对于项目经理来说，影响到项目质量的最明显的一条信息是日期变动方面的变更或

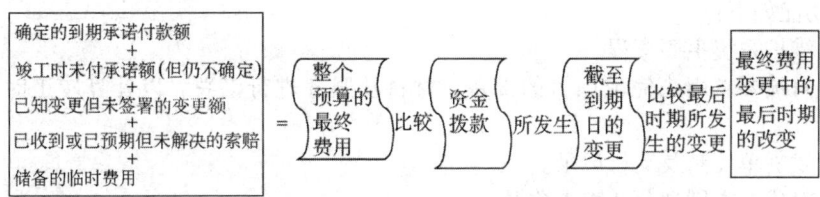

图7-3 注意最终费用的变更

有此种趋势。其实最高水平的项目管理是基于理论成本而不是基于实际发生的成本。从法律角度来看，经签名的合同、协议书、买货单，类似于此的这类账单称之为公司成本。根据FIS，在未开发票付款之前，它们属于软成本（应付款）。

如果项目是利用承诺付款额与超出额来管理的，那么为什么包括实际成本呢？下面是项目班子应密切关注实际支出的几个原因。

1）固定承诺付款价格后，实际付款在没有文件性质调整的条件下，不能超过承诺支付款额。同时，即使是突然下降的支付也必须进行调查，以查明是否已经完成了所有应尽的义务。

2）一些承诺付款额不一定都是固定价格的，而是根据要求或最终质量的测定而确定的。合理的价格调整必须在有PCMS记录的情况下进行。

3）当雇用直接劳动力时，无论从内部还是外部雇用，都不可能提前计划好，但实际的工资成本必须与预期的未来工资成本相符。

项目的成本（或称投入）在整个项目生命周期中不断被更新，任意给定时间的实际成本的记录应当与公司账目中的工程进度资金账目相一致。从项目的最终结果来看，这些记录可以为公司的资金运作、折旧、税估算、资产记录、未来项目等提供资料。从而使PCMS通过资产项目及材料文件（例如，合同、投标书和项目概要等）提供一条项目管理查账途径。

3. 系统的项目成本控制功能

PCMS报告的要求和结构不同于FIS账目准则的要求和结构。一个大项目甚至几个项目在财务系统中所包括的内容，如各类担保证、投标担保、决算后的诸项成本和抵扣后清账的款项等，都需要由有经验的人员建立特殊程序以及在明细分类账中有专门的记录。为了使其变得更加有效率，项目班子必须就这些专门的账目建立对当前状况的报告，这些经常被作为评价承包商工作表现的一部分。当有多个项目需要管理时，也需要检查一个单独的供应商或承包商的FIS记录，以查明他们的商务和整个债务的情况。这些信息在投标前资格预审或接受额外工程时有特殊的作用。

因此，在一个大型项目或几个比较小的项目中，财务部门的工作负担会明显增加，以及在处理各项工作的优先权方面不易把控。从各种利益方面来考虑，建一套独立的项目成本信息管理系统进行项目成本的管理是非常必要的，应当由项目会计师、项目估价人员、项目成本工程师、项目账目管理人员或有类似资质的人员来管理和维护PCMS。此人对公司总会计师负责，且使用同一套成本数据资源库。但记账以及向项目班子报告的方式可能会不同。

在项目计划阶段，项目成本管理功能的主要责任是成本估算、成本预算并形成成本计划。当项目进入实施阶段时，此项功能就变为成本报告及成本预算修正了，这些成本的控制功能如下：

1）维护系统主要章程。

2）对被要求用来完成项目的设备、材料及服务进行汇总，以计算竣工时的最终成本。

3）发货单控制及支付记录。

4）对成本类别划分及输入数据。

5）实际成本与计划成本的比较，变更报告。

6）成本预算，投标书比较，投标及特殊关键条款。

7）材料、设备、服务的成本计算。

8）成本报告、成本数据、进度走势、S曲线及直方图。

9）变更通知，估算与控制。

10）成本问题的分析与解决。

11）涨价、利息及汇率趋势和统计数据。

12）资金拨款宽容及应急资金储备的状况。

13）现金流预测。

14）成本与估算记录的档案文件。

进行变更的权利与责任仅应当由业主代表在项目管理中使用。然而对成本控制的程度依赖于所有的管理机制，项目管理、设计与施工，采购与施工管理，每一个相关人员对其负责的区域负责。换句话讲，成本控制是整个项目班子的责任。图7-4显示了贯穿于整个生命周期中计划与施工阶段的成本控制行为，所示的顺序代表了良好运作的建筑业的实际情况。

7.1.2 系统功能

项目成本管理系统的设立是为了实现成本控制，这也是项目管理三大控制任务之一，它直接涉及项目各方的切身利益。该系统的功能包括下列方面：

1. 文件组织系统

文件组织系统反映了用户在估价过程中要用到的文件。它主要包括可供估价师调用的原始资料文件和估价师估算工作结果的记录文件。

（1）原始资料文件

1）工程初始数据文件。工程初始数据文件是将工程量计算的有关数据（如柱子高度，截面积等二维、三维尺寸）输入计算机，为工程量的计算提供文件支持。

2）定额库文件。定额库文件是计算工程直接费的基础数据库，它由消耗量库、资源价格库、定额基价库组成。

（2）记录文件

1）直接费文件。存放各种结构件、分部分项工程及整个工程的全部直接费构成。如果由于市场变化等原因导致直接费构成发生变化，则将经调整后的直接费存放于该文件中。另外，各类人员，如估价师、施工人员，也可调用直接费文件。

2）管理费文件。存放管理费、利润、税金及其他摊销费等数据。

3）工程量清单文件。存放有关工程量的众多细节内容，如工程编号、工程名称及概要、工程量、单价等内容。

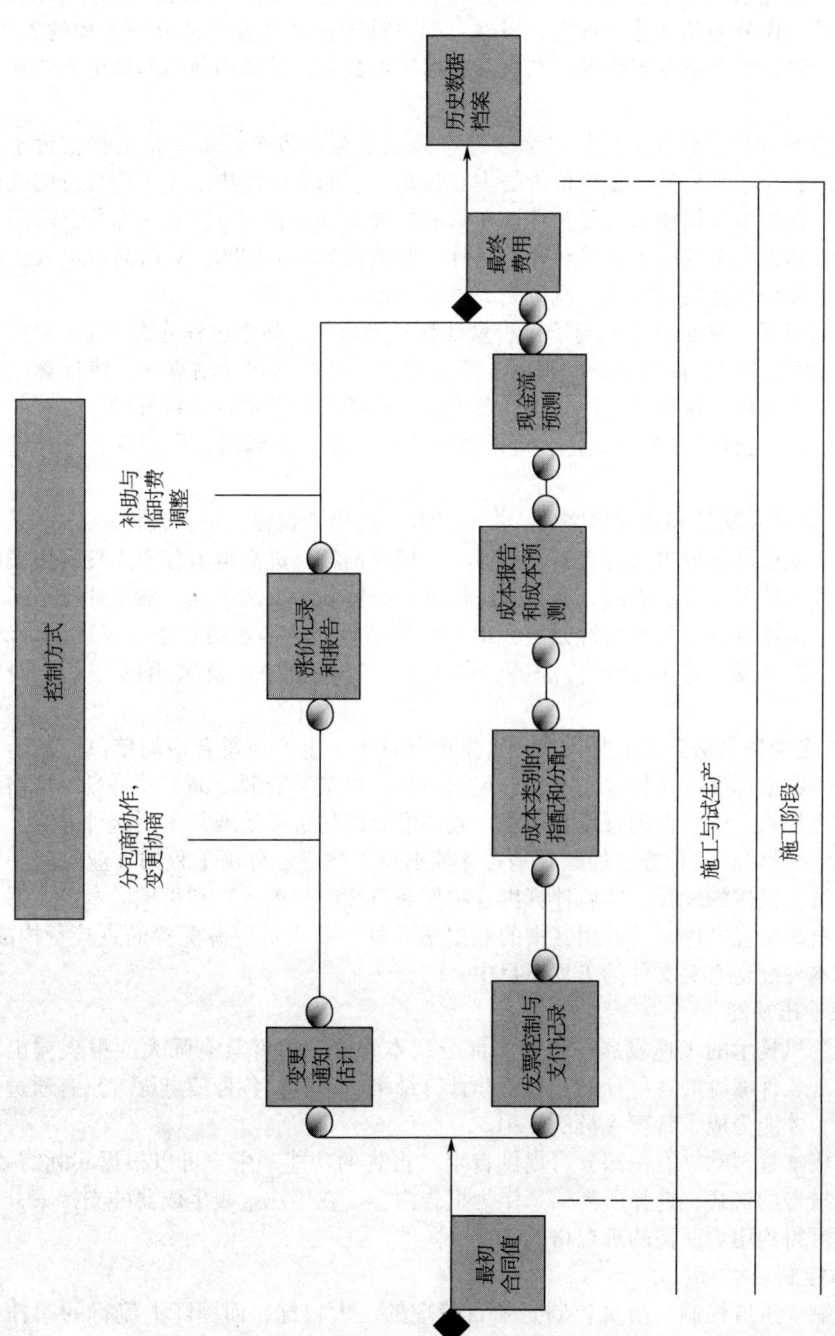

图 7-4 从成本控制的角度来看项目生命周期

2. 计算功能

它是成本管理系统基本且重要的功能，只有通过它才能实现对数据的加工和处理。我们可以把其工作分为两部分：首先，根据工程设计图样计算各分部分项工程的人工、材料、机械的资源消耗量及工程量；其次，利用所得数据，并选用适当的估价方法计算出工程估价。

(1) 工程量计算　计算工程量贯穿于整个施工过程的各个环节，是工程估价中最烦琐且重要的工作。工程量是工程估价的主要数据，它的准确性决定了工程估价的准确程度。由于工程初始数据输入的复杂性，在目前的成本管理软件中，有一部分仍需用户输入工程量，即由人工完成工程量计算。另外一些软件如 Cato2000，只需简单输入二维或三维尺寸，并加以必要的描述，就可完成该项工作。

(2) 估价计算　估价计算相对于工程量计算较为简单，整个过程分为三步。

1) 在工程量清单文件基础上，调用定额库文件，并根据定额估算法，将计算结果相应输入人工费文件、材料费文件、机械费文件，这样有利于进行工料分析。

2) 将人工费文件、材料费文件、机械费文件相关联，并调用其中数据，可计算出直接费。

3) 打开直接费文件和管理费文件，汇总计算，得出数据输入估价文件。

估价方法是计算各分项工程人工、材料、机械的消耗，进而得出分项工程直接费的方法。由于各国的习惯做法不同，施工验收标准和具体施工方法不同，估价师按不同方法进行估价。具体有以下几种估价方法：单位定额估算法、作业估算法、匡算单价法、分包报价法、并入法、条目合计价法等。在土木工程估价中广泛采用的有以下两种方法：

1) 单位定额估价法。定额是指在一定生产条件下，生产质量合格的单位产品所需消耗的资源的数量标准。这种方法是先选定额项目，再定义资源定额，并将资源价格库中的费率与之相乘，就可得到直接费单价。我国设计的估价系统通常采用这种方法。

2) 作业估价法。这种方法的原理是先计算出总工作量、分项工程的作业时间和正常条件下人员、机械的配置，然后计算出各项作业持续时间内人工和机械成本。在系统中可先建立资源配置文件，并调用其中的数据来计算作业人员资源配置的直接费构成，再将这些成本分配到有关文件的工程条目中。

3. 报表输出功能

随着计算机技术的飞速发展，现在大部分成本管理软件都具有强大的报表输出功能。成本管理软件编制的各种计划、分析和计算结果、项目的各种信息等，只有通过报表输出功能，才能为成本管理人员所使用。

目前，成本管理软件有一部分可提供自定义报告的功能，用户可以根据实际需要，灵活地设定报告的格式，选择所需信息作为报告内容。在用户报表生成器的支持下，无须编程，就可得到用户所需的理想格式的报告。

4. 成本控制功能

成本控制、进度控制、质量控制是项目管理的三大目标，而国际上流行的"挣值定量评估定理"（Earned Value Concept，EVC）作为项目管理和控制的基础科学方法，有效地实现了对项目的动态控制与管理，这种管理模式在国际上已被作为衡量承包商是否具备承包资格的标准之一。

7.1.3 项目成本管理系统在企业中的应用

1. 企业成本管理信息系统建立的前提

企业成本管理信息系统的建立过程本质上是一个针对企业成本管理、项目成本管理、成本业务流程及成本业务数据进行分析、梳理、优化的过程，是一个站在企业总体战略的高度，建立从项目成本管理至企业级成本管理的过程。

一方面，项目成本管理是企业成本管理的重要数据来源，是构建企业成本持续改进模式的重要基础；另一方面，企业级成本管理又从企业宏观管理的角度，对项目成本管理进行有效的支持与监控，对多项目成本进行有效的组合分析与管理。因此，在企业 - 项目成本管理体系中，针对项目成本管理，我们应该建立从项目成本的预算、计划到核算、分析的全过程成本管理模式，而针对企业级成本管理，则应站在企业宏观管理角度，完善企业成本责任组织模型、企业成本预算管理、企业成本执行监控、企业成本汇总统计分析、企业多项目成本组合管理及企业定额库管理等职能，具体如图 7-5 所示。

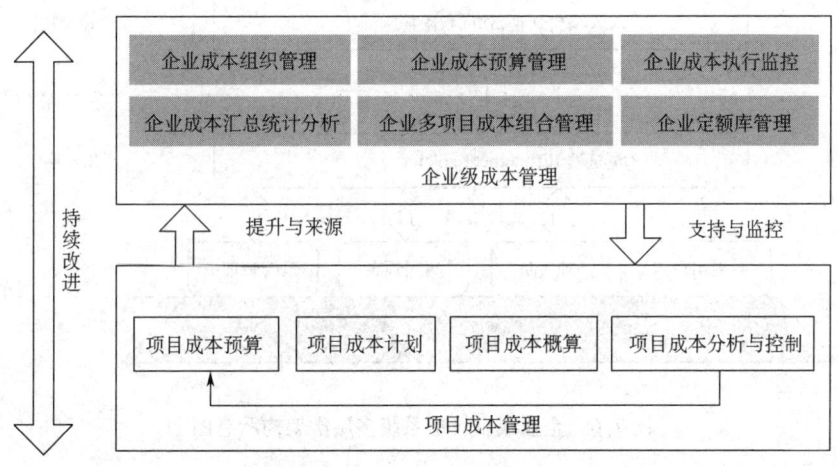

图 7-5 企业 - 项目成本管理示意图

2. 企业成本管理信息系统的功能与技术框架

在现代建筑施工企业管理中，项目分布地区广、数量庞大、参与配方多、工程复杂程度高已经成为项目管理的主要特征，因此以先进的信息技术为依托，提高项目各参与方的沟通协调效率，提高企业总体的管理与控制能力已经成为大家的共识，企业成本管理信息系统应依托互联网，建立基于网络的、多方协同工作的信息系统应用体系，在企业的管理总部构建企业成本管理信息系统，各项目部、工程分包商、材料与设备供应商等授权使用，为企业构建一个不受时间与地域限制的、多方参与的全天候管理平台。在基于网络的多方协同工作基础上构建的企业成本管理信息系统还应基于 B/S 操作模式，采用先进的多层技术架构体系，建立从用户层、访问控制层到应用层、数据层的多层结构，为用户建设一个高度稳定、高效、安全、可靠、可扩展的应用系统，具体如图 7-6 所示。

用户层设计应充分考虑用户使用习惯，以用户熟悉的文档、表格、图形、图标、影

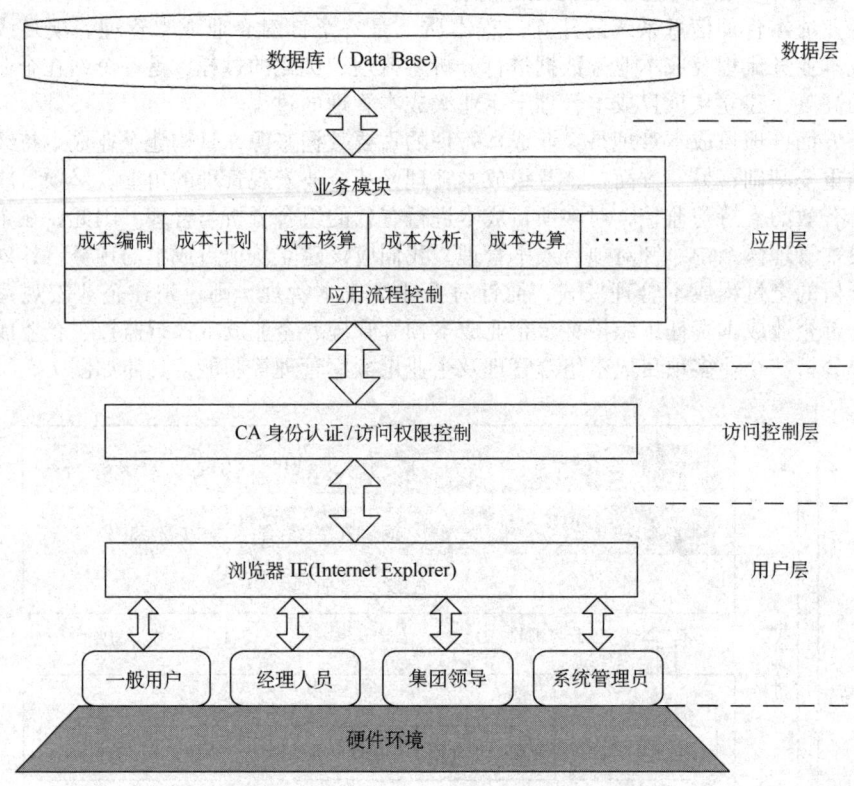

图 7-6 企业成本管理系统多层次架构示意图

音等方式交换数据和显示数据,以保证用户的工作效率;访问控制层是管理信息系统的安全卫士,阻止一切非法、未经授权的闯入,保证企业业务数据的安全;应用层是管理信息系统的主体,可以保证随着企业的发展,信息系统的自由扩展;而数据层则存储和管理着企业数据,是企业知识管理和决策支持的基础。采用上述结构,系统能够拥有很好的开发性和灵活性、强大的扩展性、良好的兼容性,通过周密、灵活的授权机制,严格、周全的加密机制和严谨、稳固的安全管理机制,保证系统稳定运行,同时进一步保证了系统的长期技术有效性与优越的投资回报率。

3. 企业成本管理系统与其他业务系统的关联

工程项目管理目标与企业管理目标的多元性,决定了企业的成本、合同、进度、质量、安全管理是一个综合的总体,因此在企业信息化的总体规划中,应该将企业成本管理系统与进度控制、合同管理等业务系统集成起来,实时从合同和进度模块中获得项目执行信息反馈,同时通过合同和进度模块掌握成本动态,对成本发生进行严格监控。通过合同管理,规范合同清单管理,严格合同管理责任,落实合同条款的执行,并及时把握合同计量和支付状况,将合同费用严格控制在目标成本以内。而通过进度控制,制订严谨的进度计划和实施计划,利用多方参与的特性掌控每一天的工作安排,优化进度调整,调配各类劳务、材料和机械设备的生产资源,从基层上计划成本发生,切实进行成本控制。再通过生产资源的集成管理,对资金、劳务、材料、机械设备进行从预算、计划、采购、库存到成本核算的统一管理,将资源管理和成本控制紧密结合起来,时刻掌握资源的计划和实际耗费情况,及时对资源耗费进行成本核算,从根本上落实成本控制,并且逐步形成企业的资源库、工料机耗费标准及内部定额。总之,我们还应该在企业成本管理系统的基础上进一步构建企业整体的管理信息系统,从而将项目管理与企业管理有机结合,以实现企业的综合效益。

7.2 项目成本管理软件

7.2.1 项目管理软件

1. 编制项目管理软件的必要性

(1) 简化工作　项目管理是一项复杂、细致而繁重的工作,必然需要合适的工具以辅助项目经理和其他项目管理人员的工作,对于大型项目更是如此。在项目实施的过程中,随着项目的进展、环境的变化,需要随时调整项目计划,并做出各阶段的汇总、报表、报告等,其工作量是惊人的。

随着计算机技术的快速发展,利用计算机对项目各方面相关信息进行集成化管理已成为可能,并且越来越必要。

利用计算机软件辅助项目管理工作有很多好处。

1) 精确。计算机软件的精确算法擅长处理绘制横道图及网络图、计算各任务的起止时间、监控各资源的使用情况等事务,并且可以自动检测出人工的疏漏和错误。

2) 经济。虽然项目管理软件价格不菲,但如果没有此类软件,这部分工作就需要更多的人力和时间来完成,就会耗费项目本身的人力资源和时间,这同时意味着更多的资金损耗。这种隐形的代价往往是无法估量的。更重要的是,如果没有项目管理软件,人工管理的出错概率可能会增加,由此导致的项目风险也可能会成倍地增加。因此,用于管理软件方面的花销是值得的。

3) 速度快。计算机在数据运算与信息处理速度上的优势是手工操作望尘莫及的。

4) 处理复杂问题的能力强。绝大多数情况下,使用软件能够使工作简单得多。特别是对于大型项目来说,软件的应用价值更大,效益更明显。

(2) 指导工作　项目管理是一项需要丰富经验、高度技巧的实践性技术,对于项目管理人员的知识、经验、技能等综合素质要求很高,而这样理想的项目经理人选非常难得。特别是今日的中国,经济建设突飞猛进,百业并举,迫切需要大批量高素质的项目管理人才。因此,项目管理专家的需求缺口很大。可以说,缺乏高素质的管理人才已经成为制约我国项目上档次、投资上效益的一大"瓶颈"。

然而经验的积累却需要时日,人才的培养不可能一蹴而就。解决这一难题的办法是:

1) 加速培养。
2) 大量引进。
3) 使用"专家系统"软件。

"专家系统"是计算机技术的重要分支，它是针对特定的知识或技术领域，将有关专家的思想、经验、方法、技术、窍门等汇集在一起，供使用者参考、学习，指导使用者像专家一样解决实际问题。

2. 项目管理软件的基本功能

（1）日程表功能　项目管理软件通常提供日程表功能，用以确定项目中各项资源的工作时间。根据这些日程表，就可以自动计算出项目的进度计划，自动检测出资源分配的合理性与冲突。汇报工作进度时也要用到这些日程表，可以将每项资源按日、周、月或年显示/打印出来。

（2）制订项目计划　所有项目管理软件的基本作用之一就是帮助用户制订项目计划。每一个项目都是由许多任务组成的，合理、科学地安排各项任务对每一个项目都是至关重要的。

一般地，项目管理软件可以支持几千至上百万个相关的任务。另外，大部分软件支持建立工作分解结构，以帮助进行项目计划。

（3）进度安排　项目管理软件提供许多自动化的功能，使这一大量而烦琐的工作大大地减轻。大多数软件可以依据任务清单、资源清单以及所有的相关信息自动制作出横道图、网络图，并且随时自动将这些信息的更新情况反映在进度安排上。

另外，用户可以制订进度安排的优先顺序，制订从结束日期向开始日期的反向进度安排，确定工作轮换班次，调整任务，调整工期和开始及结束时间等。

（4）项目监控与跟踪　为项目设计好计划后，必须对此计划的实际执行情况进行监控和跟踪，包括时间进程、实际费用和资源消耗情况。

项目管理软件一般是支持建立一个比较基准计划，并就实际进程及其成本与基准计划中的相应部分进行比较。软件可以提供多种类型、多种格式的报告，帮助监控和跟踪这些随时更新的信息。

（5）资源管理　项目管理软件一般是通过资源清单实现对资源的管理的。清单中可以罗列数以万计的各种资源，包括各种资源的名称、代码、描述、可以利用的时间极限、日程表、收益方式等。用户可以为任务分配资源，设定资源配置的优先标准，管理同一任务中多个资源的工作顺序。

软件还可以自动检测资源分配是否合理，例如，在某些任务上的资源分配是否太少或过多，并能突出显示不合理的分配，帮助用户修正、调整、均衡不合理的配置。

（6）预算与成本管理　为了完成同一项任务，无论是谁，都必须付出一定的代价，或者付出人工，或者占用机器时间，或者消耗材料，最终都可以反映为一定的费用，这就是成本费用问题。人员的工资可以按小时、日、周、月、年等来计算，包括加班情况的处理，也可以指定期限一次性支付；对于原材料，则可以确定其持续成本或一次性支付成本。

此外，还有由用户自定义成本函数的算法，利用软件计算出项目总成本、各阶段成本、各资源成本，以及各项任务的成本情况。在项目进行过程中，随时可以跟踪费用的支出情况，就单项资源费用、团体资源费用或整体费用实际支出情况与预算成本进行比较、分析，随时打印出来，做出报告、小结和计划调整。

（7）子项目及多重项目的管理　大多数项目管理软件都可以提供这方面的帮助。它们支持把每一个项目或子项目存放在不同的项目文件里，而在每个文件之间建立起必要的连接，以使共用资源的分配相互之间不产生冲突，并能绘制出相互之间没有冲突的横道图和网络图等。当然,项目管理软件也支持将不同的项目存放在同一个项目文件中,同时处理成百上千个项目。使用多项目文件的最重要的特点是,在不同的项目之间共享资源,平衡几个项目之间的人员和设备的工作负荷。

(8)打印图表　为了有效地管理项目,需要同大量的人员交流项目的有关信息。利用项目管理软件,可以打印符合特定的人或工作所需要的视图和报表。现今流行的项目管理软件已经有了强大的报表功能,包括:标准报表、反映全面信息的各种财务报表、资源配置报表、阶段信息汇总报表、全面汇报报表、交叉报表、变量基准对比表等,而且大多数软件支持用户自己定制新的报表形式。

(9)排序与筛选　排序的功能使用户浏览信息更加快捷、方便。比如:

1)按成本从高到低的顺序排列各资源,以便一目了然。了解影响整个项目成本的关键因素。

2)按字母或代码的顺序将任务、资源等进行排列,可以快速地从长长的列表中找出当前所关心的任务或资源,便于维护和操作。

筛选的功能,帮助用户从繁多的清单列表中选择出符合条件的具体内容,暂时隐藏起与当前所关注的问题无关的任务、资源等,以使清单、报表等简洁、清晰。

(10)信息共享　项目的组织与实施往往涉及许多人,分布在不同的地方。传统的沟通手段需要大量的人力与时间,致使沟通本身的成本很高,效果也不好。比较新的项目管理软件通常都可以支持电子邮件等高效、远程的信息沟通手段。

(11)调整与优化项目计划　一般来讲,项目应该尽可能早地进行分析和调整,项目开始后还需要随时检查和调整。项目的评估取决于日程中信息的详细程度。

利用项目管理软件,可以模拟演练多种可能的方案,分析各种计划的日程安排,比较其实施结果,从而缩短项目的工期,合理配置资源,使计划符合成本预算。

(12)信息安全性　项目管理中,可能有某些信息是不便于公开的,某些信息只对某部分人员开放。所以,信息的安全性是一个特别需要考虑的方面。较新的项目管理软件中,大多有密码保护功能,以确保未经授权的人员不能够获知其不应该知道的内容。某些项目管理软件可以分别对项目管理软件包本身、单个的项目文件、项目文件中的部分信息项等施加分层次、分级别的口令保护。

3. 项目管理中项目管理软件的作用

(1)项目计划　一般的项目管理软件包可以为项目计划工作提供如下支持功能:

1)生成任务清单,包括它们的预计工期。

2)建立各任务之间的相互依存关系。

3)以不同的时间尺度为观察角度,例如,小时、日、周、月和年。

4)处理某些限制条件,例如,某项任务必须从某一天开始,某些时间的工作人数不得超过五个人等。

5)跟踪团队成员,包括他们的薪金率、迄今为止在项目上的工作时间、即将到来的假日日期等。

6)将公司的节假日、周末和团队成员的假期整合于日历表中。

7)处理工作人员的轮班工作时间(早班、中班、夜班)。

8)预测并监控预算。

9)寻找冲突和矛盾,例如,时间冲突、资源配置不当等。

10）生成种类繁多的报告。

11）与其他软件包，如电子表格、数据库系统等的接口。

12）以不同的方式整理信息，例如，按项目、按团队或按工作类型来整理信息。

13）处理多个项目。

14）联机工作，并对进度、预算或全体职员的变动情况迅速做出反应。

15）将实际成本与预算成本加以比较。

（2）进度安排　一般项目管理软件的基本功能之一是安排工作进度。估计和调整各项活动的工期，可以以小时、日、周、月或年为单位，通过简单的鼠标操作就可以方便、快捷地实现从日到周、从周到月等的时间转换。日历表为项目经理提供了周末、节假日等处理功能。

（3）进度控制　项目一旦开始实施，就必须对其进度进行监控，以确保每个任务按进度如期进行。监控的实质是将项目进行的实际过程与计划进度进行比较。如果发现项目进展落后于计划进度，则必须采取措施加以纠正和弥补。

项目管理软件帮助项目团队对项目的实际进程进行监控。当一项活动正在进行中或已经完成时，可以将当前信息输入，则软件会自动更新实际进度情况，并与计划进度相比较，判断其是否按计划进行。

同样，如果未来活动的预计工期发生了变更，软件会自动根据输入的变更信息更新整个进度计划。全部横道图、网络图、表格、报告等都会自动更新，以反映最新情况，不必一一修正，不会出现数据不一致、相互矛盾的情况。

（4）资源配置　对于资源配置问题，项目管理软件可以提供良好的功能。大多数项目管理软件包用资源表的形式来组织资源信息。

资源表由项目团队来创建并且维护，包括资源的名称、可获得的最大单位数量、标准和超时工时率及成本等条件。该表中的资源是该项目中各项任务可以获得的，并且可以编制一个日历表来反映其可获得的时间限制条件。

项目管理软件能够自动判断并提醒使用者：是否在一个或几个项目之间有过量的资源分配；是否有资源配置的时间冲突……软件能够以图表的形式使资源的分配、利用等情况得以清晰、直观地表现。

项目管理软件通常能提供两种选择来解决资源冲突，或平衡资源分配：一种是手动修改方式，由使用者修改任务信息、要求，或修改资源表，然后重新评估问题是否得到了解决；另一种是由软件自动尝试修改过程，以找到解决问题的途径，提出修改意见，供项目团队参考、选择并做出决定。

（5）成本计划与绩效　项目管理软件使成本核算变得非常容易。软件记录着与每一种资源相关联的各种成本，也记录着与每一项活动相关联的各种资源使用情况，从而计算每一工作包和整个项目的预算成本，并可以随着项目的不断进展随时计算实际成本，预测期末成本。

项目管理软件通常允许使用者对每一种资源定义不同的价格结构，以反映现实中每一资源价格结构的不同。为各种资源付费的时间点也是不同的，软件可以自动地根据设置随时按需要计算出来。在项目进展过程中的任何时候，都能容易地算出有关每一项任务、每一个工作包乃至整个项目的成本估计、分摊总预算成本、累计预算成本、实际成本、盈余量、承付款项、成本绩效指数、成本差异和成本预测等指标。同时，各种表征成本分析的图表也可以即时得出，用以帮助分析成本绩效。

4. 典型的项目管理软件

（1）通用项目管理软件（Primavera Project Planner，简称 P3）　P3 是美国 Primavera 公司的产品，用于工程计划进度、资源、成本控制，是国际上流行的高档项目管理软件，已成为项目管理的行业标准。它有两个补充模块：Parade 和 Expedition。Parade 用于工程成本分析预测和项目执行评估；Expedition 用于工程合同、文书、事务管理。

P3 软件适用于任何工程项目，能有效地控制大型复杂项目，并可以同时管理多个工程。P3 软件提供各种资源平衡技术，可模拟实际资源消耗曲线、延时；支持工程各个部门之间通过局域网或 Internet 进行信息交换，使项目管理者可以随时掌握工程进度。P3 还支持 ODBC，可以与 Windows 程序交换数据，通过与其他系列产品的结合支持数据采集、数据存储和风险分析。

Primavera 软件系列包括三个主要软件，它们是：①Primavera、Project、Planner，用于工程计划进度、资源、成本控制；②Parade 用于工程成本分析、预测和项目执行评估；③Expedition 用于工程合同、文书、事务管理。

（2）专项项目管理软件 Pro Trak Plus（成本核算）　Pro Trak Plus 是支持多个小项目的成本核算系统。对每个项目，它可以跟踪预算、实际投入和透支情况，而不跟踪假定盈利，这一切都基于实际项目目标、工作顺序、票据、时间表等。利用多达 20 组用户定义代码，可获得对最终成本与资金的预测。根据对进度进展与实际完成情况的跟踪，可以评价预算与进度计划的符合程度。

结合一个内涵应用工具 Pro Trak Cab，可在系统范围内生成关于成本与进度的明细与汇总报表。

（3）专用项目管理软件 firstcase（应用软件开发）　不同领域的项目各有不同的特色与实施难点，通用的项目管理软件不可能面面俱到。因此，如果是确定的专业领域项目，则专用的项目管理软件往往更加适用。

firstcase 是 AGS 管理系统公司的产品。firstcase 是一个基于个人计算机平台并支持客户机/服务器管理应用系统开发的程序。

fc methods 是一套方法论，具体包括：

1）客户机/服务器系统开发——它提供一个框架并指导开发客户机/服务器的应用。
2）企业体系结构规划（EAP）——它给出信息系统战略计划的开发指南。
3）信息工程——一个关注于商业需求和企业战略的方法。
4）结构开发——它强调开发过程的传统方法应用，这一方法适用于特定应用开发项目的项目管理。

Fc process 是一个过程管理单元，它提供一套自动的方法论，可根据客户的不同需要进行过程管理，或者自动采用自己的标准和方法进行管理，也可采用任何其他商业方法进行管理。

Fc manager 提供估测（包括功能点分析）和项目管理。它相当于用户使用、组织、监测与指导一个数目不限的不同规模的任意复杂程度的项目管理工具。它包括项目模板并提供用于"what if"方案的项目仿真，并可以在多项目间进行资源约束进度计划安排。

Fc developer 是一个时间与进展情况报表模块，它提供一个机制来启动、指导和监测项目小组的工作活动。它自动向开发者提供"to do"任务列表，并指导他们为了完成这一活动而必须做的工作,同时指导开发者使用合适的技术,提议开发者报告进展情况并实时报表。

使用 firstcase 可以通过工作站与位于局域网文件服务器上的中心数据库来工作。对于小型项目,firstcase 可以在独立工作站环境中使用。

(4) 常见的项目管理软件

1) Project Management Workbench (PMW)。PMW 是商业应用技术公司 (ABT) 的商业项目管理软件产品,该软件可以管理复杂的项目。它运行在 Windows 操作系统下,提供了项目建模、分析和控制的图形化手段,具有项目管理所需的各种功能,深受广大工程人员的欢迎。

2) Project Scheduler。Scitor 公司的 Project Scheduler 是一个简单易用而且功能强劲的项目管理工具,曾获得《电脑杂志》的"编辑选择奖"(Editors' Choice Award)。它可以帮助用户组织所有项目管理活动,从多项目计划与跟踪到分析与报告,具有项目经理所需要的各种先进特性。

Project Scheduler 图形界面出色,报表功能强大,制图方面也很突出。它可以通过相关联的横道图、用户可配置的工作表与点击图标视图为用户理顺计划。利用项目分组,用户可以观察多项目中的一个主进度计划,并可以分离更新。数据可以通过工作分解结构、组织分解结构和资源分解结构进行整理与汇总。

Project Scheduler 中资源的优先设置和资源的平衡算法非常实用。它提供了统一的先进资源跟踪工作表,允许用户根据一个周期的基础来评价资源成本与利用率。面向对象的报表书写器具有完全客户化的书写报表能力。Project Scheduler 对多个项目及大型项目的操作处理也比较简单,还提供了详细的"what if"分析功能、ODBC 数据库连接。

3) Microsoft Project。Microsoft Project 是微软公司的产品,目前已经占领了通用项目管理软件包市场的大量份额。Microsoft Project 的数据库保存了大量的详细数据。它可以利用这些信息计算和维护项目的日程、成本以及其他要素,并建立项目计划和对项目进行评估。目前有 Project 98 和 Project 2000 两个版本。

这个软件的主要优点是它与微软其他产品(Access、Excel、Powerpoint、Word)很相似,菜单栏、工具栏几乎一样。用户可以在应用文件之间轻易地移动信息资料,例如,可以把 Excel 资源表的成本信息转移到 Microsoft Project 中,Microsoft Project 的横道图也可轻易地转入 Word 中。日常用语、提示卡及大量范例大大简化了程序的应用,交互式日程系统、电子邮件及分配设备的功能强大。现在,这个软件还包含应用文件的视像(Visual Basic for Applications),便于高级用户设计接口或自动处理重复性工作。Microsoft Project 的缺点是它的关键路径处理,用户不容易查看,并且它也不如其他一些软件包能处理多个项目及子项目。

(5) Synergy 综合项目控制系统 Synergy 是美国 Bechtel 西方电力公司在其工程项目控制方法和工艺规程两方面积累了多年实践经验的基础上开发的一个高级软件产品。它以特有的各个功能模块作为公司工程项目控制的标准;它还作为产品销售到世界各地。

Synergy 是一个十分完整的项目控制软件,能管理项目承包合同工作范围内的建设工作和维护两方面的所有项目控制因素。在程序结构上,它由围绕 Oracle 关系数据库建立起来的一套应用模块组成,用户可以根据合同条款的需要,任意选用模块,灵活组合。软件在运行环境中对硬件的适应面较广,可以移植于各类 PC 机、VAX 机或 IBM 的各类大中型机。

Synergy 与用户的界面是一套驱动选单,通过它来进行人机对话,另外还可以通过一个接口模块,与任何工程计划进度控制软件接口,如 P3。通过接口把 Synergy 的数量和费用数据送入 Primavera;同时由 Primavera 把日期和目标反馈到 Synergy 中。

(6) 梦龙智能项目管理系统 作为国内的一家软件公司,梦龙公司应用网络计划技术的原理,开发出适用于各种项目(基本建设、设备制造及安装、科研、产品开发、军事等)计划管理的智能项目管理集成系统。智能项目管理系统 Pert 98(WIN95/NT 版)提供强大的网络计划编制能力。

1)梦龙智能项目管理集成系统。梦龙智能项目管理集成系统由众多子系统组成,可以对项目进行全方位管理,系统关系示意如图 7-7 所示。

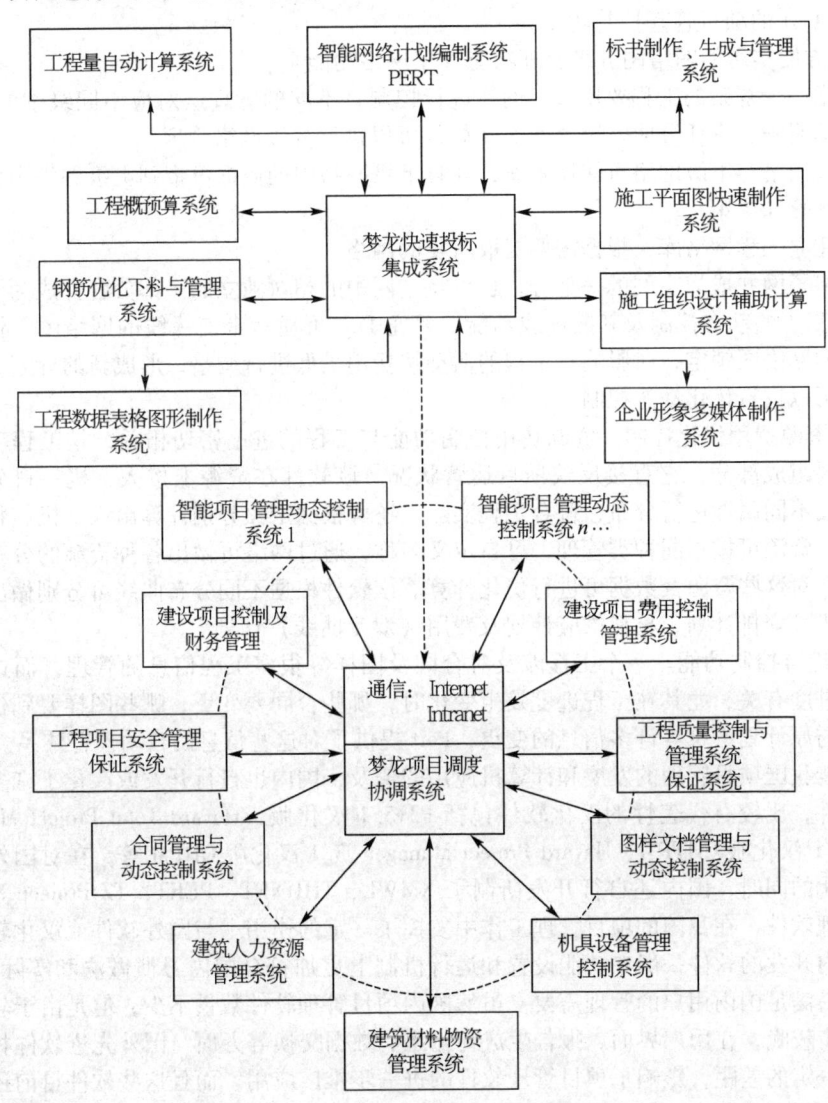

图 7-7 梦龙智能项目管理系统关系示意图

2）Pert 的网络计划编制功能。
① 多文档功能。
② 网上软件和数据共享。
③ 时标逻辑网络图在一个网络中可同时表示时间坐标和所有逻辑关系。
④ 任一活动都可设置自己的日制。
⑤ 可按时间段、各类活动等不同分类要求显示或输出。
⑥ 前锋线功能。
⑦ 双代号时标网络图、时序逻辑图、单代号网络图、单双混合图、横道图等十几种网络图、横道图随意转换，自动完成。

3）Pert 的项目管理控制功能。
① 方便实用的网络图分级管理功能（子网络功能）。
通常一个复杂的工程要用多级网络进行控制，不同的管理层对应不同级别的网络，使其活动明确、责任分明。用梦龙 Pert 软件可以进行分级网络管理。
上级网络与下级网络可转换查看，并且下级网络中的数据可带到上级网络中以供上级网络计算和决策。
可建立工程网络库，根据需要提取所要的网络。
可将子网并成为主网的一部分，也可将主网中的相对独立的一部分合并成为子网。
② 真正的动态控制及其前锋线功能。梦龙 Pert 可显示带前锋线的网络图，将模拟预测后的网络图锁定，对影响总工程的活动按费用最低进行调整，形成新的计划，往复进行就可以进行优化动态控制。
③ 资源费用优化控制。资源费用控制功能与工程的进度密切相关，是工程项目管理的重要组成部分，它直接反映项目运营状况。该软件在资源上按人、机、料分开管理，可按不同属性进行分布，符合工程实际，还可根据定额分别计算出人、机、料费及总费用。资源可按不同种类管理，可自定义名称，通过网络可做出各种资源的分布曲线及报表，对这些资源及数据可进行优化计算。该软件根据不同分布曲线可分别做出用工计划、机具安排计划、材料供应计划及费用（双 S 曲线）计划。
④ 综合控制功能。一个工程涉及对合同及图样等很多工程信息的管理，而这些信息都与进度有关，尤其在工程进度发生变化时，哪些合同要变更，哪些图样要到位，哪些活动与原计划不符等许多信息的变更，Pert 提供了对这些信息的自动预警体系。

随着我国项目管理的发展和计算机应用的普及，国内也自行开发或汉化了许多项目管理软件，比较有代表性的汉化软件包括 P3v5.1 汉化版、Havard Total Project Management v1.1 汉化版 CHTPM、Havard Project Manager v3.1 汉化版 CHPM 等，在对国外软件进行汉化的同时，国内还自行开发研制了 XMWL、THUNET、PERT、TZ-Project 等多种项目管理软件，在我国的项目管理工作中发挥了一定的作用。与国外软件或汉化软件相比，国内开发的软件一般在功能设置和运行机制上更加符合国内习惯做法和实际情况，比较容易满足国内用户的管理需要。虽然国内项目管理软件数量不少，但是由于软件的开发起步较晚，在用户界面、报告生成与输出、数据交换等方面与国外先进软件相比还存在着一定的差距，影响了项目管理软件的进一步推广应用，而且这些软件目前还不可能用于国际工程项目。

随着项目管理的发展和计算机技术的进步，项目管理软件在功能和性能上也将得到进一步的完善，在项目管理中发挥着越来越重要的作用。目前的发展趋势主要有：

1）综合性进一步加强，能够将进度、资源、费用、合同等进行综合管理，为项目管理工作提供更全面的支持。

2）通过联网，实现数据共享，进行异地管理和数据交换。

3）软件的用户自定义功能进一步加强，用户能够根据自身管理的需要，对软件的功能和运行方式进行改进。

4）和其他软件的接口更加方便。

7.2.2 成本管理软件

工程项目投资大，数据繁多。项目管理人员不仅要求对数据处理的速度快，而且计算结果要求准确。在激烈的市场竞争中，传统的手工计算已难以面对庞大烦琐的数据，对原始数据不断更新、补充、调整，以及对数据处理等多方面要求，强烈呼唤现代化工具的运用。计算机以其速度快、可靠性高等优点，逐渐介入项目成本管理范畴，并发挥着越来越重要的作用。

目前，一些专业软件公司和建筑公司开发出许多实用性强、技术水平高的商业化费用管理软件。其中比较优秀的软件有：美国 Primavera 公司的项目管理软件——P3，英国 ECL 公司的工程估价软件——Cato2000 等。一般来说，市场上的费用管理软件除具有文件管理功能、计算功能、报表输出功能几项基本功能外，有些还具有费用控制功能——在对项目进展情况跟踪的基础上，通过分析实际费用和预算费用之间的关系，纠正偏差，达到费用控制的目的；估价功能——计算整个工程项目或其中一部分工程项目的估价；报价调整功能——根据工程预算、成本测算、中标模拟的结论，对报价进行调整，形成最优的投标报价。

1. 英国工程估价软件——Cato2000

英国 ECL（Elstree Computing Limited）公司早在 1979 年就开发出了工程评估软件，经过多年在实践中不断补充、完善，于 1993 年推出工程评估软件——Cato2000。该软件与其他软件相比具有许多优点：灵活多样的输入方式和工程量计算方式；强大的分析功能；众多的辅助软件和支持软件；系统环境适应性强。其系统框图如图 7-8 所示。

（1）Cato2000 功能

1）工程量计算。工程量清单生成程序于 1979 年即已开发成功，就目前来说，它仍是 Cato2000 的核心功能。由于 Cato2000 具有多种灵活的输入方式，其中 Qmeasure 软件与 CAD 连接，可以使一些工程量直接从设计图样得出。还能输入二维或三维尺寸，并加以必要的对分项工程描述，计算出工程量。在计算过程中，用户不仅可按常规方式进行工程量计算，而且可由用户自己定义的组合项形式自动生成工程量清单。Cato2000 还可按用户需要，产生大致的工程量清单或详细的工程量清单。

2）估价功能。在整个工程造价管理过程，主要涉及两次估价。一次是在项目方案阶段，要求快速而且准确地初步估算；另一次是在工程量计算过程中以及计算结束之后，以资源为基础的估价。两次估价虽然都是对项目进行费用估算，但应用的程序却不同。初步估算程序是根据过去类似项目的投标价或最终财务报告分析，并充分考虑投标价、项目地理位置、新设备要求和基本工程量等方面差异的前提下进行的估算。与之不同的是以资源为基础的估价程序是建立在工程量清单基础上的估价。

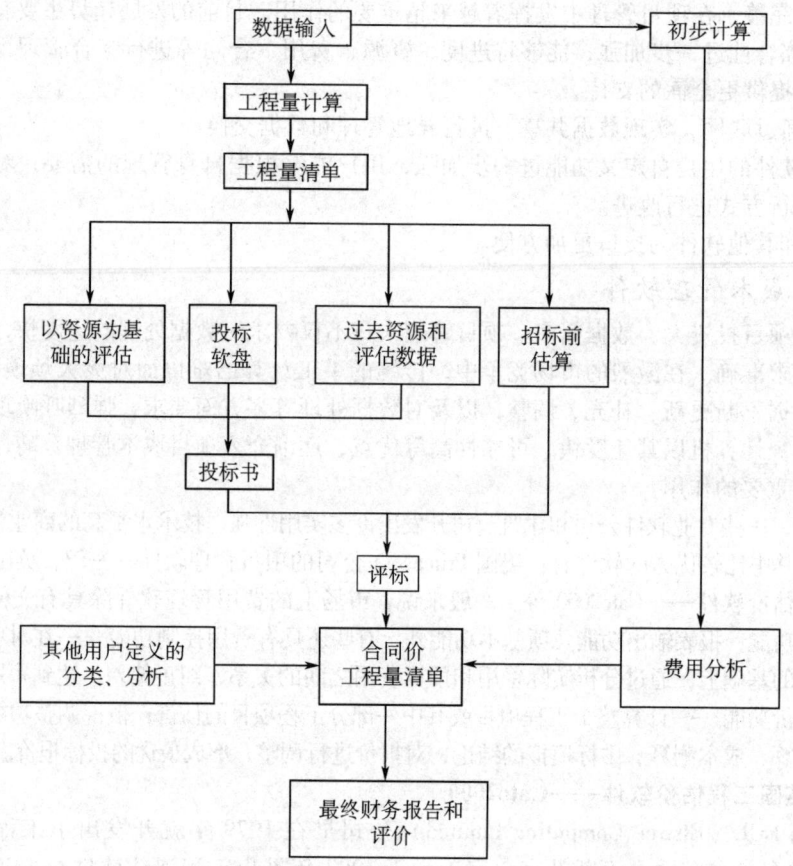

图 7-8 Cato2000 系统框图

3) 分析或评价。分析与评价功能是 Cato2000 最重要的功能之一，这也是我国估价软件发展和需要借鉴的方面。分析与评价分两阶段进行。其一，在报价书形成之后，投标书递出之前，可调用其费用分析程序快速地进行投标分析，可通过存储在数据库中的过去投标或中标项目的报价书资料，以及用户的经验来分析报价书的合理性及中标的可能性，加以适当调整，这样可指导最终的报价决策，有利于提高标价竞争力，以便中标。其二，在施工过程中为有效地对项目造价进行有效控制，可经常将实际结算费用与合同价进行比较，并对费用差异进行分析和评价。

4) 财务和费用报告。Cato2000 的费用控制和报告程序可自动生成财务报表或费用报告，并可依据对财务报表的不同需要，选择费用综合报告或详细报告。该软件还具有最终财务报告评价程序，它是在承包商中标之后，按 Cato2000 计算的报价书转入该程序，可自动计算已完工程的最新价值量并生成最终财务报告。

(2) 系统环境　Cato2000 系统环境具有很强的适应性，既可用于单机用户系统，也可用于网络用户系统和多用户系统，满足了不同用户的需要。

1) 单机用户系统。可以在 IBM 或其他在 PC-DOS 或 MS-DOS 条件下运行的可兼容的计算机上运行。

2）网络用户系统。适用 Novell Netware 或 Microsoft MS-Net 操作系统。

3）多用户系统。适用于 xenix 或 unix 操作系统。

2. 项目管理软件——P3

前一节已经介绍了 P3 的整体功能，本节主要针对成本控制的功能进行讲述。

1）数据输入。数据输入是一项繁杂的工作，其中包括承包商提供的总施工计划的输入，项目实施过程中采集的数据输入等内容。用户利用 P3 能方便地输入数据。P3 几乎能从所有的数据库系统，例如 Foxbase、Foxpro、ACCESS、Paradox 和电子表格系统（如 Excel）中读取数据。对于需要手工输入的数据，P3 提供了三种方式：FORM、TABLE 和 PENGUIN，即线性、表格和图形方式输入数据。

2）资源和费用管理功能。用户可通过 P3 进行资源分配，利用 P3 提供的九种标准资源分布曲线，通过资源均衡解决资源冲突，调整和控制资源使用计划并对相应的费用进行管理。同时，P3 允许非线性的资源分布，可根据工程实际进展调整资源费率和资源限量，以便项目实施保持一致。

P3 提供了多达 12 项费用控制参数，可有效地对项目进行费用管理，可进行任一点上的汇总成本；措施调整后完成成本的预测；付款延误后进行资金需求预测及盈利分析等工作。另外，P3 提供用户可自定义的自动计算（Autocost）功能可调整工序预算费用。

3）强大的图形和文体报告输出功能。P3 输出的图形报告包括横道图、纯网络图、资源需求网线、资源使用对比图、资源流曲线、现金流量图，同时显示资源流和横道图等多种形式图形。这些图形报告使用户对项目当前情况一目了然。

同时，P3 还提供了 100 多种进度、资源、费用标准报告可供用户选择，并可在用户报表生成器支持下，无须编程即可得到用户所需的理想格式的报告。

4）P3 还具有良好的用户图形界面——Penguin，多项目管理功能，多用户功能，还具有一些特殊功能。如依次输入或批输入、或图形输入，DXF 和 ASCII 文本文件的输入/输出等。

3. Project Central

Microsoft 同时带来了 Microsoft Project 2000 的一个新的伴随产品——Project Central。

工程项目管理软件已经取得了很大的进展，但是传达工程计划和使计划保持更新依然是重要的难题。虽然试验了各种各样的解决方案，包括客户机/服务器应用和电子邮件，但是没有任何一种方案可以显示出比 Internet 更大的潜力。

Project Central 很清楚地显示出 Web 带给工程项目管理的一切：一种标准化的方式。这种方式通过一个可随时使用的浏览器来访问工程信息并与之交互。管理员在 Project 2000 中创建工程计划并把它们上载到 Project Central，Project Central 将信息存放在数据库中（当前支持 Microsoft Database Engine，Microsoft SQL Server 和 Oracle）。工程人员和公司管理者可以以几种方式浏览工程计划，包括 Personal Gantt 图，这种图可以显示复杂工程的任务和时间线，同时还可以得到摘要报告。

工程状态信息可以通过时间卡片（Time Sheet）输入。如果允许的话，工程人员可以加入他们自己的任务，甚至可以给其他人分配任务。工程管理者可以定制规则提醒他们在何时某些类型的更新出现或不出现（例如何时一项任务落后于进度表）。所有这些因素创建了一种有效的"通告—回应"反馈循环，这种循环最终使开发和维护一个工程计划真正成为共同合作努力的结果。

4. Parade 与施工项目的成本控制

P3 是一个以网络计划技术为主的广义 CPM 软件,它同时对资源和成本进行控制,在它身上加载着工程成本数据,以 Parade 作为 P3 在成本控制方面的补充模块,利用成本数据进行成本分析、控制,进一步扩展了软件成本管理能力。P3 能容纳无限资源,给进行真正的成本控制提供了可能性,用它们可以进行比较精确的成本计算。

Parade 将整个项目结构化,建立起评测成本的监测标准,从项目开工到结束,全过程跟踪成本管理趋势及盈利情况。丰富的过程图表可显示在屏幕上,更可以打印输出以便做不同层次的分析。Parade 还可以帮助制作项目组织结构图和项目分项工程结构树。

Parade 将计划和成本完全整合在一起,以目标计划作为测评完成情况的标准,全部数据来自 P3。因为能进行实际开支的跟踪,所以成本控制中的一些数据自动产生,并将各种费用归入对口成本项目、财务账号。同时基于剩余工程量以及完成计划情况可以得到完成整个工程的最终成本。Parade 还考虑了处理间接费等综合管理费用。

在项目施工的具体实践中,利用 P3、Parade 可以进行不同深度的成本控制,得到下列项目成本控制的基本数据:预算成本(输入)、实际成本(输入)、单项工程成本、单位工程成本、分部工程成本、工期施工成本、到本期累计施工成本、未完施工成本、竣工工程成本、工程成本指数、工程计划完成指数等。

5. Microsoft Excel 2000

Microsoft Excel for Windows 是一个功能强大、操作方便、应用广泛的电子表格软件。经过多年发展,它逐渐占领了全世界商用软件的市场。Excel 是由 Microsoft 公司提供的一个拥有电子数据表、图表与数据库三种功能的操作环境。Excel 不是专门用于费用管理的软件,但由于它具有表格处理、图表处理和数据清单管理的强大功能,以及简易操作的特性,在费用管理领域占有一席之地。

首先按照概预算书的格式编制表头(包括定额编号、项目名称、单位、单价、工程量、金额、差价、差价合计、其中人工、人工合计、定额主材费、定额损耗等项目)。

在电子表格中输入公式以后,这个电算表格的大部分已经完成,可以用来进行预算的计算。以后的工作是将这个电子表格进行一些完善和增强。例如,编制好一层楼(或一个房间)的自动计算的电子表格以后,如果下一楼层的工程项没有什么变化,那末只需修改表的工程量栏,其他项目如单价、差价、人工、定额损耗等自动引用相关的单元格。而且 Excel 的单元格引用可以通过下拉进行自动填充引用,运用起来十分方便,而金额、差价合计、人工合计等均可以自动计算完成,一套概预算就可以计算完成。

在预决算书中要重复出现的项目都可以通过单元格引用的办法解决,只要在完成引用后,输入第一次出现的单元格,之后的便可以自动生成,而且精确度高,便于查找和修改。另外通过 VBA 编程,可以给这个概预算电子表格加上一个操作界面,并可实现一些自动化功能。

7.3 项目成本管理网上资源

随着世界经济全球化进程的不断加快,以及资讯、科技的迅速发展,用高科技手段在全球范围内进行项目管理研究不但十分必要,而且切实可行,互联网就是其中一种重要的、高效的方法。

7.3.1 互联网上的项目成本管理信息

1. 互联网上的项目管理信息

在互联网上，有许多与项目管理有关的网页。这些网页多属于高校、科研机构、政府部门以及有关咨询公司，内容十分丰富。从事项目管理的人员借助互联网迅速、全面、经济地获取最新信息。在互联网上，与项目管理有关的信息包括：

1) 国外建筑行业学会、协会的情况。如英国皇家特许建造协会、美国项目管理协会、德国工程师学会等。

2) 最新的专业资料，如科研成果的查询、学位论文资料的查找。

3) 国外建筑业的最新统计资料。

4) 国外教育机构。

5) 国外建筑业法规。

6) 国外政府建筑管理机构情况。

7) 标准合同文本。

8) 国际招投标信息和其他商业机会。

9) 建筑材料和设备的情况。

2. 信息查找方法

（1）直接检索法　如果你很清楚要查找信息所在的网址，把要访问的网址直接写入浏览器的地址栏后按［Enter］键即可。

（2）通过搜索引擎　如果不知道具体的网址，可以通过关键词查找。可以直接访问这些具有检索功能的站点。

1) Yahoo。

网址：https：//www.yahoo.com。

它是万维网站点和起始页的数据库，并按照专题将万维网上的起始页进行分类编目，如社会科学、艺术、娱乐等。索引方法以统一资源定位（URL）短语的词汇为根据。

2) lycos。

网址：http：//www.lycos.com。

它连接的站点数最多，其索引是以各万维网站点上的起始页开头的前20行的词汇为根据编制的，在站点连接时能自动将其他站点也连接进来。

（3）通过网址链接　通过对一些国外教育机构、建筑行业学会及协会、政府建筑管理机构的访问，可以在其网页上选择一些感兴趣的网址。通过这种方法得到的信息的准确率较高。

7.3.2 常用项目管理网址

1. 国外网站

（1）世界银行

英文名称：The World Bank

网址：http：//www.worldbank.org

世界银行集团包括国际复兴开发银行、国际开发协会、国际金融公司、多边投资担保机构和解决投资争端国际中心五个成员组织。在世界银行集团业务中,"世界银行"被用来统指国际复兴开发银行和国际开发协会。世界银行的最主要的业务活动是向发展中国家提供长期生产性贷款,以促进其经济发展,提高人民生活水平。除贷款外,世界银行还积极进行技术援助、学术与政策研究等业务活动,从多方面为成员国提供发展帮助。

(2) 亚洲开发银行

英文名称:The Asian Development Bank (ADB)

网址:https://www.adb.org

亚洲开发银行是亚太地区重要的政府间国际金融组织,它以促进亚太地区的社会经济发展与合作为宗旨,为亚太地区的发展中成员国提供资金、技术和管理经验等。它由成员国或地区共同出资兴办,不以营利为目的。多次批准对华贷款,这些贷款主要用于能源、交通和环境保护等基础设施和国家重点项目,对支持我国的经济建设起到了积极的推动作用。

(3) 美国项目管理协会

英文名称:Project Management Institute (PMI)

网址:https://www.pmi.org

该协会建立于1969年,PMI 现在已经成长为一个重要的项目管理专业的组织。PMI是一个非营利的组织。PMI 制定项目管理标准,提供研讨会、培训计划和专业资格证书PMP (Project Management Professional) 考试。

PMI建立了项目管理知识体系,简称为PMBOK (Project Management Bode of Knowledge)。在这个知识体系指南中,把项目管理划分为九个知识领域,即范围管理、时间管理、成本管理、质量管理、人力资源管理、沟通管理、采购管理、风险管理和综合管理。国际标准化组织以该文件为框架,制订了 ISO 10006 关于项目管理的标准。

(4) 国际项目管理协会

英文名称:International Project Management Association (IPMA)

网址:http://www.ipma.world

IPMA的成员以代表各个国家的项目管理研究组织为主,于1965年在瑞士注册,是个非营利性的组织,它的宗旨是促进全球的项目管理的发展。正式会员组织中的个人成员可自动地成为该协会的个人成员。

IPMA和每个国家的项目管理组织的分工是:本国项目管理组织负责实现项目管理本地化的特定需要,而IPMA则负责协调国际上具有共性的项目管理的需求。

IPMA非常重视专业人员资格认证工作。项目管理专业人员取证分为四个级别,级别之间的档次标准差距很大。其中A级是工程主任证书级,简称CPD,总经理一级,它一般被授予具有指导一个工程计划 (Program) 或一个公司/分公司全部项目能力,或者具有与来自不同国际文化背景的主要合作者管理国际复杂项目能力的人员。B级为项目经理级别证书,C级为项目管理工程师级证书,D级为项目管理技术员级证书,不同的资格证书,其标准各异。和PMI资格认证比较,IPMA更注重实践方面的能力。

(5) 国际咨询工程师联合会

法文名称:F'ed'eration Internationale des Ing'enieurs Conseils (FIDIC)

网址:http://fidic.org

国际咨询工程师联合会是国际上最权威的咨询工程师组织。各国（或地区）的咨询工程师大都在本国（或地区）组成一个民间的咨询工程师协会，这些协会的国际联合会就是"FIDIC"。FIDIC 专业委员会编制了许多规范性的文件，这些文件不仅被 FIDIC 成员国采用，世界银行、亚洲开发银行、非洲开发银行的招标样本也常常采用。

1999 年 FIDIC 专业委员会编制了《施工合同条件》《工程设备与设计建造合同条件》《EPC（设计、采购、建造）交钥匙合同条件》和《简明合同格式》四本合同条件。

(6) 国际建筑研究与建筑文献委员会

英文名称：International Council for Research and Innovation in Building and Construction (CIB)

网址：http://www.cibworld.nl

该委员会成立于 1953 年，是一个受联合国支持的非政府组织，它的目的是促进建筑领域中各研究机构间的国际合作与信息交流，其秘书处设在荷兰。CIB 的会员一般是与建筑有关的研究机构，个人也可以成为 CIB 的会员。CIB 有一个庞大的全球网络，委员会覆盖了建筑研究、技术开发和建筑文献等建筑领域。CIB 的主页包括一般信息、CIB 新闻、数据库、联系地址。其核心内容包含在数据库中，与许多网页一样，有很多功能只有会员才能使用。

(7) 英国特许营造师协会

英文名称：The Chartered Institute of Building (CIOB)

网址：http://www.ciob.org

CIOB 是一个皇家特许的机构，可以说是现代建筑经理的"专业之家"。CIOB 的会员均是从建筑行业的高层次人员中挑选出来的有经验的经理和各类专家。该协会的正式会员必须具备一定的资格。该协会向其会员提供多方面的技术和管理上的培训。

(8) 英国皇家特许测量工程师协会

英文名称：The Royal Institution of Chartered Surveyors (RICS)

网址：https://www.rics.org

RICS 是一个代表和管理特许测量工程师和技术测量工程师的国际性的专业组织。依据 RICS 的规章，它是一个为公共利益服务的组织。作为一个独立的、非营利性的组织，该协会要求其会员具有较高的能力并且诚实可靠，并对公共事宜提供一系列公正、权威的建议。

特许测量工程师和技术测量工程师可以对土地、财产、建筑物和相关环境问题等各方面事宜提供建议。他们的职业是各式各样的，许多测量工程师可以从事多个领域的工作。

(9) 英国土木工程师学会

英文名称：The Institution of Civil Engineers (ICE)

网址：http://www.ice.org.uk

英国土木工程师学会是设于英国的国际性组织，是根据英国法律具有注册资格的教育、学术研究与资质评定的团体。创立于 1818 年的 ICE，已经成为世界公认的学术中心、资质评定组织及专业代表机构。ICE 出版的合同条件目前在国际上得到广泛的应用。

(10) 美国建筑师学会

英文名称：The American Institute of Architects（AIA）

网址：https://www.aia.org

美国建筑师学会作为建筑师的专业社团，已经有近140年的历史。该机构致力于提高建筑师的专业水平，促进其事业的成功并通过改善其居住环境提高大众的生活水平。AIA出版的系列合同文件在美国建筑业界及国际工程承包界，特别在美洲地区具有较高的权威性，应用广泛。

(11) 美国咨询工程师理事会

英文名称：American Consulting Engineers Council（ACEC）

网址：http://www.acec.org

美国咨询工程师理事会是美国最大的咨询工程师组织，包括52个国家级和地区级的成员组织，代表了5000多个独立的工程公司。美国咨询工程师理事会为私营工程公司的行政管理人员提供教育机会，帮助他们成为更好的业主和经理。

(12) 欧洲建筑业协会

英文名称：Europe Construction Institute（ECI）

网址：http://www.eci-online.org

ECI成立于1990年，它由欧洲主要的开发商、承包商及咨询公司组成，其目的是改善建筑业的现状，它通过研究、合作开发来持续改善欧洲建筑业的效率和竞争力。

ECI中的研究小组对建筑业中的一些关键问题进行研究后，向建筑业界提出建议。其研究范围主要包括：建筑业水准；欧洲建筑业立法；健康、安全与建筑环境；合作伙伴关系；大型建筑项目对咨询技术的需要；生产率。

(13) 建筑业研究所

英文名称：Construction Industry Institute（CII）

网址：http://www.construction-institute.org

CII是一家国际知名的、从事建筑业研究的财团，它是在1983年由许多北美知名的业主、承包商建议下成立的。

CII主要致力于研究新技术的使用、商业关系、人（如人力资源管理）、全球化、建筑与商业目的的综合考虑、信息传输等。具体的研究工作清单是：争议的解决方案、变更管理、可建造性、合同、投资与进度控制、电子数据管理、国际建筑、材料管理、合作、生产率、质量管理、安全性。

(14) 加拿大国家研究委员会

英文名称：National Research Council（NRC）

网址：http://www.nrc.ca

加拿大国家研究委员会是加拿大联邦政府中主要的科技机构，已有80多年的历史。NRC与全世界勇于创新的公司、大学和研究组织合作，以提高加拿大社会经济水平并为加拿大人带来新的机会。通过知识、研究和革新，NRC与其合作者一起发展科学和技术。该委员会有16个研究院，它们分布于加拿大11个主要中心城市。与建筑项目管理有关的有两个研究院：建筑研究院和资讯科技研究院。

(15) 日本工程咨询公司协会

英文名称：Engineering Consulting Firms Association（ECFA）

网址：http：//www.ecfa.or.jp

日本工程咨询公司协会作为一个非营利组织，积极推动日本工程咨询公司的海外事业，致力于国际经济合作和发展中国家的进步。

(16) 国际造价工程联合会

英文名称：International Cost Engineering Council（ICEC）

网址：http：//www.icoste.org

(17) 工程新闻记录（美国）

英文名称：Engineering news Record（ENR）

网址：https：//www.enr.com

(18) 亚洲基础设施投资银行

英文名称：Asian Infrastructure Investment Bank（AIIB）

网址：https：//www.aiib.org

亚洲基础设施投资银行是一个政府间性质的亚洲区域多边开发机构。重点支持基础设施建设，成立宗旨是为了促进亚洲区域的建设互联互通化和经济一体化的进程，并且加强中国及其他亚洲国家和地区的合作，是首个由中国倡议设立的多边金融机构，总部设在北京，法定资本1000亿美元。截至2017年5月13日，亚投行有77个正式成员国。

2. 国内网站

(1) 中科项目管理网

http：//www.project.net.cn

中国项目管理网是由原国家经济贸易委员会经济干部培训中心和北京中科项目管理研究所主办的项目管理门户网站。

(2) 中国工程项目管理网

http：//www.cpmchina.com/

中国工程项目管理网是经行业主管部门批准，由中国建筑业协会工程项目管理委员会、同济大学、华安国际发展有限公司共同开发建立的中国建设工程项目管理领域内高品质的专业网站，是一个集项目管理知识、项目管理要素信息、项目管理配套服务于一体，并进行共享与交流的网络平台，具有专业性强的知识库、信息库、人才库和企业黄页，并经建设部主管部门授权进行方便高效的项目管理人才在线培训，致力于向承包商、投资开发方、政府机关、教学科研单位、设计单位、项目管理咨询机构等有关部门及管理人员提供一流的信息和服务，创造一个能满足不同需求、个性化色彩浓厚的网络空间。

(3) 中国项目管理在线

http：//www.pmrc.org.cn

中国项目管理在线是由中国项目管理研究委员会创建的。中国项目管理研究委员会正式成立于1991年6月。项目管理研究委员会自成立至今，在推进我国项目管理专业化方面，起着越来越重要的作用。这些工作包括：出版内部发行的《项目管理》刊物，先后组织召开了三次全国性项目管理专业学术会议，进行了广泛的国际交流。并于1995年在西安组织了我国首届项目管理国际会议。学会现已加入国际项目管理学术组织：国际项目管理协会（IPMA），是该组织的国际成员。

项目管理研究委员会是一个行业面宽、人员层次高的组织。现有团体会员91个单位，个人会员 1100 余人，分布在全国 26 个省、市、自治区，行业覆盖航空、航天、冶金、煤炭、水利、建工、造船、石化、矿产、机电、兵器、教育及政府部门等。

（4）中国工程咨询网

http：//www.cnaec.com.cn

中国工程咨询网由中国工程咨询协会（CNAEC）创立。中国工程咨询协会于 1992 年底正式成立，会员遍布全国各地。在 28 个省、自治区、直辖市成立了地区工程咨询协会或筹备组，形成了全国工程咨询行业组织网络。

中国工程咨询协会是由独立从事工程咨询业务的单位以及在工程技术经济界富有咨询和管理经验的专家、学者、咨询工程师自愿组成的具有社团法人资格的全国性社会团体，是跨地区、跨部门的行业性组织，是对外代表中国工程咨询业的行业协会。1996 年该协会被接纳为国际咨询工程师联合会（FIDIC）正式会员，是亚太地区工程技术咨询发展计划组织（TCDPAP）正式成员。

（5）北京现代卓越管理技术交流中心

http：//jennycfw.51sole.com

北京现代卓越管理技术交流中心是经美国项目管理学会 PMI 审核注册认可的中国首家专业项目管理教育培训机构。该中心自 1999 年初通过引进国外项目管理专家，在中国北京、上海、广州、深圳、武汉等地开展项目管理专业培训，培训内容包括项目管理专题培训、PMP 考前系列培训、不同行业的项目管理应用培训、为企业提供的项目管理内训。

（6）清华大学国际项目管理研究院

http：//www.pm.tsinghua.edu.cn

清华大学国际工程项目管理研究院依托清华大学土木水利学院，是工程管理领域知名的产、学、研相结合的研究机构，致力于工程管理领域发展前沿的科学研究、面向政府和企业的咨询服务以及对企业、工程管理人员的国际化教育培训。研究院于 2000 年在原国家对外贸易经济合作部（现商务部）支持下经清华大学批准建立，成立以来，已发展成为对中国乃至世界工程管理具有重要影响、并能做出重要贡献的研究、咨询与人才培养基地。

（7）天津大学国际工程管理学院

天津大学国际工程管理学院在原国家对外贸易经济合作部（现商务部）的支持下于 2001 年 12 月 30 日在天津大学揭牌成立，其前身为天津大学 1981 年创立的"基本建设管理工程"专业和 1993 年创立的"国际工程管理"专业，行政管理隶属于天津大学管理与经济学部。学院秉承高水平、国际化、开放式的发展定位，依托天津大学丰富的学术及社会资源，以社会需求为导向，致力于国际工程管理的学科发展，面向政府和企业，坚持以高水平的科学研究、咨询和培训，服务于国家"走出去"的发展战略。

（8）项目管理培训师大联盟

http：//www.cpmta.com

项目管理培训师大联盟（China Project Management Trainers' Alliance，CPMTA）是国内知名项目管理专业机构，致力于项目管理传播推广、项目管理教育培训、项目管理实践交流。项目管理培训师大联盟网是国内知名项目管理专业门户，汇聚了最新的项目管理业界动态、培训课程、师资、考试信息等。至今已成功连续主办了七届"中国项目管理培训年会"和"中国项目管理办公室（PMO）发展大会"，这两个会议已成为越来越有影响的项目管理业界活动。

（9）中国对外承包工程商会

http：//www.chinca.org

中国对外承包工程商会（简称"承包商会"）成立于1988年，是由中国境内从事对外承包工程、劳务合作、工程类投资及相关服务的企业组成的全国性行业组织。

（10）中国土木工程学会

http：//www.cces.net.cn

中国土木工程学会是依法成立的跨行业、跨部门的全国土木工程科学技术工作者的全国性学术性群众团体，是中国科学技术协会的组成部分。学会拥有一大批从事土木工程建设的著名专家、教授、研究员和科技人员，为发展我国土木工程事业和不断提高科技水平而努力开展各项活动。

（11）国家建筑工程技术研究中心

http：//www.cabr.ac.cn

国家建筑工程技术研究中心经原国家科委1993年2月下达计划任务书组建，于1996年7月正式批准验收投入运行。中心依托于中国建筑科学研究院，该院建于1953年，是中国建筑行业最大的综合性大型科技型企业。

（12）中华人民共和国住房和城乡建设部

http：//www.mohurd.gov.cn

（13）中国建设工程造价信息网

http：//www.cecn.gov.cn

主办：住房和城乡建设部标准定额研究所。

（14）中国工程建设网

http：//www.chinacem.com.cn

北京华信捷投资咨询有限责任公司（Beijing Huaxinjie Investment Consulting Co., Ltd，简称"BHI"），成立于1998年，由国家发展和改革委员会投资研究所、中国工程咨询协会、中国施工企业管理协会联合创办。BHI创办了国内首家发布全国拟在建工程项目信息的网站——中国拟在建项目网（www.bhi.com.cn），承办"三网一刊"：中国工程咨询网（www.cnaec.com.cn）、中国工程建设网（www.chinacem.com.cn）、国家发改委投资研究所网站（www.iri.org.cn）和《施工企业管理》杂志。

（15）相关微信公众号推荐

1）项目管理技术。经国家新闻出版社广电总局批准，由机械工业出版社主办的我国项目管理专业学术期刊，国内统一刊号ISSN 1672-4313，2003年创刊。微信号：XMGLJS。

2）全球工程经营。全球工程经营公众号为天津大学全球工程经营学科交叉平台及天津大学"一带一路"与PPP研究中心的官方公众号，主要发布学术研究报告和政策解析，致力于打造全球工程经营决策和管理的高端智库。微信号：gipcenter。

3）清华大学国际项目管理研究院。由清华大学国际项目管理研究院主办，分享项目管理前沿知识和热点话题。微信号：tsinghua-pm。

4）项目管理研究。由河北省项目管理协会主办，分享最前沿的项目管理经验，河北省项目管理协会是在河北省范围内负责推广、宣传、培训、应用项目管理知识体系和国际项目管理专业资质认证（IPMP）的非营利性组织，成立于 2004 年。微信号：pm-crowd。

互联网为研究人员提供了大量的信息，充分利用这些资源，对我国工程项目管理的学科建设和研究人员的水平提高都有很大的帮助。另外，对外工程公司也可查找有益的商业机会，利用互联网进行有效的工程项目管理，以推动我国国际工程事业的发展。

相关阅读

BIM 在工程项目成本管理方面的应用

1. BIM 概念及特点

建筑信息模型（Building Information Modeling，BIM）最早是由查理斯·伊斯曼在 30 年前提出的。美国国家 BIM 标准（NBIMS）对其的解释为：BIM 是一个信息集成的平台，也是资源共享的平台，这个平台为不同专业的技术人员提供自己需要利用的数据，成为建筑工程项目全生命周期管理有效可靠的依据；它还能向使用者表达项目设施的物理状况和功能特性；在一个建设工程项目的不同阶段，工程的各个参与方可通过 BIM 模型，将其承载的数据进行更改和提取，从而实现各个专业人员之间的协同工作。因此，BIM 可建立信息模型，并且拥有庞大的数据库，该数据库包含了此建筑项目模型全生命周期内所包含的所有设施的物理信息和功能特性、构件特性等，还容纳过程控制、施工进度等。因此这个模型能够实现在建筑项目中设计、施工和运维等方面的管理工作，并且实时监控和调整方案计划。正是因为实现了对于建筑项目的实时操控性，由此可知道，BIM 是一个过程，而并非一个结果。BIM 也可以形象地理解为一张信息网，纵向囊括了从建筑物的设计、施工、运营到报废的整个生命周期；横向包括业主、施工单位、设计单位、设备供应商等所有工程参与单位。在这张网内，所有工程参与单位在各个阶段都能便捷、准确、及时地获得想要的信息。

BIM 具有以下特点：

（1）可视化　人们可以通过应用 BIM 技术根据 1:1 的比例构建的三维立体模型直观看到整个项目各个构件的关系和位置，使所有构造之间产生关联性，而并非图纸中的单独性，增强了整体性和可读性，减少了读图难度和读图失误。

（2）协调性　各个参建方在 BIM 的协同工作平台上进行实时沟通，减少了信息的丢失和延误，实现了信息共享，提升了工作效率。可视化使业主方和设计方之间的沟通更加顺畅，减少了变更的可能，节约了成本。

（3）模拟性　BIM 技术的模拟性是指通过 BIM 的相关软件，根据实际工程构件的属性模拟真实构件的过程。它不仅可模拟构件的属性（静态），还可模拟施工过程（动态）等。

（4）构件参数化　通过参数管理和设计建筑构件，对建筑数据信息进行智能化统计和分析。

（5）信息输出　BIM 相关软件可以将模型中的所有信息通过多种形式导出，对数据信息的修改进行同步更新，大大提高了工作效率。

2. BIM 在工程项目成本管理上的应用优势

成本控制是工程项目管理的关键环节，企业能否产生更多利润，在很大程度上取决于成本控制。因此，项目的所有相关参与方都十分重视成本控制。BIM 技术的关键理念是辅助建筑项目从设计到拆除进行全生命周期的信息管理，它能够集成全生命周期的所有信息，容纳超大数据库，使工程管理更加有效、准确。为了提高造价的准确性和工程管理的高效性，更好地实施全过程成本控制，更有效地进行预算数据分析，更精细化地实施工程造价管理，便需要将解决这些问题的方法、工具和软件等在一个平台上实现。而 BIM 就是这样的信息集成平台，实现了项目的可视化、信息化、协同化等，为成本控制和工程造价管理提供了巨大的优势。

1）BIM 作为一款设计软件，能够直接在模型上提取工程量，使造价人员不需要再通过二维图样用其他软件建模提取工程量，大大节约了造价人员的时间。

2）相比传统算量软件，通过 BIM 软件建立模型所提取的工程量更加精准。

3）当面对设计变更时，所有工程量都随着变更而及时改变，省去了重新导图计算的工作，可随时自动更新变更后的工程预算，实现了操作的智能化。

4）碰撞检查可在前期设计阶段解决设计冲突，因为越早纠正错误，变更的难度越小，投入的资金越少，因此从设计前期发现问题并进行及时变更，能够节约大量成本。

3. BIM 技术在工程项目成本控制中的应用

成本的概念就是指某个建筑工程从投资分析起到最后报废拆除所需要的总花费，其中包括项目所消耗的人工费、材料费、机械设备费、措施费、税费等。成本作为投资方或总承包商的项目是否营利的标准，是项目所有参与者所关注的核心，因此成本管理成为社会关注的重点。但是当前我国的成本控制能力与经济现状很不匹配，还存在着很多亟待解决的问题：部门信息传递滞后，缺乏沟通；区域性差异大，数据不通用；数据传递落后，影响决策的有效性。而通过在项目的全生命周期中将 BIM 技术与成本控制相结合，能够有效解决传统成本控制的不足。

(1) BIM 技术在项目前期投资的应用　BIM 技术在前期投资决策阶段中的应用需要借助于 BIM 强大的数据库，其数据库能够容纳既有建筑的所有信息，并且可随时根据自己的需要调用出来。这些数据信息十分完整准确和真实可靠，计算性很强，因此可根据 BIM 中的数据库，查看与新建工程相类似的既有工程项目的相关数据和造价指标，通过以往的数据估算出新建工程的投资额。在进行投资估算时，可进入 BIM 数据库直接提取与本项目相类似的项目的 BIM 模型，结合本项目的特点和数据库的信息进行修改，得到工程的概算工程量和估算造价。另外，快速查询市场随时更新的材料价格信息，使投资估算过程中材料单价始终处于一种动态的控制之中。这种方法节约了许多去查看、收集和整理资料的人力，同时也缩短了前期投资决策的时间，缩短了工期，降低了成本。

在前期投资方案比选阶段所需花费的成本十分低，但是这个阶段所做出的决定却会影响项目总造价的 75% 以上。应用 BIM 技术不仅可快速估算出工程造价，还能比较工程经济指标，从而选择出当前最适合和最优化的方案，提高了比选方案的效率。此外，应用 BIM 可视化技术协助场地规划分析，加快了决策速度，节约了时间成本。

(2) BIM 技术在项目设计阶段的应用　设计阶段所产生的设计费用在项目总投资中的比例十分少，但是却决定了绝大部分的建安成本费，因此设计阶段是控制项目成本的关键阶段。BIM 的信息集成化平台使各专业人员之间协同合作，造价员不需要再根据设计人员的二维图样建立模型算量，可直接在设计人员设计出的 BIM 模型上自动提取工程量后直接套价，在快速计算成本的基础上又提高了成本数据的准确性，减少了人为的失误。当设计变更完成时，BIM 模型会自动改量，实现自动高效化。BIM 数据库涵盖了大量的指标，例如混凝土指标、钢筋指标、各区域的造价指标等，为预算人员做工程预算提供了参考。BIM 技术的快速准确计量同时也使预算人员有更多的时间研究市场资源价格，多方对比，选取性价比最高的资源，有效降低了工程造价，实现了成本控制。

在设计阶段，BIM 技术的应用主要体现在设计人员可实现协同工作，减少设计交底阶段各方的配合失误和理解错误；通过模型的碰撞检查，在设计期发现错误，节约成本，向业主方用 3D 模型展示复杂建筑外形和细部构造。BIM 技术使各专业设计人员增加了设计期间的沟通与交流，当其中一个设计人员修改了一个地方后，其他设计人员可以在模型中看到此修改，通过云端传输，所有参与人员都可随时看到最新的设计模型，这样减少了中间的图样传递过程，各专业人员都可在云端调取自己所需要的模型和数据，使设计工作越来越往智能化方向发展。BIM 软件还具备碰撞检查的功能，可使设计人员在设计完成之后检查设计冲突，比如结构与结构发生碰撞，构件与管线发生碰撞等，这些冲突在 CAD 图中是很难被发现的，若到了施工阶段才发觉这些问题，然后再做出相应的调整和变更，由此消耗的人力、物力、财力是相当可观的。这种碰撞检查功能使许多错误在设计期间被发现并修改，减少了许多后期变更，节约了成本。

基于 BIM 技术的能耗分析、采光分析等工作主要由设计单位来完成，分析建筑的整体布局、建筑朝向、开窗大小和位置等情况，利用自然资源如风、光、热等减少耗能，在满足人类对使用功能要求的前提下，降低运营维护期的费用。

(3) BIM 技术在项目施工阶段的应用　　现阶段的工程招投标模式主要是业主方将设计图交给自己聘请的招标咨询单位，咨询单位根据设计图和设计文件进行算量套价，其中算量工作的时间会占编制招标文件所有时间的 60% 以上。咨询单位可利用 BIM 模型实现自动化算量，再根据国家要求编制工程量清单，这样使预算人员从传统的手工算量或建模算量的模式中解脱出来，从而可将更多的时间和精力投入到资源单价分析和风险评估等成本控制工作中去。同样，投标方也可通过业主方提供的 BIM 模型来直接提取工程量，施工方可花更多的时间研究自己的优势，探讨如何控制成本来为自己赢得更大的中标机会。

在招投标阶段，通过提交的模型制作漫游效果，可更加了解工程项目的细部构造，并且讨论本工程项目的重难点及容易发生变更的部位，这样可针对这些部分的工程造价进行综合分析；对于投标的施工方而言，可借助 BIM 技术的动态化提交施工模拟，由于其具有可视化效果，因此可使评标专家快速了解施工流程和比较技术方案。

在施工过程中，使用 BIM 软件进行 3D 建模和施工模拟，大大降低了由于施工方的识图能力不足或施工方与设计方的沟通不到位而产生的设计变更，这样不仅可以缩短整个工期，还可以节约许多变更资金，降低工程造价，更好地控制成本。基于 BIM 技术的可实时更新的 5D 五维关联数据模型（3D 模型 + 进度模型 + 成本模型）能够帮助施工方快速制订项目的成本和进度计划。将施工进度按构件分解，结合 BIM 相关的进度计划软件，将计划的施工进度表附着到相对应的构造中去，软件便会根据定义好的施工进度展示动态模拟过程，显示计划进度和实际进度的对比，能够更直观地进行工程管理并且研究动态成本。把与本工程项目相关的所有进度信息和资源信息分配全部录入软件中管理，实现工程成本数据的实时搜集和获取，管理人员可以随时调用其中某一时间段中的全部进度信息和成本分析结果，使其更加清楚地了解工程进度的信息和某阶段的成本，以便成本控制。

在结算工程款项时，BIM将模型与进度、成本关联起来，详细记录每一个工段所消耗的时间、人工、材料、机械等工程量，并且能够附上资源的详细物理信息和单价成本信息等，随时调取所需时间段的工程量并汇总，根据安排自动计算出某一阶段所需要的所有施工成本，并且能够将计划、实际成本进行对比，做出各种成本分析图表，方便及时进行结算和成本控制，及时发现偏差并纠正偏差。除此之外，还能随时从软件中提取任何一段工期内所耗费的人力资源、物力资源和工程施工成本，当其中一段施工的施工流程改变时，可以将其中的信息进行改变，软件会自动重新生成新的成本数据，完整地记录施工过程中所有的施工信息。

BIM技术的碰撞检查不仅可以使设计阶段和施工阶段的变更大大减少，还可以在产生变更后，准确地计算出变更所产生的工程量和造价总和。BIM技术的应用可以让设计人员直接在模型上进行修改，经过修改的软件能够自动算出之后的工程量，使烦琐的变更算量套价工作变得准确快捷，简化了预算人员的工作，并且减少了由于预算人员的疏漏而造成的损失，降低了工程成本。

（4）BIM技术在运营维护阶段的应用　　随着技术的推陈出新，BIM技术已经实现与互联网、云计算、大数据、VR、AR等科技的结合。BIM技术在运营维护阶段的应用现在还处于FM管理（设施管理）阶段，国际上对于FM管理的定义为：以保持高品质为目的，运用最好、最先进的技术对人们的生活进行管理和维护。

应用BIM技术的空间管理主要是指将建筑模型的空间信息和几何属性与人们的需求关联起来，然后对该空间的各个状态信息进行记录、更新和共享。优化的空间管理是指在提高空间利用率的同时，还能对人类的生活质量产生积极的影响。有效的空间管理工作包括总结空间需求、分配空间面积、记录空间维护设施的物理属性（空间编号、面积、用途、说明、状态等）。基于BIM技术的空间管理不仅实现了3D的可视化，还保存了所有的空间属性信息，其信息是由前期设计阶段和施工阶段的模型信息由简到繁不断深化得到的，实现了信息的传递和利用，这样就解决了"信息孤岛"和"信息断流"的问题。这些信息可随时了解信息设备的最新状态，方便快速预测空间需求，了解设备的维护情况，还可以生成各种报表，用于设施管理工作。

对于设施维护检查管理，根据相关资料调查显示，建筑后期运营的费用占了全生命周期费用的近45%。因此，研究如何让后期运营的设备在花最少费用的前提下发挥其最大的功能是十分必要的，即实现其效益最大化。BIM模型结合相关的设施管理系统有着大数据库的优势，合理安排计划，分配资源，降低设施设备发生突发状况的概率。由于BIM模型中已经记录了各种设施设备的使用年限、生产厂商、所处方位和现阶段维护情况等，管理人员可以随时从模型中调取自己需要的数据，可以及时了解每台设备的情况，并且软件会自动对寿命即将到期的设备进行预警，提醒管理人员对此及时做出反应，这样可以尽可能地使设备功能使用率大大提高，从而降低后期设备的运营维护成本。BIM数据库可以随时更新设备信息，跟踪设备状态，提前对设备使用状态做出判断，提前找出隐患，减少损失，降低成本。由于BIM模型中包含了所有设施的全部物理信息和技术信息,可以利用模型和云端相连,利用 VR 和 AR 技术随时观察自己想要了解的设备目前的物理状态。这种技术的智能化和准确化,不仅提高了设施设备运维工作的效率,还在很大程度上降低了由于查询和定位设备而产生的人力成本和设备损耗成本。

4. 结语

BIM 的多维度结构化数据库容量大,数据种类多,能够容纳建设项目全生命周期的全部信息,并且能将模型中每一个构件与其信息都对应起来,能让使用者随时读取数据并做出数据分析。现代的 BIM 甚至已经延伸到 "7DBIM" 的概念,即 3D 实体、时间进度、投标工序、企业定额工序和进度工序。其信息集成化为各专业人员提供了资源交流和传递的平台,实现了信息共享,提高了协同化工作效率,通过对模型数据的使用和检查,提高了工程管理的效率。

将 BIM 技术与成本控制相结合,利用 BIM 强大的数据库和数据管理能力进行成本数据分析,其完整丰富的数据提高了分析结果的准确性。其模型信息的及时更新也使成本控制管理者在第一时间得到项目最新的成本数据并做出相应管控,弥补了传统管理中的数据遗漏和数据传递滞后等缺点。BIM 的信息共享平台也使各专业技术人员的横向沟通明显增多,前期设计冲突减少,同时大大减少了由于设计冲突引起的设计变更,缩短了施工工期,有效控制了成本。

复习思考题

1. 项目成本管理系统应具备哪些功能?
2. 为什么要使用项目管理软件?
3. 目前有哪些常见的成本管理软件?
4. 如何在因特网上查找项目成本管理信息?

主要内容
- 项目全生命周期成本管理
- 项目全过程成本管理
- 项目全面成本管理
- 现代项目成本管理方法评价

第 8 章

项目成本管理新发展

自 20 世纪 80 年代以来，传统项目成本管理范式逐渐退出，而现代项目成本管理模式逐步变成了主流范式。现代项目成本管理是指为实现项目成本的最小化和项目价值的最大化所开展的一种项目专项管理。这一管理主要是针对项目实施过程中所发生的费用进行管理，通过开展计划、组织、协调和控制等管理活动，努力保障项目实际发生成本不超过项目预算成本这一基本目标，是一种采用各种手段尽可能降低项目成本的项目管理活动，主要通过采用技术（如施工技术与工艺技术）、经济（如经济核算和经济承包）和管理（如施工组织管理和管理激励）等手段去实现预定的项目成本目标。

现代项目成本管理的内容必须为实现项目成本最小化和项目价值最大化的根本目标服务。它包括两方面的工作：首先，项目成本管理的内容应该包括如何通过这种管理来实现以最低的资源消耗和占用（成本）去完成项目所需要的项目成本管理活动；其次，项目成本管理的内容还应该包括如何通过这种管理实现项目价值的提升和扩大。同时，项目成本管理的内容还应该包括如何通过这种管理确保项目产出物质量和项目的工期等，这些是现代项目成本管理与传统项目成本管理最重要的区别。特别需要指出的是，现代项目成本管理要求人们不能只考虑对于项目成本的节约，还必须考虑对于项目价值（经济效益）的提高。

现代项目成本管理主要包括项目全生命周期成本管理、项目全过程成本管理和项目全面成本管理三个方面。人们不断对这些项目成本管理的理论和方法进行深入而广泛的研究，同时对于它们各自适应的具体情形也开展了相应的研究。研究认为，基于活动和过程的全面成本管理理论和方法是 21 世纪的项目成本管理技术与方法，认定该方法将是信息社会和知识经济下的项目成本管理主流范式。同时，项目全生命周期成本管理、项目全过程成本管理和项目全面成本管理三种现代项目成本管理新方法都有各自不同的适用范围，并将在各自不同的领域发挥重要作用。

8.1 项目全生命周期成本管理

8.1.1 项目全生命周期成本管理的概念

项目全生命周期成本（Life Cycle Costing，LCC）也被称为项目寿命周期费用，这是 20 世纪 80 年代开始流行的现代项目成本管理范式。

对于项目全生命周期成本核算方法，目前国际上还没有一个统一的定义。美国预算局下的定义是：项目全生命周期成本是大型系统在预定有效期内发生的直接、间接、重复性的、一次性的及其他有关的费用，它是设计、开发、制造、使用、维修、保障等过程中发生的费用和预算中所列入的必然发生的费用总和。美国国防部给出的项目全生命周期成本定义是：政府为了设置和获得系统及系统全生命周期所耗费的总费用，其中包括开发、设置、使用、后勤支援和报废等费用。我国学者认为：项目全生命周期成本是指产品从开始酝酿，经过论证、研究、设计、发展、生产、使用，一直到最后报废的整个生命周期内所耗费的研究、设计与发展费用、生产费用、使用和保障费用及最后废弃费用的总和。

项目全生命周期成本管理范式的核心思想是：将一个项目实施期间的成本和项目产出物运营期的成本作总和的考虑，即项目全生命周期成本等于项目实施期的成本加上项目产出物运营期的成本，人们通过科学地设计和计划，设法使项目全生命周期成本降到最小。这种建设项目管理思想的核心是通过综合考虑项目全生命周期中这两个方面的成本，努力争取实现项目价值的最大化，即以较小的全生命周期成本去完成项目的建设和运营。由于这样可以在项目功能和产出不变的情况下，实现项目全生命周期成本最小化，所以就可以实现项目价值的最大化。这种方法的内涵如图 8-1 所示。

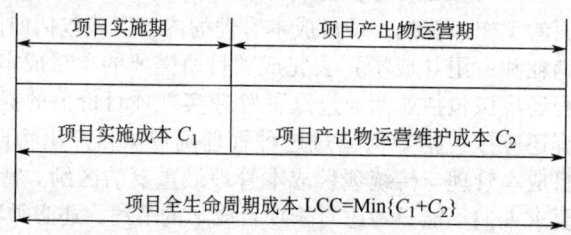

图 8-1 项目全生命周期成本管理示意图

项目成本构成可按项目生命周期的阶段性成本进行划分，项目成本管理也需要按照项目生命周期与项目阶段开展。因此，项目生命周期与项目阶段这两个概念均需要认真讨论，从而对这些概念及内容有所了解，更好地理解项目全生命周期成本管理。

1. 项目生命周期的概念

项目生命周期的定义有多种，但是基本上大同小异。然而，对项目生命周期的定义和理解首先必须严格区分两个完全不同的生命周期概念，即项目生命周期和项目全生命周期的概念。

（1）项目生命周期　项目作为创造独特产品与服务的一次性活动是有始有终的，项目从始至终的整个过程构成了一个项目的生命周期。同项目的定义一样，对于项目生命周期也有一些不同的定义。目前，国际上最具代表性的是美国项目管理协会的定义：项目是分阶段完成的一项独特性的任务，一个组织在完成一个项目时会将项目划分成一系列项目阶段，以便更好地管理和控制项目，更好地将组织的日常运作与项目管理结合在一起。项目的各个阶段结合在一起就构成了一个项目的生命周期。这一定义从项目管理和控制的角度强调了项目过程的阶段性和由项目阶段所构成的项目生命周期，这些对于开展项目管理是非常有益的。项目生命周期的持续时间如图8-2中（a）部分所示。

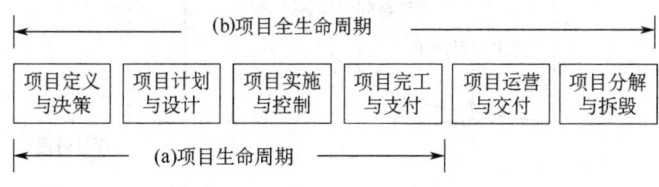

图8-2　项目生命周期示意图

（2）项目全生命周期　按照英国皇家特许测量师协会（RICS）所给的定义：项目全生命周期是包括项目的建造、使用及最终清理的全过程。项目的全生命周期一般可划分成项目的建造阶段、运营阶段和清理阶段。项目的建造、运营和清理阶段还可以进一步划分为更详细的阶段，这些阶段构成了一个项目的全生命周期。由这个定义可以看出，项目全生命周期包括了一般意义上的项目生命周期（项目实施周期）和项目产出物的生命周期（从运营到清除的周期）两个部分，具体如图8-2中（b）部分所示。

项目生命周期是指从项目立项开始到最终由项目承包商将项目产出物移交给项目业主的过程，它实际上就是一个项目的实现过程。项目全生命周期则包含了项目的实现和项目运营维护，以及一直到最终拆除的全过程。因此，一般意义上的项目生命周期只是项目全生命周期中的一个阶段，即项目的实现阶段。

2. 项目生命周期阶段的划分

现代项目管理通常在项目阶段划分的基础上，进一步将一个项目各个阶段构成的整体看成是一个项目的生命周期，并且将项目生命周期方法作为项目管理的主要工具之一。

一个具体项目可以根据项目所属专业领域的特殊性和项目的工作内容等因素划分成不同的项目工作阶段。但是，对于一般意义上的项目而言，现代项目管理理论将其划分为四个主要的项目阶段。以建设项目为例，具体项目周期如图8-3所示。

3. 项目全生命周期成本管理的概念

传统的项目成本管理所管理和控制的项目阶段主要是项目实施阶段，因为这一阶段的成本是整个项目成本的主体部分。但是，这种项目成本管理的方式带来许多问题和负面影响，其中最主要的就是它只注重对于项目实施成本的管理与控制，却忽视了其他项目阶段成本的管理与控制。因此，在项目成本管理中，人们应当全面管理和控制项目全生命周期成本，最终实现项目全生命周期成本最低和价值最大。

项目全生命周期成本的管理方法是指一种对项目起始、项目论证、研究、设计、实施、产出物交付、维护和使用，一直到项目最后报废的整个项目生命周期的成本开展全面管理的方法。这种方法管理的对象包括项目所耗费的研究与设计费用、项目实施费

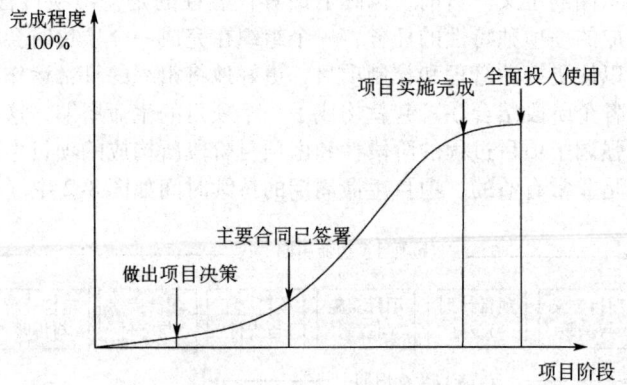

图 8-3　建设项目的项目阶段划分示意图

用、项目的运营与维护费用、项目最后废弃和拆除的费用总和。人们通过对各种产品开发项目所进行的研究发现，在产品全生命周期的各阶段成本中，产品设计成本约占全生命周期成本的 10%~15%，产品制造成本约占 15%~35%，产品运营与维护成本约占 50%~75%，其他成本所占比例一般小于 5%。

（1）项目全生命周期成本的构成　对于某一项目产出物（包括产品或服务）的所有者来说，项目成本应该是在该项目的整个生命周期中所发生的全部成本，而不仅是在生产或购买该项目产出物时所花费的成本，因为项目产出物的后续使用和维护都需要发生成本。图 8-4 说明了在一般情况下，项目产出物（产品或服务）在不同时间范围内的成本发生情况。

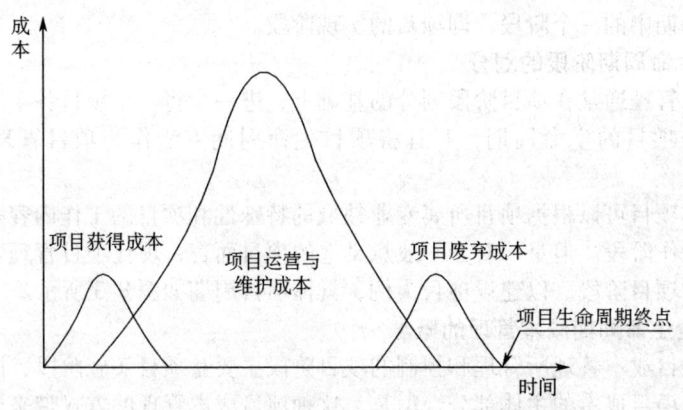

图 8-4　项目全生命周期成本构成示意图

从图 8-4 可以看出，项目全生命周期成本包括三大部分：其一是项目获得成本。这是最先发生的，它是为获得项目及其产出物而花费的全部成本。由图 8-4 可以看出，它相对于项目运营维护而言，通常只是很小的一个部分，并且发生的时间周期也较短，只是从项目立项到项目产出物生成的这段时间。其二是项目运营与维护成本。这是项目全生命周期成本中占比重最大的一部分成本，它是指在项目生成并投入运营之后此期间所发生的项目成本，所有这些在很长一段时间内持续发生的那部分项目成本。其三是项目的废弃成本，即为最终项目的废弃进行处理而发生的成本。在某些情况下，项目废弃成本很小，可以忽略不计，但是在某些情况下，项目废弃成本会很高且必须计算，如各种建筑物的废弃、拆除甚至恢复耕地等费用有时是非常高的。

（2）项目全生命周期成本管理的目标　由于项目全生命周期是指包括项目实施阶段和项目运营阶段以及项目废弃和清理阶段的全生命周期，因此，项目全生命周期成本管理的目标应当是使项目全生命周期成本最小化。例如，现假设有人拟实施某项目，有A、B两种方案供选择。其中，A方案的项目实施成本为10万元，B方案的项目实施成本为15万元。通常情况下，人们可能更倾向于选择项目实施成本低的方案，即A方案。然而，若考虑项目全生命周期成本，当A方案的运营维护成本显著高于B方案的运营维护成本时，综合考虑实施成本和运营维护成本，人们可能会得出相反的结论而选择B方案。人们在对项目的实施成本和运营成本相加并折成现值进行比较后，才能够得知哪个项目方案的全生命周期成本最低。

8.1.2　项目全生命周期成本管理的基本方法

项目全生命周期成本管理的原理和方法帮助人们在项目的成本管理中很好地综合考虑长远利益（项目全生命周期的成本和价值）和眼前利益（项目实施期间的成本和价值），合理确定项目的成本或投资（项目实施期所投入的成本）与项目的收益（项目运营维护期所创造的价值）。实际上，任何项目首先是为了在未来获取一定的利益（或价值）而展开的，所以任何一个项目在实施期间的投入实际上只是一种垫付性的投资行为，这种投资行为的根本指向应该是获得最大的收益。所以项目全生命周期成本管理的技术方法不应该以节约项目成本为第一目标，而应该以促使项目获得最大收益为第一目标，即实现项目成本的最小化和项目价值的最大化为第一目标。

项目全生命周期成本管理的技术方法要求人们在做项目投资决策时必须充分考虑项目整个生命周期的总体成本，即包括项目实施成本和项目运营与维护成本两方面的成本，而不应当只考虑项目实施过程中的成本。因此，我们必须认真分析每一个可能影响项目全生命周期成本的内部与外部因素。由于项目本身的复杂程度不同，所以项目全生命周期成本确定的难易程度与使用的技术方法也不同。例如，某些项目可以使用到一些预测数据分析和处理的方法，而另一些项目则可以用统计数据分析的方法。对于一般项目而言，在项目全生命周期成本管理中会用到如下四种独特技术方法。

1. 项目成本分解结构的方法

项目成本分解结构（Cost Breakdown Structure，CBS）是项目全生命周期成本管理的核心方法之一。这是一种通过识别出全生命周期中所有的成本构成来确定和控制项目全生命周期成本的技术方法。为酒店建设项目全生命周期成本分解结构示意图如图8-5所示。

这种分解方法的目的是找出项目成本的构成要素，即产生项目成本的所有具体因素。这种分解技术方法的步骤为：先根据一定的分类标准对项目全生命周期内的成本构成要素进行逐层细分，直至给出项目各个具体成本构成要素为止。在使用该方法时，首先必须很好地分析和界定一个项目的范围，然后找到合适的项目成本构成要素的分类标

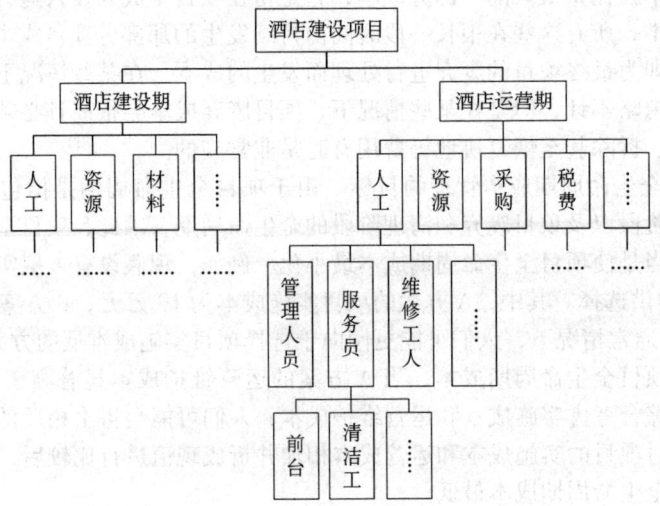

图 8-5 酒店建设项目全生命周期成本分解结构示意图

志，从而防止在项目成本分解过程中发生遗漏或者重复等方面的问题。在进行项目全生命周期成本分解时，由于项目本身的复杂程度不同，这种分解的难易程度也会不同。但不管项目是复杂的还是简单的，在使用项目成本分解结构时都应当注意下面几个问题。

1）必须识别出所有的项目成本构成要素。
2）对识别出的成本构成要素做详细说明。
3）找出每个项目构成成本要素所对应的标的。
4）分解满足项目成本管理的实际需要。
5）项目成本分解结构应合规、合法。
6）项目成本分解结构应有一定的类聚性。

2. 项目成本估算的方法

在得到项目成本分解结构之后，人们还必须把所有类别的成本估算出来。具体的成本估算方法有以下三种。

（1）直接计算法　如果人们能够掌握项目成本分解结果及资源价格和成本相关参数，那么他们就能够使用直接计算法得到项目成本的估算。

（2）类比估算法　类比估算法是指通过历史数据或者已有项目的经验数据，进行项目成本估算的一种方法。使用这种方法估算出的项目成本多数精度较低，很多情况下会有30%的误差，所以对这种方法的使用必须特别小心。因为这种方法中使用的历史数据会因为实际情况的变化而失去准确性，所以人们必须谨慎地使用这种方法。

（3）专家估计法　一直以来，人们对于这种方法心存疑虑，但是当人们无法获得所需要的数据时，这种方法就成了人们唯一的选择。当人们在项目全生命周期成本估算中使用这种方法时，必须认真选择专家，必须将各种相关假设前提提前告知专家，从而支持专家对于项目成本做出估算并最终能够给出正确的项目成本估算结果。

3. 项目资金现值计算的方法

由于项目的资金都是有时间价值的，不管是项目的现金流入还是现金流出，都具有随时间推移而使价值发生变化的特性。因此在项目全生命周期成本的确定和控制方法中，必须考虑项目资金的时间价值。人们可以通过计算项目现金流量折现值的方法，将项目不同时间所发生的成本和收益折为现值，最终将项目不同时点上的现金流量变换成同度量资金现值，从而实现对于项目成本和收益的有效度量和管理。在这一过程中所使用的项目资金折现率，从概念上说与银行利率和通货膨胀率的概念完全不同，它是一种项目所在行业的基准利润率。使用项目所在行业的基准利润率进行折现的目的，是要全面考虑在整个项目全生命周期中项目资金的时间价值。

由于项目全生命周期成本管理方法的最主要作用是帮助人们进行项目决策或项目方案选择以及项目成本的确定与控制，因为人们在对不同的项目或者不同的项目方案进行比较时，必须首先要保证它们之间的可比性，所以人们必须考虑项目资金的时间价值。同时，由于项目全生命周期跨越了项目实施期和项目运营期，所以这往往是一个很长的时间周期，如果不考虑项目资金如此长时间的价值变化，人们是无法实现科学管理项目成本和收益的。通常人们习惯于不考虑项目资金时间价值的数值，而进行项目成本的确定和项目方案的比较，这正是我国许多项目失败或项目效益低下的主要原因之一。因此，人们必须对项目全生命周期中所发生的成本和收益等现金流量按照行业基准折现率进行折现，科学地确定出成本和分析比较项目方案，从而做出正确而适当的项目决策和项目成本管理。

4. 考虑项目成本影响要素的方法

在项目全生命周期过程中会有很多因素影响项目成本，所以在项目全生命周期成本管理方法中还必须有一些充分考虑这些成本影响因素的技术方法。

（1）通货膨胀影响的计算方法　需要注意的是，项目资金的折现率和通货膨胀率是两个不同的概念，不要把这两个概念相混淆。项目资金的折现率反映的是项目资金的时间价值，或者项目所属行业的投资平均利润率。通货膨胀则是在纸币流通的情况下，由于全社会总供给小于总需求或货币供应量过多，从而引起一国或地区出现的货币贬值或物价上涨的经济现象。但是，正确的项目收益率必须是在排除项目全生命周期中所出现的通货膨胀影响之后得出的，或者说正确的项目折现率是指在通货膨胀为零时计算出来的项目投资回报率。因此，通货膨胀率与项目折现率是完全不同的两个概念。从项目成本管理的角度看，通货膨胀对于项目成本和收益估算的影响必须予以消除。通常情况下，人们使用不变价格的计算等方法消除通货膨胀对于项目全生命周期成本确定和管理所带来的影响。

（2）其他因素影响的计算方法　对项目全生命周期成本影响的其他因素主要还包括项目风险影响和项目变更影响。

项目全生命周期成本涉及多年的一个完整周期，在整个生命周期成本估计中必须考虑各种项目风险对于项目成本的影响。因为在项目的全生命周期中存在很多不确定的情况和风险，因此必须考虑风险带来的影响。人们既可以使用简单的项目风险估算方法来计算项目的风险成本，也可以使用各种复杂的仿真与模拟等方法计算项目的风险成本。

同时，事实证明，没有任何一个项目是完全按照项目计划完成的，各种项目都会有各种各样的变更，既有项目业主和承包商提出的主观性变更，也有由于项目条件和环境变化而不得不开展的客观性项目变更。所有这些项目的变更都会造成项目成本的变化，即造成项目成本的增加或减少，所以都需要根据项目变更的有关数据进行项目成本的估算。

8.2 项目全过程成本管理

8.2.1 项目全过程成本管理的概念

项目全过程成本管理方法的根本指导思想是通过这种管理思想实现项目投资效益最大化和合理地使用项目的人力、物力和财力以节约项目成本,根本方法是通过项目全过程中所涉及的各有关单位分工合作,共同承担项目全过程中所涉及的各有关单位分工合作,共同承担项目全过程的成本控制责任的一种方法。

项目全过程成本管理方法的理论基础是在20世纪90年代前后发展起来的基于活动的成本核算(Activity Based Costing,ABC)原理与方法,以及同时出现的基于活动的管理(Activity Based Management,ABM)理论与方法。项目全过程成本管理的核心内容是:按照基于活动的方法做好项目成本的确定和控制工作。其中,基于活动的项目成本确定方法是根据基于活动的成本核算原理,开展项目成本估算与确定的一种方法。它首先要将一个项目的工作进行全面分解和界定,然后进一步分解得到项目活动清单(Activity List),进一步分析和确定各个项目各项活动所需的资源并收集和确定这些资源的市场价格,最终按照自上而下的方法估算或确定出一个项目的成本。基于活动的项目成本控制方法则是按照基于活动的管理原理和方法去开展项目成本管理控制的方法。它注重从项目活动和活动方法的控制入手,最终实现对项目成本的全面控制。它是一种以减少和消除项目无效或低效活动以及努力改善项目活动的方法去控制项目成本的方法。

1. 基于活动的项目成本核算概念

基于活动的项目成本核算的概念是一种新的管理会计的概念,它与传统的项目成本核算方法的区别主要有两点:其一,基于活动的项目成本核算基本单位是"项目活动",而传统项目成本核算的基本单位是项目生产或服务的组织(或成本中心);其二,基于活动的项目成本核算按照项目活动所需消耗和占用的资源确定和控制项目的成本,而传统的项目成本核算方法是按照统一定额或整个项目去进行核算与管理。

根据基于活动的项目成本核算理论,任何项目都需要开展各种各样的活动,而任何项目活动都要占用和消耗资源,因而任何项目活动都会形成成本。因此,基于活动的项目成本核算体系需要按照两个阶段去核算一个项目的成本:第一个阶段是核算项目各项活动的成本,这首先要将开展一项项目活动所需消耗或占用的全部资源确定下来,然后确定这些项目活动所需资源的价格,最终计算得到开展该项项目活动所发生的全部成本;第二个阶段是核算整个项目的成本,这不但要将开展各项项目活动的成本进行累加,而且要进一步考虑整个项目和项目各项具体活动所面临的不确定性以及由此带来的风险性成本,最终得到整个项目的全部成本。基于活动的项目成本核算的原理是一种新的管理会计的思想和概念,它源于基于活动的成本核算的原理与方法。实际上基于活动的成本核算的原理最初是用于日常作业的成本管理的,由于这种原理和方法常用于项目成本的核算和管理,所以才被引入项目成本管理的领域。

2. 基于活动的项目成本管理概念

基于活动的项目成本管理的思想和概念是在基于活动的管理(Activity Based Management,ABM)思想和理论的基础上发展起来的,但它开创了一种全新的项目成本管理的思想和方法。虽然这种管理的思想和方法最初是针对企业日常运营管理创建的，但是实际上它更加适用于项目管理，因为项目管理完全是由一系列活动所构成的，如果能够管理好一个项目全生命周期的各项活动，那么肯定能够管理好整个项目的成本。

按照基于活动的管理原理，企业使用的基于活动的管理方法需要开展几项基本的管理作业，这些基本管理作业的步骤与内容如下：

（1）活动分析　任何追求卓越的工作始于对工作的全面解释，而对于工作的全面理解又必须从对于工作产出的分析入手，然后通过全面分析找出形成工作产出的过程中所包含的各项活动，再进一步找出改进这些活动和提高工作产出的办法与出路。基于活动的管理方法对于企业具体活动的分析通常要回答如下几个问题：

开展的活动是顾客需要的吗？

开展的活动是必需的吗？

在活动中使用的方法是最适宜的吗？

在活动中有资源的浪费或闲置的情况吗？

在活动中有时间的浪费或空闲吗？

（2）活动的改进　基于活动的管理要求，企业所有的员工必须不断努力去改进他们的活动。这种管理的理论认为，改进企业各种活动的途径主要有如下几种：消除无效劳动、消除产生问题的根源、设法降低工作负荷、全面改进活动的方法、将未使用的资源降到最低水平等。

（3）活动过程控制　基于活动的管理理论认为，企业每一项活动的过程都必须进行严格控制，因为即使是在活动过程中所使用的方法有小小的错误或不足，都会造成企业产品或服务的缺陷，从而使企业蒙受损失。另外，失控的活动过程不但会造成活动产出的缺陷，还会造成活动本身的低效，更重要的是会造成顾客的不满意和交货期的延迟等严重问题。

所以，基于活动的管理认为必须消除这些问题及其根源，而能够消除这些问题的唯一出路是开展严格的企业活动过程的控制。人们必须对企业的各种活动确定出活动过程控制的方法和手段，并使用这些活动控制的方法和手段，使企业活动过程处于一种受控状态。这样做的最终结果是得到顾客们想要的产品或服务，从而使企业得到利润和收益。

上述基于活动的管理原理主要是针对企业日常经营活动的，但是它完全可以用于项目和项目成本的管理，甚至可以说它更适用于对项目和项目成本的管理。因为项目就是由一系列项目活动构成的，所以在项目和项目成本管理中使用基于活动的管理方法更为合适，特别是在项目成本管理中使用基于活动的管理方法更为合适。因为，实际上任何项目的成本都是由开展项目活动产生的，如果人们能够使用基于活动的管理原理去管理好项目的每一项活动，那就完全可以很好地管理和控制一个项目的成本。

8.2.2　项目全过程成本管理的基本方法

1. 项目阶段和工作与活动分解的方法

（1）项目全过程的阶段划分　项目全过程具有明显的阶段性，人们可以用不同的项目阶段划分方法将一个项目分成多种不同的项目阶段划分方案。一个项目可能会有五个阶段或六个阶段，但是通常一个项目的全过程至少应该划分成四个阶段，即定义与决策阶段、设计与计划阶段、实施与控制阶段和完工交付阶段。

(2) 项目阶段的工作分解　任何一个项目阶段或一个完整的项目都可以按照一种层次型的结构化方法进行项目工作包的分解,从而给出一个项目的工作分解结构。这是现代项目范围管理的一种重要理论和方法,借用这种技术方法,人们可将一个项目的全过程分解成一系列的项目工作包,以便能够更细致地确定和控制项目的成本。

(3) 项目工作包的活动分解　任何一个项目的分解结构和工作包又都可以进一步划分成许多具体的项目活动,这些项目活动都是为生产项目产出物而直接开展作业的。这样可以将项目先划分成项目阶段,然后划分成项目工作分解结构和工作包,进一步分解得到一系列的项目具体活动,最终根据项目活动及其所消耗和占用的资源确定和控制一个项目的成本。因此,一个项目全过程的分解会涉及一系列的项目分解步骤。

项目全过程成本管理方法中首要的和基本的技术方法是项目的阶段、工作和活动分解的技术方法。这套方法从项目全过程成本管理的角度出发,将一个项目的全过程首先划分成多个项目阶段,然后再将这些阶段的项目工作包分解并做出项目工作分解结构,最后进一步将项目的工作包分解成项目活动并给出项目各项活动的清单。这样就可以对项目各项活动的成本进行管理,从而实现对整个项目全过程成本的管理。所以在项目全过程成本管理的技术方法中,首先是这套项目阶段、工作和活动分解的方法,这套技术方法是实现对项目全过程每项活动成本进行全面管理的手段和保障。

2. 项目全过程成本确定的方法

要实现对于项目全过程成本的管理,就必须开展两方面的工作:一方面的工作是要合理地确定由各项项目活动的成本所构成的项目全过程成本;另一方面的工作是要科学地控制好各项项目活动,从而实现对项目全过程成本的控制和管理。因此项目全过程成本管理的方法中必须包括这两个方面的具体技术方法,即基于活动的项目全过程成本确定的技术方法和基于活动的项目全过程成本控制的技术方法。只有将二者结合在一起,才能够建立一套项目全过程成本管理的技术方法。

(1) 项目全过程中各阶段成本的确定　根据项目的阶段性及其阶段划分理论,项目全过程的成本可以被看成是各项目阶段成本之和,公式如下:

$$项目成本(C) = \sum_{i=1}^{n} 项目不同阶段的成本(C_i) \tag{8-1}$$

式中　i——$1,2,3,\cdots,n$;
　　　n——项目的阶段数。

根据本书对项目全过程的四阶段划分法,项目的成本可以表述为:

$$C = C_1 + C_2 + C_3 + C_4 \tag{8-2}$$

式中　C_1——项目定义与决策阶段的成本;
　　　C_2——项目设计与计划阶段的成本;
　　　C_3——项目实施与控制阶段的成本;
　　　C_4——项目完工与交付阶段的成本。

实际上,项目各阶段成本的数额和用途都是各不相同的,如项目定义与决策阶段的成本是由决策和决策支持工作所形成的成本加上相应的服务利润构成的。通常由于这一项目阶段的工作多数是由项目业主或项目业主聘请的咨询服务机构开展的,所以这种项目决策支持和项目决策工作的代价主要是专家或咨询人员的工资。它在整个项目成本中所占比重较小（平均水平在1%~3%），其中还包含了委托咨询服务机构提供项目定义与决策服务时应付的相应利润和税金等。项目设计与计划阶段的成本多数由项目设计和实施组织所提供的服务成本再加上相应的服务利润构成，这一部分所占的项目成本比重也不大（平均水平在3%~5%）。项目实施与控制阶段的成本是由项目实施组织提供服务的成本加上相应的服务利润和在项目实施过程中所消耗和占用的各种资源的价值而形成的，这一阶段的项目成本所占比重最高（平均水平在90%）。项目最终完工与交付阶段的成本多数是一些检验、变更和返工等新工作所形成的成本（平均水平在2%~3%）。由于项目成本在定义与决策和完工与交付两个项目阶段的数额均较小，因此一般项目的累积成本都会呈现为一种S形的曲线，如图8-6所示。

(2) 项目全过程中各阶段成本的确定　上述每个项目阶段的成本实际上都是由一系列不同性质的项目活动所消耗和占用的资源形成的，因此要准确、科学地确定一个项目的成本，还必须分析和确定项目所有阶段的成本。根据前面有关项目活动分解的理论和方法，项目每个阶段的成本都是由其中的项目活动成本累计而成的，表达式如下

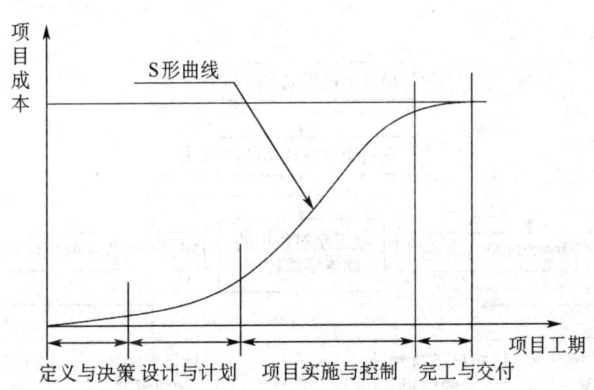

图8-6　项目全过程成本S形曲线示意图

$$\text{项目各个阶段的成本}(C_i) = \sum_{j=1}^{m}(AC)_{ij} \quad (8-3)$$

式中　$(AC)_{ij}$——项目的第i阶段的第j项活动的成本；

j——$1,2,3,\cdots,m$；m是项目第i阶段的活动数。

(3) 项目全过程总成本的确定　综合式(8-1)和式(8-3)，整个项目全过程总体成本就可以按下式计算

$$\text{项目全过程成本}(C) = \sum_{i=1}^{n}\sum_{j=1}^{m}(AC)_{ij} \quad (8-4)$$

式中　$i=1,2,3,\cdots,n$；n为项目的阶段数；

$j=1,2,3,\cdots,m$；m是该项目第i阶段的活动数。

由上述分析可以看出，项目全过程成本是由项目各个阶段的成本构成的，而项目各个不同阶段的成本又是由每一项目阶段中的项目工作包和项目具体活动成本构成的。所以在项目全过程成本的确定过程中必须按照项目阶段、工作和活动分解的方法，首先将一个项目划分成一系列的项目阶段，然后进一步分解，找出项目的工作分解结构和项目

活动清单，最终才能按照自下而上的方法估算得到项目的全过程成本的总和。

3. 项目全过程成本控制的方法

项目全过程的成本是由项目各个阶段、各个工作包和各项具体活动的成本构成的，而这些成本又都是由于在项目实施活动中消耗和占用资源而形成的。因此对于项目全过程成本管理的控制首先必须从管理和控制项目全过程中的每项具体活动入手，通过努力消除与减少无效的项目活动和通过改善项目活动方法提高项目活动的效率，最终才能减少项目活动及其对于各种资源的消耗与占用，从而形成项目全过程成本的降低和节约。另外，人们还必须从项目各项活动消耗与占用资源的直接控制和管理入手，通过采用科学合理的物流管理和资源配置方法，减少由于项目资源管理不善或项目资源配置不当所造成的项目成本的提高。需要特别注意的是，项目活动对于物质资源的消耗和占用又可以分为磨损性消耗（如设备的物理磨损和计算机的技术磨损等）和转移性消耗（如建筑"三材"和其他材料转移到工程主体中的消耗等），所以人们还需设法找出针对这两类不同项目资源使用方式的成本控制方法。有关项目全过程成本控制的主要内容如图8-7所示。

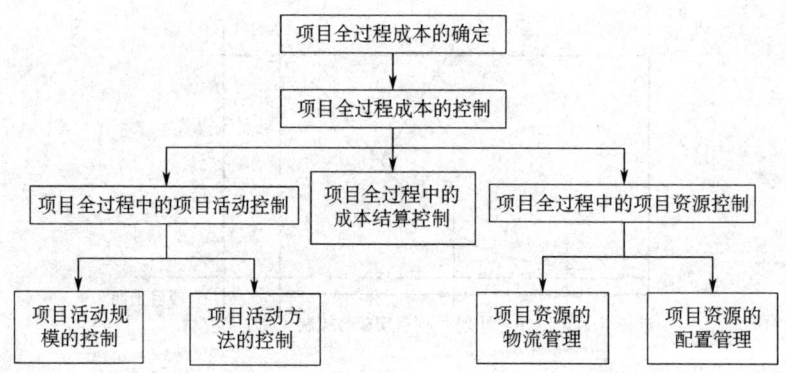

图 8-7 项目全过程成本控制的主要内容

由图8-7可见，一个项目的全过程成本控制方法中主要包括如下三项具体的项目成本控制技术方法。

（1）项目全过程中的项目活动控制　项目全过程中项目活动的控制工作主要包括两个方面：一是关于项目活动规模的控制；二是关于项目活动方法的控制。前者是为努力控制项目活动数量和大小服务的，人们通过消除各种不必要或无效的项目活动，能够实现节约资源和降低项目成本的目的。后者则是努力改进和提高项目活动的具体方法，进而通过提高项目活动的效率去降低资源消耗和减少项目成本。这两个方面的项目成本控制技术都属于直接项目成本控制方法的范畴，它们能够直接实现降低项目全过程成本的目标，因此在项目全过程成本管理的方法中必须有这样一套相应的项目成本控制技术方法。

（2）项目全过程中的项目资源控制　项目全过程中的项目资源控制工作主要包括两个方面：一是对项目各种资源的物流等方面的管理；二是对项目各种资源的合理配置方面的管理。前者的主要内容包括项目资源的采购和物流等方面的管理，其主要目的是降低项目资源在流通环节中的资源消耗和浪费,从而实现对项目全过程成本的有效控制。后者的主要内容包括项目资源的合理调配和项目资源在时间和空间方面的科学配置,其主要目的是消除各种各样的停工待料或资源积压与浪费等问题,从而实现对项目全过程成本的有效控制。这两个方面的项目成本控制工作都属于项目成本的直接控制工作,它们能够直接实现降低项目全过程成本的目标。因此,在项目全过程成本管理的技术方法中还必须有这样一套项目全过程成本控制的技术方法,以便直接去控制好项目的全部成本。

(3) 项目全过程中的成本结算控制 项目全过程中的成本结算控制工作是一种间接控制项目全过程成本的工作,这类工作虽然不能够直接降低项目的各种资源消耗,但是却可以在很大程度上从财务管理角度出发去减少项目贷款利息或汇兑损益,并在提高资金的时间价值等方面做出一定的贡献。例如,通过正确选择项目的结算方式和结算时间来降低项目物料和设备采购或进口方面的成本,通过选择结算货币来降低项目外汇的汇兑损益,以及通过及时结算和准时交割来减少项目的利息支付等都属于间接的项目成本控制技术方法。虽然这方面的项目成本控制属于间接项目成本控制的范畴,但是它们同样是实现降低项目全过程成本目标的重要手段。

8.3 项目全面成本管理

8.3.1 项目全面成本管理的概念及其构成

项目全面成本管理是一种用来指导人们分析、确定和控制项目成本的思想和方法。它强调在项目成本的分析、确定与控制中一定要全面考虑各种要素的影响,要考虑各个阶段的成本以及确定性和不确定性成本,并且项目相关利益主体都要参与项目成本管理。

项目全面成本管理的核心思想是在一个项目的成本管理中不能只顾及项目成本管理的某个方面,而必须全面考虑问题和管理好项目成本。这种全面管理包括四个方面:一是要进行项目全过程和全生命周期的成本管理,而不是像传统项目成本管理那样只进行项目实施过程的成本管理;二是从项目全要素管理的角度出发去管理项目的成本,而不是像传统项目那样只考虑狭义的节约成本而不顾项目的工期、质量等其他要素因成本节约而受到的影响;三是要进行包括项目风险成本管理在内的项目全部成本的管理,而不是像传统造价管理那样只对确定性的项目成本进行管理;四是项目全团队成员都参加成本的管理,而不是像传统项目成本管理那样只是某个项目相关利益主体(业主或承包商)单独进行项目成本的管理。正是由于包含了这四个方面的具体技术方法,所以该方法才被称为"全面"成本管理方法。项目全面成本管理示意图如图8-8所示。

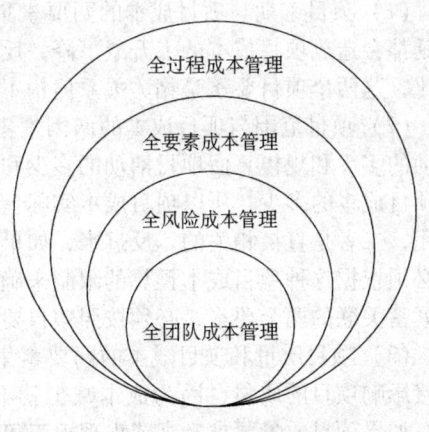

图8-8 项目全面成本管理示意图

项目成本集成管理的原理就是将项目全过程成本管理方法、项目全要素成本管理方法、项目全风险成本管理方法和项目全团队成本管理方法进行有机组合,从而构建出一个项目全面成本管理方法体系。

根据上述内容可知,项目全面成本管理包括了项目全过程成本管理的思想和方法。在确定和控制项目成本时,一定要按照基于活动的管理方法去对项目成本进行全过程的管理,并且要考虑项目全要素和项目全风险成本管理工作,这些是项目全面成本管理横向轴线的核心内容与方法。而项目全面成本管理的纵向轴线就是以项目全生命周期成本管理思想和方法以及全体项目相关利益主体参与项目成本管理与合作的方法作为核心内容之一。项目全过程成本管理方法的基本原理前面已经进行了详细的阐述,因此本节主要介绍其他三种具体技术方法的基本原理,即项目全要素成本管理、项目全风险成本管理和项目全团队成本管理。

8.3.2 项目全要素成本管理方法

1. 项目全要素成本管理的概念

项目成本的基本影响要素共有四个:一是项目的范围,二是项目工期,三是项目质量,四是项目成本本身。在现代项目管理中,人们将这四个要素看成是项目成功的基本要素,同时,这四个要素可以看成是相互影响和转化的要素,一个项目的范围、工期和质量在一定条件下可以转化成项目的成本。例如,当需要扩大范围和缩短项目工期时,就会发生项目变更费用和项目赶工费,所以就需要增加额外的资源投入,这样项目范围的扩大和项目工期的缩短就都会使项目成本增加。同样,当需要提高项目质量时也需要增加资源投入,所以项目质量的提高也会使项目成本增加。因此人们必须从影响项目成本的全部要素管理的角度,分析和找出项目范围、项目工期、项目质量和项目成本等要素间的相互关系,进而分析和找出一套项目全要素集成管理的方法。

2. 项目全要素成本管理的主要应用

对于项目活动可以按照两要素集成管理、三要素集成管理以及全要素集成管理等不同的集成管理方法开展。在项目成本控制中,项目集成管理的应用主要有以下几个方面。

(1) 项目工期与项目成本的两要素集成管理 在多数情况下,项目工期的提前和拖延都会造成项目成本的上升或下降,反过来,项目成本的增减同样会造成项目工期的变化,这两个项目要素是相关关系但构不成线性函数关系。

(2) 项目范围与项目成本的两因素集成管理 通常,项目范围的大小决定了项目活动的多少和规模,而项目活动的多少和规模决定了资源消耗和占用的多少,进一步形成项目成本的多少,所以项目成本实际上就是为了完成项目范围所规定的活动而发生的费用,二者是直接相关的。反过来,如果项目成本的预算有严格的限制,那么项目范围就必须根据这种项目成本预算的限制来确定。所以在项目管理中,项目范围和项目成本是紧密关联的两个要素,必须按照项目要素集成管理的方法去管理和控制。

(3) 项目质量和项目成本的两要素集成管理 一般来讲,项目成本的削减可能会直接影响项目的质量,因为成本减少就不得不减工减料,从而必然影响项目质量。反之,如果项目质量要求升高或出现返工等项目质量恢复活动,就会直接造成项目成本升高。二者必须统一考虑并进行集成管理与控制。

（4）项目工期、成本、质量三要素的集成管理 项目的工期、成本和质量这三个要素并不是简单的两两相互关系，而是三者共同相互作用的，因此，对这三个要素必须开展全面集成的管理和控制。

（5）项目范围、工期、成本、质量四要素的集成管理 项目各要素集成管理的最高境界是实现项目全部要素的全面集成管理和控制，但是这是很难实现的，因为人们还没有办法找出一个项目的全部要素之间的配置关系。所以人们最有希望实现的项目集成管理是对项目范围、工期、成本和质量的全面集成管理与控制，并将此称为项目的全要素集成管理与控制。人们必须主动地按照集成管理的原理和方法管理这四个要素，否则项目工作就会出现各种问题，从而造成项目最终无法获得符合要求的项目产出物，无法最终实现项目的目标。

3. 项目全要素成本管理的基本模型和原理

项目全要素集成成本管理的基本模型实际上是在一个项目三要素集成成本管理思想和模型的基础上，再增加项目范围要素所构成的一个项目四要素集成成本管理的模型。项目全要素成本管理的基本模型是以三角形代表项目成本、项目质量和项目工期三个要素，而在三角形中增加一个表示项目范围的内切圆，如图8-9所示。

图中三角形内切圆的面积表示项目范围的大小，从图中可以看出两方面的关系：一是项目范围实际上是由项目质量、项目工期和项目成本这三个要素综合决定的，项目的质量决定了项目工作和活动的多少，从而会直接影响项目范围的大小，而项目工期和项目成本也会对项目范围造成直接和间接的影响。二是项目范围的变化会同时影响其他三个要素，如果项目范围增加，则项目的工期、质量和成本要素都会增加。这些要素之间实际相互影响的大小和方向同样需要具体项目具体分析，但是项目全要素集成成本管理的方法应该以项目成本为核

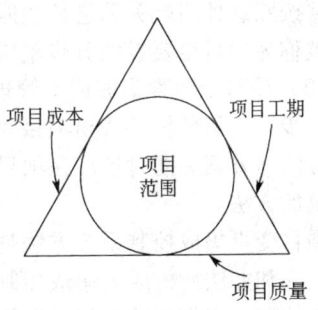

图8-9 项目全要素成本管理的基本模型

心，集成管理好项目成本、工期、质量和范围，最终为实现项目利益最大化服务。

项目全要素成本管理的方法是借助于美国国防部提出的项目"成本/工期控制系统规范"即"挣得值管理系统"的原理开发而来的。作为项目集成管理的一种先进方法，其基本思想和概念是通过引进中间变量"项目已完成作业量的预算成本"（BCWP）来帮助人们分析项目的工期和成本的变动情况并给出相应的信息，从而使项目的管理者能够对项目工期和成本进行集成管理，能够对二者的发展趋势做出科学的预测与判断。具体原理在第5章中已经论述。

这种项目成本/工期控制系统的方法只是项目全要素集成管理中最基本的技术方法，因为它实际上只是实现了项目成本和项目工期两要素的集成管理。但是至今人们还没有研究出能够按照基于配置关系开展三要素或多要素集成管理的技术方法，因而这实际上是现有项目集成管理最基本的技术方法。

4. 项目全要素成本管理的方法

（1）项目全要素集成成本管理计划方法 项目全要素集成成本管理计划方法的核

心是如何考虑项目范围、成本、质量和工期的合理配置，以实现项目利益的最大化。通常会用到项目全要素配置关系确定方法。这实际上既是一种项目全要素综合平衡的集成计划方法，也是一种发现项目各要素的合理配置关系的方法。这种方法运用特定项目要素的配置关系试验法，确定项目全要素之间的关系并指导和完成项目集成计划的安排。

项目全要素集成计划和配置关系寻求方法的主要程序如下：首先识别和确定项目质量和项目范围要素之间的配置关系和特征；然后固定这种关系，再确定项目范围同项目工期之间的配置关系；进一步固定这种关系，再确定项目工期和项目成本之间的配置关系；最后固定二者的关系，分析并找出项目成本和项目范围之间的配置关系，从而形成第一个项目全要素配置关系或集成计划的循环。

如果发现此时项目成本与项目范围不匹配，就应采取调整项目成本或范围的方法去解决。如果采用调整项目范围的方法，就需要重新确定项目范围与项目质量之间的配置关系，因为改变项目范围会直接影响项目的质量。然后再按照上述程序进行第二次项目全要素配置关系和集成计划的循环。以此类推，直到找出项目全要素四者之间科学合理的配置关系，最终才能够做出项目的集成计划，并根据这种配置关系去开展项目全要素集成的成本管理。在项目全要素集成成本管理中，当项目某个要素出现变更时，其他要素必须按照这种匹配关系进行相匹配的变更。这种项目全要素配置关系和集成管理的方法也被称为项目全要素的分步集成的方法。

(2) 项目全要素集成成本管理控制方法　项目全要素集成成本管理计划方法主要包括两步：一是分析并找出项目要素管理的问题及其根源；二是分析并找出解决问题的最佳方法与方案。同时还应在项目全要素集成成本管理控制方法中使用项目变更集成控制系统的方法。

项目变更集成控制系统方法是一种由改变、修订或变更项目任何一个要素都必须遵守的程序和办法所构成的集成控制系统。这个系统包括：项目变更的审批程序、变更跟踪控制体制、审批变更的权限层级规定和项目变更的文档化管理要求等。对于项目全要素集成成本管理而言，没有项目变更集成控制系统是不行的，所以必须根据项目的具体组织与管理情况，建立和完善项目变更控制系统。一般项目变更集成控制系统需要建立一个专门发展接收或拒绝项目变更要求的项目变更集成控制委员会，该委员会必须使用正式文件对项目变更做出明确的规定和说明。这种项目变更控制系统还必须包括处理项目变更的控制一整套程序，所有的项目变更都必须有正式文件证明和记录实施情况，这样可以很好地辅助开展项目全要素集成成本的管理。

8.3.3　项目全风险成本管理方法

1. 项目全风险成本管理的概念

项目全风险成本管理是从对于项目的确定性成本和不确定性成本进行全面管理的角度提出的一种项目成本管理的技术方法。在这种技术方法中，最为重要的部分是关于项目风险性成本的确定和控制的技术方法。

人们要确定项目的风险性成本，首先就要知道项目风险性成本的分布情况。项目风险性成本的理论分布是指项目各种风险事件所造成的风险性成本从理论上所具有的概率分布情况，这可以通过理论推导和使用风险事件的模拟仿真等方法获得。从理论上说，不同种类的项目风险事件及其所形成的项目风险性成本的概率分布都是不同的。

当项目活动的成本变动范围较小,不确定性很低,且发生概率很高时,就表明该项目活动成本的变动性很小,这实际上可以看成一般意义上所说的确定性项目活动的成本。而当项目活动的成本变动范围很大,不确定性很高,而它们的发生概率也较低时,表明项目活动的成本会因各种条件的变化而发生很大的变化,这就是一般意义上的项目不确定性成本。人们可以根据在项目风险分析与风险识别中所得到的信息,去找出这些项目具体活动的可能分布,从而可以根据它们的概率分布去进一步分析找出它们的期望值或者说是"最可能"的值,以最终确定它们的风险性成本。

但是使用这种方法确定具体项目活动的风险性成本,有时会非常困难和复杂,而且很费时费力,因此人们开始研究如何通过一种相对简单的办法去解决这一问题。英国的 Stephen Grey 等人研究发现,这些各不相同的项目风险性成本的分布最可行的简化办法,也是人们最能够接受的方法,就是将它们统一简化成一种三角分布(Triangle Distribution),如图 8-10 所示。

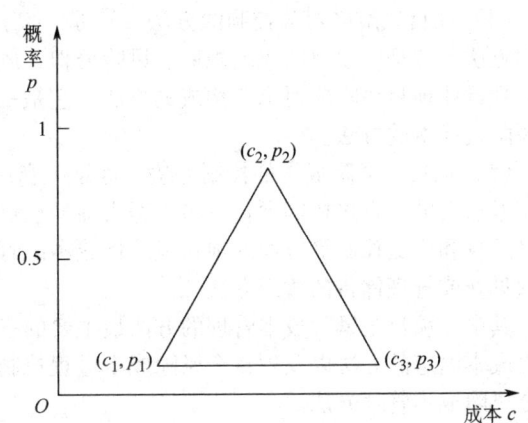

图 8-10 项目具体活动风险性成本的三角分布模型

图中的三个点分别代表一项活动的最小成本及其发生概率(c_1, p_1)、最可能成本及其发生概率(c_2, p_2)和最大成本及其发生概率(c_3, p_3)。根据这些项目活动成本的数据,人们就可以通过下面的公式求出项目活动成本的期望值 E,而这个期望值就可以作为项目的风险性成本。

$$E = c_1 p_1 + c_2 p_2 + c_3 p_3, \text{其中} p_1 + p_2 + p_3 = 1 \tag{8-5}$$

因此,人们在进行项目全风险成本管理时,首先需要使用这类方法找到项目各个活动的最小、最可能和最大成本,然后进一步分析和确定出项目各项活动的风险性成本。最终可以使用这种方法获得整个项目的风险性成本,并且根据这些项目活动成本的风险大小及风险情况去开展项目全风险成本管理。

2. 项目全风险成本管理方法的构成及模型

项目全风险成本管理的方法是一种主要用于对项目风险性成本进行管理的方法。人们要开展项目风险性成本的管理,首先必须从造成项目风险性成本的项目风险与项目活动风险入手。因为只有识别出了一个项目所存在的各种风险,才能确定出项目的风险性成本并找到造成项目风险性成本的根本原因,然后才能确定项目风险应对措施和方法,以规避和削减这些项目风险及其后果,从而实现对于项目全风险成本的管理与控制。所以项目全风险成本管理方法的构成主要包括如下几个方面的内容。

(1)项目风险和风险性成本识别的方法 这是一套用于识别一个项目全过程和活动中存在的风险及其引发的风险性成本的方法。这套方法主要用于识别和确定与项目过程和活动有关的风险和风险性成本,以便下一步对其做出必要的项目风险和风险性成本的定量性度量。

(2)项目风险定性和定量度量的方法 这是一套用于度量一个项目全过程和活动

中存在的风险的发生概率、后果严重程度、影响范围大小和时间进程以及风险征兆的方法。这套方法主要用于定性或定量地度量与项目过程和活动有关的各种后果，以便下一步对其采取必要的项目风险应对和控制措施。

（3）项目风险性成本确定的方法　这是一套用于度量和确定项目全过程中各项项目活动的风险性成本以及整个项目的全风险成本的方法。在这套方法中，通过使用三角分布简化的办法确定所有项目活动风险性成本，然后使用期望值计算的方法确定一个项目的全风险成本。

（4）项目风险应对与控制的方法　这是一套用于应对和控制项目各项活动中的风险的方法。这是由项目的风险规避、风险分担、风险转移、风险化解、风险后果削减等一系列具体项目风险应对措施构成的方法。它是一套通过控制项目风险去管理和控制项目风险性成本的方法。

（5）项目全风险成本的控制方法　这是一套用于直接控制项目风险性成本的方法。这套方法借助于直接控制项目风险去努力降低项目活动的风险性成本，同时还包括有关项目结算和变更控制等方面的项目风险性成本的直接控制方法，而且也包括对于项目不可预见费或管理储备的管理办法。

其中，项目全风险成本管理的方法最主要的三方面是：项目风险识别的方法、项目风险成本确定的方法以及项目全风险成本过程控制的方法。这三者构成了一个完整的项目全风险成本管理方法。

8.3.4　项目全团队成本管理方法

1. 项目全团队成本管理的概念

项目全团队成本管理的基本原理是通过项目全体相关利益者的共同参与和努力，通过由项目全体相关利益者共同组成的项目全团队去做好一个项目的成本管理。由于一个项目的相关利益者之间可能会有各自不同的利益，所以他们之间会存在相互的利益冲突。因此必须使项目全体相关利益者找到大家共同的利益，并由此使他们形成合作伙伴式的关系，最终才能更好地通过项目全团队的合作实现项目成本管理的目标。

确切地说，项目全团队成本管理的基本原理就是由一个项目的主要相关利益主体，按照合作伙伴式的关系建立一种共同管理项目成本的关系，最终通过共同努力实现"共赢"的项目成本管理目标。例如，项目业主要为项目提供资金与各种资源的支持与保障，项目承包商要在项目实施中努力节约资源和保证质量与工期，而项目的供应商则应该积极保证项目各种设备和资源的供应等。他们之间的关系一方面通过相互签署的合同来保障；另一方面通过共同签署的项目合作伙伴协议来保障。当然，项目全团队的全体成员在项目合作中的地位是完全平等的。项目管理的实践已经证明，人们只有通过真正平等的合作，才有可能使用项目全团队成本管理的方法，才有可能通过项目各相关利益主体的努力，最终管理好一个项目的各种成本。

2. 项目全团队成本管理的方法

项目全团队成本管理的具体做法分述如下：

（1）找出项目的全体相关利益者　任何一个项目都有自己独特的相关利益主体，人们可以通过对项目相关利益主体分析去找出来，并分析和确定其中的主导者和主要的相关利益主体，以便由项目主要相关利益主体去组成项目全团队成本管理的那个"全团队"。

（2）决定采用合作伙伴式的关系　由项目全团队成员共同决定采用合作伙伴的管理模式，然后进一步制定和签署《项目合作伙伴关系协议》。该协议是在项目合同的基础上，按照合作伙伴关系规范"全团队"成员行为的基础文件。虽然它并不具备法律效力，但它对全团队成员行为具有一定的约束力。

（3）选定合作伙伴关系的合作促进人和工作组　在项目全团队成本管理中，项目合作促进人（Project Facilitator）以第三者的独立身份出现，充当项目全团队成本管理中的合作促进者。他在经济利益上必须与全团队其他成员任何一方均无瓜葛，他是为了促进项目合作伙伴关系而开展工作的合作促进人。同时，项目全团队成员还需要派人组成合作工作组，以便共同开展项目全团队成本管理工作。

（4）开展项目全团队成本管理　有了上述协议和促进人与工作组之后，人们就可以按照合作伙伴式的关系，按照"共赢"的原则去开展项目全团队成本管理了。在这种项目成本的管理中，项目全团队的成员是平等的，所有的项目相关利益主体都必须为项目成本管理的目标提供支持和服务。只是不同的项目全团队成员在服务方式与内容方面有所区别而已。

在这一方法的步骤中，除了最初的项目全团队组织建设外，主要是由一个不断重复的项目全团队成本管理会议和根据这些会议纪要而开展的项目全团队成本管理的日常作业的循环构成的。这一项目全团队成本管理的作业流程可以根据具体项目的特殊情况和特殊要求进行调整，但是其基本内容和做法是相同的。

8.4　现代项目成本管理方法评价

8.4.1　项目全生命周期成本管理方法评价

项目全生命周期成本管理主要是由英国工程造价管理界于20世纪80年代初提出的。在20世纪80年代，以英国项目成本管理界为主的一批人，在项目全生命周期成本管理方面做了大量的研究工作并取得了突破。他们认为项目的全生命周期成本不应该只包括项目实施过程的成本，还要考虑项目完成后在其寿命期内的运营维护成本，从而实现项目的整体利益最大化。这是一种项目成本事前管理的方法，主要是运用全生命周期的思想和方法进行项目的方案设计、比较和选择。

1. 项目全生命周期成本管理方法的核心及特点

现有项目全生命周期成本管理的思想和我国提出的项目全过程成本管理的思想几乎是同一时代的产物，而且原则上这二者是相辅相成和互为补充的。其中，项目全过程成本管理的思想更多地注重项目实施过程的全过程成本的确定与控制，而项目全生命周期成本管理的思想则更注重如何让项目实施期间和项目运营期间的总体成本最低。这种项目全生命周期成本管理的原理作为项目决策和决策支持时所使用的一种非常重要的工具，已经受到了项目管理者的重视并获得了较好的应用。

（1）它主要是一种项目投资决策的分析工具　有人认为项目全生命周期成本管理的方法只是在项目投资决策、可行性分析和项目备选方案评价等项目前期工作中使用的一种项目决策的方法。实际上，传统的项目评价和决策方法中也都考虑了项目全生命周期的成本或造价。从20世纪30年代就开始使用的项目投资动态评价方法中（尤其是建设项目财务评价中 NPV 和 IRR 的计算中）就已经包含了考虑项目全生命周期成本和收益的思想。项目全生命周期成本管理的思想和方法，只是在此基础上进一步考虑项目实施成本和运营与维护成本的集成管理。

（2）它主要是一种建设项目工程设计的思想方法　还有人认为，项目全生命周期成本管理方法主要是一种确定项目设计和实施方案的技术方法，这种方法是在项目设计阶段指导人们选择项目设计与实施方案的方法。实际上，在传统的项目设计过程中，人们也有从项目全生命周期出发考虑设计和实施方案的思想，只是多数属于不自觉的和不全面的。项目全生命周期成本管理思想和方法能够使人们自觉而全面地从项目全生命周期出发，综合考虑项目实施成本和运营与维护成本，以便更科学地设计整个项目的方案，从而在确保项目质量的前提下实现降低项目成本的目标。

2. 项目全生命周期成本管理方法的不足

（1）技术方面存在的问题　项目全生命周期成本管理的主要技术方法是有关如何确定和控制项目全生命周期成本的具体技术方法。其中，最核心的部分应该是如何运用项目成本分解结构技术方法去分解项目全生命周期中发生的所有成本，然后使用项目成本预测和估算的技术方法去估算和预测项目在全生命周期内将会发生的所有费用，从而确定出一个项目的全生命周期成本。在确定项目全生命周期成本时，由于一个项目的全生命周期跨越的时期范围较长，所以必须考虑项目资金的时间价值及通货膨胀等因素，因此这方面的技术方法也是项目全生命周期成本管理的方法之一。

然而，实际上现有的项目全生命周期成本管理的技术方法存在较多的缺失，这主要表现在两个方面：其一，项目全生命周期成本的分解和确定方面的技术方法存在缺失，虽然已经有人研究出了一些像高速公路建设项目、工厂建设项目之类的项目全生命周期成本估算和确定的技术方法，但是现有这类技术方法不管在深度上还是在广度上都存在问题，甚至有很多种类的项目至今还没有相应的项目全生命周期成本的分解和估算方法。其二，项目全生命周期成本控制的技术方法方面的问题更大，甚至存在着严重的缺陷。这也是人们将这种项目成本管理原理仅看作是一种设计和计划方法或工具的根本原因。

（2）应用方面的问题　项目全生命周期成本管理的不足主要包括两个方面：其一，项目全生命周期成本管理在很大程度上只是用于项目方案评价与选择的方法，不能够直接用于准确估算和预算一个项目的成本，所以它是主要用于项目设计和实施方案评估与选择的一种方法；其二，项目全生命周期成本管理在应用上存在较大的局限性，因为一个项目的全生命周期成本中包含着许多不确定性因素，在项目实际实施中项目的计划会有许多的变更，因此人们很难事先准确地确定和优化一个项目的全生命周期成本，而要管理一个项目的全生命周期成本就更难了。

正是由于这些原因，使得项目全生命周期成本管理的方法至今还只是作为一种指导项目投资决策与实施方案优化的理论而存在。

8.4.2　项目全过程成本管理方法评价

我国在 20 世纪 80 年代中后期提出建设项目全过程成本管理方法，随后经过我国建设项目造价管理界的学者和实际工作者的努力取得了很大的发展。

1. 项目全过程成本管理方法的核心及特点

1）项目全过程成本管理是一种全新的项目管理范式，是一种用来确定和控制项目成本的新方法。它认为项目实施是一个过程，项目成本的确定和控制也是一个过程，是一个关于项目成本的决策和实施过程，人们在项目全过程中都需要开展对于项目成本的管理工作。

2）项目全过程成本管理中的项目成本确定是一种基于活动的项目成本确定方法，这种方法将一个项目的工作逐层分解成项目活动，然后确定出每项活动所消耗的资源，最终根据这些资源的市场价格等信息确定出该项目的成本。

3）项目全过程成本管理中的项目成本控制方法是一种基于活动的项目成本控制方法，这种方法认为项目成本控制必须从对项目各项活动及其方法的控制入手，只有通过减少和消除不必要的活动才能减少资源的消耗，从而实现降低和控制项目成本的目的。

4）项目全过程成本管理必须有项目全体相关利益主体的参与，通过共同合作并分别负责整个项目全过程中各项活动的成本确定与控制责任，最终做好项目全过程成本管理工作。

综上所述，项目全过程成本管理是一种现代项目成本确定与控制的方法，是一种适合于建设项目成本确定和开展的科学方法，这一项目成本管理的范式已经在世界许多地方得到了应用。

2. 项目全过程成本管理方法的不足

我国提出的项目全过程成本管理的思想还存在很多问题，这些问题主要造成了如下两个方面的不足。

（1）方法论体系方面的问题 由中国项目成本管理界提出的项目全过程成本管理发展到今天，在很大程度上还停留在一种管理理念的层面上。虽然已经有许多人对这种项目成本管理的方法进行了探索和研究，但至今仍没有一套系统的项目全过程成本管理方法体系，这说明到现在为止，还没有形成一套成形的项目全过程成本管理的技术方法。但是如果一种项目成本管理的思想或理论没有技术方法作为支持手段，是难以用来指导管理实践的。也就是说，如果我们只有项目全过程成本管理的思想和理论而没有相应的方法，也就难以真正开展对于项目全过程的成本管理。这一问题正是现在阻碍我们使用项目全过程成本管理方法的关键所在。

（2）配套技术与工具方面的问题 实际上，我们不但需要集中力量对项目全过程成本管理的方法论开展深入而系统的研究，同时我们还必须借用现代管理科学和项目管理科学等方面最新的技术和工具，去建立一套适用于项目全过程成本管理的技术方法和工具。因为即使我们的项目全过程成本管理思想是先进的，但是若没有相应配套的项目成本管理的技术和工具，仍然没有办法使用这种思想和方法开展项目全过程成本的管理，所以这方面的配套技术与工具的研究同样是不可或缺的。我们认为，只有全面建设好项目成本管理的理论、方法、技术与工具，才能够建立起适合市场经济条件的项目全过程成本管理的科学办法。

8.4.3 项目全面成本管理方法评价

1. 项目全面成本管理方法的核心及特点

1）项目全面成本管理是一种全新的项目成本管理范式，是一种用来指导人们分析、确定和控制项目成本的思想和方法。在实行全面成本管理的过程中可以使用的方法有很多，包括：经营管理和工作规划的方法、成本预算的方法、经济与财务分析的方法、造价工程的方法、项目管理的方法、工期计划与进度的方法、成本与进度的度量方法和成本变更控制的方法等。

2) 项目全面成本管理的思想和方法是现有各种项目成本科学管理方法的集成。它实现了将科学与有效的各种项目成本管理方法集成的目标，它包含了项目全生命周期及全过程成本管理方法、项目全要素成本管理方法、项目全风险成本管理方法和项目全团队成本管理方法等。项目全面成本管理方法最为关键的一点是不能丢弃任何东西，而要以现有的东西为基础去建立一套全新的理论与方法，去集成现有的项目成本管理方法，以适合今天和未来的需要并推广它和使其物有所值。

由此可以看出，项目全面成本管理的思想不仅是人类社会和经济发展的客观需要，而且是人们对于所有项目工程成本管理方法的汇总和集成。

2. 项目全面成本管理方法的不足

作为一种用来指导人们分析、确定和控制项目成本的思想和方法，全面成本管理方法科学有效地集成了各种项目成本管理方法，被认为是目前的项目成本管理方法中最全面和最科学的一种项目成本管理的理论。但是这种方法仍然有其不足。

(1) 方法论与技术方面的问题　实际上，项目全面成本管理的理论和方法仍然处在探索阶段，人们至今尚未给出能够具体指导项目全面成本管理的方法论和具体的方法。例如，在英国成本工程师协会有关全面成本管理的文献中只是提出："全面成本管理超越了所有的项目成本管理原理，全面成本管理是建立在成功项目管理所需的全部经济与控制功能之上的。"但是对于项目全面成本管理的方法论与具体方法，他们也没有给出定义和描述。美国成本工程师协会有关项目全面成本管理方法论的内容也存在诸多缺陷，并未给出项目全面成本管理方法论的体系和应有的具体技术方法。

造成这一问题的主要原因是现有项目全面成本管理技术方法的研究与开发还存在不足，人们无法很好地将其应用于实践。正是这种现代项目成本管理方法论和技术方法方面的缺失，才造成这些先进的项目成本管理方法至今未能得到广泛应用。

(2) 项目全要素成本管理方法的缺失　任何一个项目的成本都不是独立的或孤立的，它必然会受项目其他相关要素的关联影响。例如，任何项目的成本都会受到项目范围大小、项目质量高低、项目工期长短等诸多要素的影响。因此要想真正科学地管理好一个项目的成本，就必须努力地去集成管理好这些项目要素，一方面，人们必须设法消除相关要素变动对于项目成本的不利影响；另一方面，人们要消除项目成本变动对于项目其他要素的影响，从而设法实现对于项目成本的全要素集成管理。

项目全要素成本管理的原理在项目全面成本管理的体系中已经有所体现，但是现在已有的只是项目挣值管理方法这种项目成本和项目工期两要素的集成管理的方法，在分析与确定项目成本与质量和范围等成本主要影响因素的关系并进一步实现项目成本与这些要素的集成管理方法方面尚有缺失。事实上，在项目的实施过程中对项目成本产生影响的因素主要有项目工期、质量和范围，只有针对这些因素与项目成本管理之间的关系去研究与开发项目全要素成本管理的技术方法，才能够实现真正的项目全要素成本管理。

(3) 项目全风险成本管理方法的缺失　在一个项目的实施过程中会有各种各样的突发事件和环境与条件的变化，这些都具有很高的风险性或不确定性，并且都会导致项目成本的变动。对于这种由项目风险性因素所形成的项目风险性成本也必须开展管理和控制，所以还必须有一套技术方法对项目确定性成本和风险性成本进行全面的管理。虽然现有的项目成本管理理论中已经提出了项目全风险成本管理的理念，但是还缺少对项目风险性成本的确定与控制的技术方法。

实际上，项目的确定性成本是指必然发生的项目成本，不管人们是否管理和如何管理，它都会发生，因此即使人们对于项目确定性成本开展科学的管理，也难以节约项目的成本，因为它们已经是确定要发生的了。所以项目全面成本管理关注的重点不应该是项目的确定性成本，而应该是项目的风险性成本。实际上项目全面成本管理的核心内容也应该是对于项目风险性成本的确定和控制，即对那些可能发生也可能不发生、可能多发生也可能少发生的项目风险性成本开展严格而又科学的管理。因为只有这样，才有可能节约项目成本或避免不必要的项目成本发生，从而最终实现项目成本最小化和价值最大化的目标。因此项目风险性成本的管理是十分重要的项目全面成本管理内容，对这方面的技术方法必须进行全面研究和建立。

（4）项目全团队成本管理方法的缺失　在现有项目成本管理的理论中已经包含了项目全团队成本管理的思想和原理，但是这方面的技术方法同样存在一定的缺失。人们还没有找到合理组织和安排一个项目的全体相关利益主体去共同管理好项目成本的技术方法，这使项目成本管理在很大程度上缺乏组织方面的根本保障。因此，国内外许多项目因为项目业主、承包商、供应商、项目所在社区、政府主管部门等项目相关利益主体之间的利益冲突和纠纷而造成了大量的资金与资源的浪费，从而无法实现项目价值的最大化和成本的最小化。这种冲突和纠纷不但破坏了对于项目成本的科学管理，而且还导致或产生了许多不必要的项目成本和经济损失。因此，必须建立一种基于合作伙伴关系的项目全团队成本管理的方法。

事实上，任何项目的成本管理都是由项目全体相关利益主体或主要相关利益者共同完成的。虽然任何一个项目的相关利益主体在多数情况下都会存在一些利益方面的对立（如项目业主与承包商之间在项目成本方面的利益对立），然而他们之间更多的是由项目体现出来的共同利益。因此，真正科学而有效的项目成本管理目标是实现项目全体相关利益主体整体利益的最大化，而这只有在项目相关利益主体各方做出利益妥协并共同合作时才能实现。所以必须有一种方法去实现和管理这种项目相关利益主体各方（项目全团队）的妥协与合作，从而实现项目整体利益的最大化和项目利益分配的合理化等目标。

总之，项目全生命周期成本管理、项目全过程成本管理以及项目全面成本管理方法都有其一定的适用性和先进性，但同时每种方法都存在一些特点和不足之处。应结合项目的类型和方法方面的特点，选择一种或几种方法来进行项目成本管理。

相关阅读

我国企业成本管理的发展方向

现代企业面临的是一个顾客导向、竞争激烈、变化迅速、科技发达的生产经营环境，企业要想在这种激烈的竞争中生存和发展，必须在管理模式上实现新的突破，从而更好地适应环境的要求。成本管理作为现代企业管理中的一个重要内容，始终是人们关注的焦点，现代企业成本管理的内容不仅是孤立地降低成本，而且要立足于整体的战略及企业外部环境,并从成本与效益的对比中寻找成本最小化。

目前,世界上具有代表性的成本管理模式表现为两个主流分支,即流行于英美的以市场价值链为源头的作业成本模式和起源于日本的以产品生命周期为基础的成本企划模式。作业成本模式较好地解决了传统成本计算方法对产品成本信息的扭曲问题,并将成本管理深入到企业的作业层次,有利于企业从源头上控制产品成本,但它仍是一种内向型的管理,只注重于生产领域的改善控制以提高企业的内部效率,却未能将成本管理扩大到企业的外部领域;而成本企划模式面向市场,根据市场允许的价格决定市场允许的成本,并在产品的开发设计阶段通过实施价值工程保证目标成本的实现,但它对企业整个作业链的管理与控制又显得心有余而力不足。

我国对于成本管理理论的研究在改革开放以后有了迅速的发展,通过引进吸收国外先进的会计理论,尤其是对责任会计和标准成本法的理论研究及应用方面有较大的突破,从而形成一套有中国特色的成本管理体系,主要包括成本目标、成本计划、成本核算、成本控制、成本分析和成本考核,其核心和重点是成本核算和成本控制。从本质上来说,我国实行的成本管理体系仍属于传统理论体系。随着科技的发展、消费方式及观念的变革、竞争的加剧,在实际应用中日益暴露出其缺陷和弊端。

尽管作业成本管理模式和成本企划管理模式本身有其局限性和不足,但作为作业成本管理基础的作业成本计算却为我国的成本管理提供了良好的参考,而成本企划管理中在产品未进入生产阶段而事先将成本限制在一定范围之内的源流管理思想更值得我们学习。因而借鉴它们先进的思想方法,结合我国企业的实际情况,寻求适合我国企业的现代成本管理模式是有现实意义的。

企业的成本管理是一项系统工程,而且要服从企业的整体战略。一个有效的现代成本管理系统应具备一项基本功能:可提供更精确的成本信息,更全面地揭示公司的营运状况和竞争能力,从而降低信息使用者决策失误的风险;成本管理应包括事前管理、事中管理和事后管理,其重点应放在事前管理上;制定完善而简练的成本核算项目和核算程序,划分成本费用责任中心;成本控制应该是包括各个环节在内的全过程的成本控制;设定目标成本并将其分解到各责任中心直至个人,制定一套行之有效的考核制度,采取适当的控制方法把成本控制在目标成本之内;全员参与成本控制,建立全公司范围内的成本降低合理化建议制度和降低成本的奖励制度。

以上为构建现代成本管理体系的基本思想,从具体内容上来说,应分为成本计划、成本核算、成本控制、成本分析和成本考核5个方面。

1. 成本计划

由于存在市场竞争,企业产品的价格主要取决于市场因素,因此,企业在制定产品的目标成本时,必须以市场为出发点,通过市场调研了解竞争对手的情况和顾客的认知价值,确定计划价格,减去计划利润及税金,从而确定计划成本。另外,在计划成本的确定过程中,既包括业务过程中游的制造计划成本、物流计划成本和营销计划成本,又包括业务过程上游的开发设计成本,同时也应包括业务过程下游的维护保养成本和报废处理成本。

2. 成本核算

新的成本核算模式将以作业成本计算为主体进行构建。作业是作业成本计算的核心,是一个组织为实现一定目标而进行的一切活动,作业成本计算以作业发生的成本为基础，将成本分配到成本目标（产品、服务、顾客等）中去，所以，作业也是资源耗费与成本目标的中介和桥梁。确认成本动因是作业成本计算实施中非常重要的，也是难度最大的步骤。

作业成本计算依据成本动因将费用分配到成本目标，突破了传统的成本核算方法简单地以直接人工小时或机器小时为分配基础的局限性。作业成本计算依据成本动因分配资源耗费至成本目标的过程应分为两个阶段进行，第一阶段依据资源动因将资源耗费分配至作业；第二阶段依据作业动因将作业成本分配至成本目标。

3. 成本控制

计划成本的真正实现，关键在于生产过程中的控制与激励，企业应依据分解到各个作业的计划成本，编制作业计划成本预算，对作业成本实施控制。其中，作业计划成本预算应以作业中心为基本单位，将落实到该项作业的计划成本作为这一中心应完成的指标。企业必须在员工目标和组织目标一致的基础上，将成本控制的理念融入企业各个成员的头脑之中，充分调动各作业中心员工的工作积极性和主动性，实现对成本的全过程控制。

4. 成本分析

进行成本分析的目的是根据分析计划成本与设计成本的差异意愿来发现生产作业过程中成本控制的不足之处，从而通过工艺流程方向、产品设计等形式对成本动因进行选择、控制、革新，提高作业效率，改进现有成本状况，最终达到计划成本。

5. 成本考核

成本考核应依据各作业中心的计划成本预算及实际成本和计划成本的差异来进行，通过控制并调节各作业中心的活动，督促并采取有效措施，纠正缺点，巩固成绩，实行严格的奖惩制度，把责任和物质利益直接结合，奖励先进，推动落后，激励全体员工为实现目标成本而努力。

现代成本管理体系是经营环境变化的产物，管理方式与管理观念同传统的成本管理相比有较大的不同，它充分利用了当今各成本管理模式的优点，使成本管理面向市场，对企业适应竞争环境、获得竞争优势地位具有一定的指导意义。

资料来源：刘霞，科技情报开发与经济（现已更名为"图书情报导刊"），2008 年第 18 卷第 31 期。

复习思考题

1. 解释项目全生命周期成本管理的概念和基本方法。
2. 解释项目全过程成本管理的概念和基本方法。
3. 解释项目全面成本管理的概念和基本方法。
4. 思考在项目成本管理的实践中应该如何运用和把握上述三类项目成本管理的思想和方法。

附　录

工程项目竣工财务决算报表

1. 建设项目财务决算审批表

建设项目财务决算审批表，如附表 1 所示。大、中、小型建设项目竣工决算均要填报此表。要求是：

1）建设性质按新建、扩建、改建、迁建和恢复建设项目等分类填列。

2）主管部门是指建设单位的主管部门。

3）所有建设项目均须先经开户银行签署意见后，按下列要求报批：

① 中央级小型建设项目由主管部门签署审批意见。

② 中央级大中型建设项目报所在地财政监察专员办事机构签署意见后，再由主管部门签署意见报财政部审批。

③ 地方级项目由同级财政部门签署审批意见即可。

4）已具备竣工验收条件的项目，3 个月内应及时填报此审批表，若 3 个月内不办理竣工验收和固定资产移交手续的，视同项目已正式投产，其费用不得从基建投资中支付，所实现的收入作为经营收入，不再作为基建收入管理。

附表 1　建设项目竣工财务决算审批表

建设项目法人(建设单位)		建设性质	
建设项目名称		主管部门	

开户银行意见：

盖　章
年　月　日

专员办审批意见：

盖　章
年　月　日

主管部门或地方财政部门审批意见：

盖　章
年　月　日

2. 大中型建设项目概况表

大中型建设项目概况表，如附表2所示。

附表2 大中型建设项目概况表

建设项目(单项工程)名称			建设地址				项 目	概算	实际	主要指标
主要设计单位			主要施工企业				建筑安装工程			
占地面积	计划	实际	总投资(万元)	设计		实际	设备工具器具			
				固定资产	流动资金	固定资产	流动资金	基建支出	待摊投资其中：建设单位管理费			
新增生产能力	能力(效益)名称		设计		实际			其他投资			
							待核销基建支出			
建设起止时间	设计		从 年 月开工至 年 月竣工				非经营项目转出投资			
	实际		从 年 月开工至 年 月竣工				合 计			
设计概算批准文号							主要材料消耗	名称	单位	概算	实际
								钢材/t			
完成主要工程量	建筑面积/m²		设备（台套吨）					木材/m³			
	设计	实际	设计		实际			水泥/t			
收尾工程	工程内容	投资额	完成时间				主要技术经济指标			

此表用来反映建设项目总投资、基建投资支出、新增生产能力、主要材料消耗和主要技术经济指标等方面的设计或概算数与实际完成数的情况。其具体内容和填写要求如下：

1) 建设项目名称、建设地址、主要设计单位和主要施工单位，应按全称名填列。

2）各项目的设计、概算、计划指标，是指经批准的设计文件和概算、计划等确定的指标数据。

3）设计概算批准文号是指最后经批准的日期和文件号。

4）新增生产能力、完成主要工程量、主要材料消耗的实际数据，是指建设单位统计资料和施工企业提供的有关成本核算资料中的数据。

5）主要技术经济指标包括单位面积造价、单位生产能力、单位投资增加的生产能力（如 $t/$万元）、单位生产成本和投资回收年限等反映投资效果的综合性指标。

6）基建支出是指建设项目从开工至竣工所发生的全部基建支出。包括形成资产价值的交付使用资产，即固定资产、流动资产、无形资产、递延资产支出；以及不形成资产价值按规定应核销的非经营性项目的待核销基建支出和转出投资。以上这些基建支出应根据财政部门历年批准的"基建投资表"中的数据填列。还需说明几点：

① 建筑安装工程投资支出、设备工器具投资支出、待摊投资支出和其他投资支出构成建设项目的建设成本。

A. 建筑安装工程投资支出是指建设单位按项目概算发生的建筑工程和安装工程的实际成本，不包括被安装设备本身的价值及按合同规定支付给施工企业的预付备料款和预付工程款。

B. 设备工具器具投资支出是指建设单位按照项目概算内容发生的各种设备的实际成本和为生产准备的不够固定资产标准的工具、器具的实际成本。

C. 待摊投资支出是指建设单位按项目概算内容发生的，按规定应当分摊计入交付使用资产价值的各项费用支出，包括：建设单位管理费、土地征用及迁移补偿费、勘察设计费、研究试验费、可行性研究费、临时设施费、设备检验费、负荷联动试运转费、包干结余、坏账损失、借款利息、合同公证及工程质量监理费、土地使用税、汇兑损益、国外借款手续费及承诺费、施工机构迁移费、报废工程损失、耕地占用税、土地复垦及补偿费、投资方向调节税、固定资产损失、器材处理亏损、设备盘亏毁损、调整器材调拨价格折价、企业债券发行费用、概（预）算审查费、（贷款）项目评估费、社会中介机构审计费、车船使用税、其他待摊销投资支出等。建设单位发生单项工程报废时，按规定程序报批并经批准以单项工程的净损失，按增加建设成本处理，计入待摊投资支出。

D. 其他投资支出是指建设单位按项目概算内容发生的构成建设项目实际支出的房屋购置和基本畜禽、林木等购置、饲养、培养支出以及取得各种无形资产和递延资产发生的支出。

② 待核销基建支出是指非经营性项目发生的江河清障、航道清淤、飞播造林、补助群众造林、水土保持、城市绿化、取消项目可行性研究费、项目报废等不能形成资产部分的投资。但是若形成资产部分的投资，应计入交付使用资产价值。

③ 非经营性项目转出投资支出是指非经营性项目为项目配套的专用设施投资，包括专用道路、专用通信设施、送变电站、地下管道等，其产权不属本单位的投资支出。但是，若产权归属本单位的，应计入交付使用资产价值。

7）收尾工程是指全部工程项目验收后还遗留的少量收尾工程。在此表中应明确填写收尾工程内容、完成时间、尚需投资额（实际成本），可根据具体情况进行并加以说明，完工后不再编制竣工决算。

3. 大中型建设项目竣工财务决算表

大中型建设项目竣工财务决算表，如附表3所示。此表是用来反映建设项目的全部资金来源和资金占用（支出）情况，是考核和分析投资效果的依据。该表是采用平衡表形式，即资金来源合计等于资金占用（支出）合计。

1）资金来源包括基建拨款、项目资本金、项目资本公积金、基建借款、上级拨入投资借款、企业债券资金、待冲基建支出、应付款和未交款以及上级拨入资金和企业留成收入等。

附表3　大中型建设项目竣工财务决算表　　　　　　　　（单位：元）

资金来源	金额	资金占用	金额	补充资料	
一、基建拨款		一、基本建设支出		1. 基建投资借款期末余额	
1. 预算拨款		1. 交付使用资产			
2. 基建基金拨款		2. 在建工程		2. 应收生产单位投资借款期末数	
3. 进口设备转账拨款		3. 待核销基建支出			
4. 器材转账拨款		4. 非经营项目转出投资		3. 基建结余资金	
5. 煤代油专用基金拨款		二、应收生产单位投资借款			
6. 自筹资金拨款		三、拨付所属投资借款			
7. 其他拨款		四、器材			
二、项目资本		其中：待处理器材损失			
1. 国家资本		五、货币资金			
2. 法人资本		六、预付及应收款			
3. 个人资本		七、有价证券			
三、项目资本公积金		八、固定资产			
四、基建借款		固定资产原值			
五、上级拨入投资借款		减：累计折旧			
六、企业债券资金		固定资产净值			
七、待冲基建支出		固定资产清理			
八、应付款		待处理固定资产损失			
九、未交款					
1. 未交税金					
2. 未交基建收入					
3. 未交基建包干结余					
4. 其他未交款					
十、上级拨入资金					
十一、留成收入					
合　计		合　计			

① 预算拨款、自筹资金拨款及其他拨款、项目资本金、基建借款及其他借款等项目，是指自开工建设至竣工的累计数，应是历年批复的年度基本建设财务决算和竣工年度的基本建设财务决算资金平衡表中相应项目的数字经汇总后的投资额。

② 项目资本金是经营性项目投资者按国家关于项目资本金制度的规定，筹集并投入项目的非负债资金。按其投资主体不同，分为国家资本金、法人资本金、个人资本金和外商资本金并在财务决算表中单独反映，竣工决算后，相应转为生产经营企业的国家资本金、法人资本金、个人资本金和外商资本金。国家资本金包括中央财政预算拨款、地方财政预算拨款、政府设立的各种专项建设基金和其他财政性资金等。

③ 项目资本公积金。此处的项目资本公积金是指经营性项目对投资者实际缴付的出资额超出其资金的差额（包括发行股票的溢价净收入）、资产评估确认价值或者合同、协议约定价值与原账面净值的差额、接受捐赠的财产、资本汇率折算差额等，在项目建设期间作为资本公积金。项目建成交付使用并办理竣工决算后，转为生产经营企业的资本公积金。

④ 基建收入是指基建过程中形成的各项工程建设副产品变价净收入、负荷试车的试运行收入以及其他收入，具体内容如下：

A. 工程建设副产品变价净收入，包括煤炭建设过程中的工程煤收入、矿山建设中的矿产品收入、油（汽）田钻井建设过程中的原油（汽）收入等。

B. 经营性项目为检验设备安装质量进行的负荷试车或按合同及国家规定进行试运行所实现的产品收入，包括水利、电力建设移交生产前的水、电、热费收入，原材料、机电轻纺、农林建设移交生产前的产品收入，铁路、交通临时运营收入等。

C. 各类建设项目总体建设尚未完成和移交生产，但其中部分工程简易投产而发生的经营性收入等。

D. 工程建设期间各项索赔以及违约金等其他收入。

以上各项基建收入均是以实际所得纯收入计列，即实际销售收入扣除销售过程中所发生的费用和税后的纯收入。

2）资金占用（支出）反映建设项目从开工准备到竣工全过程的资金支出的全面情况。具体内容包括基本建设支出、应收生产单位投资借款、库存器材、货币资金、有价证券和预付及应收款，以及拨付所属投资借款和库存固定资产等。

3）补充资料的"基建投资借款期末余额"是指建设项目竣工时尚未偿还的基建投资借款数，应根据竣工年度资金平衡表内的"基建借款"项目期末数填列；"应收生产单位投资借款期末数"应根据竣工年度资金平衡表内的"应收生产单位投资借款"项目的期末数填列；"基建资金结余资金"是指竣工时的结余资金，应根据竣工财务决算表中有关项目计算填列。基建结余资金计算公式为：

基建结余资金 = 基建拨款 + 项目资本 + 项目资本公积金 + 基建借款 + 企业债券资金 + 待冲基建支出 − 基本建设支出 − 应收生产单位投资借款

4. 大中型建设项目交付使用资产总表

大中型建设项目交付使用资产总表，如附表4所示。交付使用资产总表是反映建设项目建成后，交付使用新增固定资产、流动资产、无形资产和递延资产的全部情况及价值，作为财产交接、检查投资计划完成情况和分析投资效果的依据。表中各栏目数据应根据交付使用资产明细表的固定资产、流动资产、无形资产、递延资产的汇总数分别填列，表中总计栏的总计数应与竣工财务决算表中的交付使用资产的金额一致。第2栏、第7栏的合计数和第8栏、第9栏、第10栏的数据应与竣工财务决算表交付使用的固定资产、流动资产、无形资产、递延资产的数据相符。

附表4　大中型建设项目交付使用资产总表　　　　（单位：元）

单项工程项目名称	总计	固 定 资 产					流动资产	无形资产	递延资产
		建筑工程	安装工程	设备	其他	合计			
1	2	3	4	5	6	7	8	9	10

交付单位盖章　　年　月　日　　　　接收单位盖章　　年　月　日

5. 建设项目交付使用资产明细表

建设项目交付使用资产明细表，如附表5所示。大、中型和小型建设项目均要填列此表，该表是交付使用财产总表的具体化，反映交付使用固定资产、流动资产、无形资产和递延资产的详细内容，是使用单位建立资产明细账和登记新增资产价值的依据。表中固定资产部分要逐项盘点填列；工具、器具和家具等低值易耗品可分类填列。各项合计数应与交付使用资产总表一致。

附表5　建设项目交付使用资产明细表

单项工程项目名称	建筑工程			设备、工具、器具、家具					流动资产		无形资产		递延资产	
	结构	面积/m²	价值（元）	名称	规格型号	单位	数量	价值（元）	设备安装费（元）	名称	价值（元）	名称	价值（元）	名称	价值（元）
合　计															

6. 小型建设项目竣工财务决算总表

小型建设项目竣工财务决算总表，如附表6所示。该表是大中型建设项目概况表与竣工财务决算表合并而成的，主要反映小型建设项目的全部工程和财务情况。可参照大中型建设项目概况表指标和大中型建设项目竣工财务决算的指标口径填列。

附表6 小型建设项目竣工财务决算总表

项目名称					项 目	金额	说明
建设地址		占地面积	设计	实施	资金来源 1. 银行贷款		
					2. 自筹资金		
新增生产能力	名称 设计 实际		初步设计和概算批准机关、日期、文号				
					合　　计		
建设时间	计划从　年　月开工至　年月竣工				资金运用 1. 交付使用固定资产		
	实际从　年　月开工至　年月竣工				2. 交付使用流动资产		
建设成本	项　目		概算(元)	实际(元)	3. 应核销投资支出		
	建筑安装工程				4. 应核销其他支出		
	设备、工具、器具						
	其他				5. 库存设备、材料		
	1. 土地征用费						
	2. 负荷试车费				6. 银行存款与现金		
	3. 职工培训费						
	合　　计				合　　计		

参 考 文 献

[1] 毕星, 翟丽. 项目管理 [M]. 上海: 复旦大学出版社, 2000.
[2] 甘华鸣. 项目管理 [M]. 北京: 中国国际广播出版社, 2002.
[3] 中华人民共和国财政部. 企业会计准则（合订本）[M]. 北京: 经济科学出版社, 2018.
[4] 张鸣. 成本会计——偏重于管理 [M]. 上海: 上海人民出版社, 2012.
[5] 赵惠芳. 企业会计学 [M]. 3版. 北京: 高等教育出版社, 2007.
[6] 全国建筑业企业项目经理培训教材编写委员会. 施工项目成本管理（修订版）[M]. 北京: 中国建筑工业出版社, 2001.
[7] 杰克·吉多, 詹姆斯·克莱门斯. 成功的项目管理 [M]. 2版. 张金成, 译. 北京: 机械工业出版社, 2004.
[8] 孙勤. 成本会计 [M]. 2版. 北京: 机械工业出版社, 1999.
[9] 俞文青. 施工企业会计 [M]. 5版. 上海: 立信会计出版社, 2007.
[10] 王琳. 管理会计 [M]. 6版. 大连: 东北财经大学出版社, 2008.
[11] 白思俊. 现代项目管理（升级版）[M]. 北京: 机械工业出版社, 2012.
[12] 邱菀华, 沈建明, 杨爱华, 等. 现代项目管理导论 [M]. 北京: 机械工业出版社, 2002.
[13] 刘晔萍, 陈志伟. 建设项目管理 [M]. 上海: 上海交通大学出版社, 1998.
[14] 吴之明, 卢有杰. 项目管理引论 [M]. 北京: 清华大学出版社, 2000.
[15] 王雪青. 国际工程项目管理 [M]. 北京: 中国建筑工业出版社, 2000.
[16] 王守清. 计算机辅助建筑工程项目管理 [M]. 北京: 清华大学出版社, 1996.
[17] 杰克·R. 梅瑞狄斯, 小塞缪尔·J. 曼特尔. 项目管理 [M]. 郑晟, 杨磊, 等译. 北京: 电子工业出版社, 2002.
[18] 邹宪民, 温惠英. 项目管理知识体系发展及应用 [J]. 工业工程, 2003 (6).
[19] 詹姆斯·刘易斯. 项目计划、进度与控制 [M]. 赤向东, 译. 北京: 清华大学出版社, 2002.
[20] 哈罗德·科兹纳. 项目管理的战略规划: 项目管理成熟度模型的应用 [M]. 张增华, 吕义怀, 译. 北京: 电子工业出版社, 2002.
[21] 拉乌夫·G. 加塔, 桑维拉·L. 麦基. 实用项目管理 [M]. 杨磊, 王增东, 译. 北京: 机械工业出版社, 2003.
[22] 哈罗德·科兹纳. 项目管理计划、进度和控制的系统方法 [M]. 12版. 杨爱华, 王丽珍, 杨昌雯等, 译. 北京: 电子工业出版社, 2018.
[23] F. L. 哈里森. 高级项目管理: 一种结构化方法 [M]. 杨磊, 李佳川, 译. 北京: 机械工业出版社, 2003.
[24] 贾森·查瓦特. 项目管理一族 [M]. 王增东, 杨磊, 译. 北京: 机械工业出版社, 2003.
[25] 赵涛, 潘欣鹏. 项目成本管理 [M]. 北京: 中国纺织工业出版社, 2004.
[26] Garld D. Oberlender. Project Management for Engineering and Construction [M]. New York: McGraw-Hill Higher Education, 2000.
[27] R Max Wideman. Cost Control of Capital Projects and the Project Cost Management System Requirements [M]. 2nd ed. Richmond: BiTech Publishers Ltd., 1999.

[28] 詹姆斯·A. 布里姆森, 约翰·安托斯. 作业成本预算 [M]. 许燕, 译审. 北京: 经济科学出版社, 2006.
[29] 赵振智, 刘广生. 成本管理会计 [M]. 2版. 东营: 石油大学出版社, 2009.
[30] 戚安邦. 工程项目全面造价管理 [M]. 天津: 南开大学出版社, 2000.
[31] 戚安邦. 项目管理学 [M]. 2版. 天津: 南开大学出版社, 2014.
[32] 戚安邦, 孙贤伟. 建设项目全过程造价管理理论与方法 [M]. 天津: 天津人民出版社, 2004.
[33] 戚安邦. 项目成本管理 [M]. 2版. 天津: 南开大学出版社, 2016.
[34] 中华人民共和国住房和城乡建设部. 关于印发《建筑安装工程费用项目组成》的通知（建标 [2013] 44号）. [EB/OL]. [2013-03-21]. http://www.mohurd.gov.cn/wjfb/201304/t20130401-213303.html.
[35] 中华人民共和国住房和城乡建设部. 建设工程工程量清单计价规范: GB 50500—2013 [S]. 北京: 中国计划出版社, 2013.
[36] 孙慧. 建设工程成本计划与控制 [M]. 北京: 高等教育出版社, 2011.
[37] 邓荣榜. 建筑工程成本管理 [M]. 天津: 天津科学技术出版社, 2004.
[38] 张学英, 涂申清. 工程成本与控制 [M]. 2版. 重庆: 重庆大学出版社, 2012.
[39] 盛文俊. 工程成本会计学 [M]. 2版. 重庆: 重庆大学出版社, 2012.
[40] 牟文, 徐玖平. 项目成本管理 [M]. 北京: 经济管理出版社, 2008.
[41] 王长峰, 李建平, 纪建悦. 现代项目管理概论 [M]. 北京: 机械工业出版社, 2008.
[42] 弗雷德里克·哈里森, 丹尼斯·洛克. 高级项目管理 [M]. 4版. 北京: 经济管理出版社, 2006.